세무회계

윤종철 지음

계명대학교 출판부

머리말

조세는 일반적으로 국가 또는 지방자치단체가 각종 기능을 수행하기 위하여 필요한 재원을 얻기 위하여 국민에게 직접적인 반대급부를 제공함이 없이 강제로 부과하는 경제적 부담으로 정의되어진다. 이러한 조세는, 우리나라 헌법 제 59조에서 '조세의 종목과 세율은 법률로 정한다'라고 규정되어 있듯이 법률에 근거하여 국민에게 부과된다. 이에 따라 세법은 국세기본법을 시작으로 소득세법, 법인세법, 부가가치세법 등의 구체적인 세목별 세법들로 구성이 된다. 한편, 근래의 경제적 현상은 갈수록 매우 다양하고 복잡해지고 있고, 따라서 각 세법들도 자연스럽게 복잡해져서, 세액산정을 위해서는 한 분야에 대한 지식뿐만이 아니라, 여러 분야의 지식과 이해도 필수적이다. 그럼에도 불구하고, 소득세제에 관한 대부분의 서적들은 여전히 소득세법만을 개별적으로 다루는 경우가 많다. 이에 본서는 소득세제에 대한 전체적인 이해를 위하여 소득세법뿐만 아니라 부가가치세법을 함께 다루었다. 특히 부가가치세법상 과세표준은 소득세법상 사업소득 계산에서 총수입금액을 결정하는 구조이기 때문에 소득세제의 이해를 위해 부가가치세에 대한 학습이 필요하다.

본서는 개별 세법중 하나인 소득세법 및 대표적 간접세중 하나인 부가가치세법을 주된 대상으로 한다.

소득세법 부분은 소득세제에 대한 기본이론과 소득세 산출을 위한 계산과정을 중심 내용으로 하였다. 소득세법에 대한 기본적인 내용과 이해를 바탕으로 개인이 소득세를 계산할 수 있는 능력을 갖추는 것을 목표로 하였다. 주된 내용은 소득세법에서 열거한 종합소득세에 대한 개념과 이론을 중심으로 설명하였다. 내용의 전개는 소득세 계산구조에 대한 이해를 우선하였다. 소득세 개요 단계에서 전체적인 계산구조와 그 내용에 대한 설명을 한 후, 세액계산을 위한 후반부에 다시 계산구조를 설명하는 방식으로 반복을 통해서 소득세 계산에 대한 이해를 높이려고 하였다.

부가가치세 부분은 부가가치세액계산을 위한 기본내용을 중심으로 소개하였다. 우리나라의 과세체계상 소득계산의 시작은 부가가치세법상 과세대상인 재화와 용역의 공급으로부터 비롯된다. 부가가치세법상 과세표준은 소득세법상 사업소득 계산에서 총수입금액을 결정하는 구조이다. 따라서 소득세제에 대한 이해를 완성하기 위해서는 부가가치세의 과세체계상 절차를 이해하면서 소득세법에 접근하는 것이 올바른 것이라 판단되기 때문이다.

소득세법과 부가가치세법에 대한 이해를 바탕으로 소득세의 과세표준을 계산하는 과정을 이해하기 위해서는 회계처리 절차에 대한 이해가 필요하다. 소득세법과 부가가치세법은 기간과세를 하는 세목이다. 따라서 해당 세목의 과세표준을 찾아가는 과정은 회계상 거래가 발생하는 시점에 대한 기록으로부터 시작된다. 부가가치세법에 대한 이해를 바탕으로 과세거래에 대한 회계처리를 통해서 최종적으로 소득세 과세표준으로 이어지는 과정을 이해하는 것이 중요하다. 따라서 과세거래에 대한 회계처리과정을 예제를 통해서 이해할 수 있도록 실제 상황과 유사한 예제들을 본문의 내용에 포함하였다. 또한 독자들의 세법에 대한 이해를 돕기 위해 자격시험의 객관식 문제들을 각 장마다 수록하였다. 본문에서 배운 내용들을 다시 확인하기 위한 것이다. 문제는 풀이과정에서 이해를 돕기 위해 법조문을 중심으로 관련내용에 해석을 추가하였다.

세법은 매년 개정이 이루어진다. 그러나 기본적인 과세체계의 변화는 자주 발생하지 않아서 개별세법에 대한 기본적인 과세체계의 이해가 중요하다. 본서에서는 이러한 과세체계에 대한 이해와 과세거래의 적절한 기록, 그리고 이에 바탕으로 과세표준을 계산하는 과세체계를 이해할 수 있도록 구성하였다.

아무쪼록 본서가 독자들의 세법에 대한 지식의 축적에 보탬이 되었으면 하는 마음이다.

차례

1부

소득세

1장 소득세 총론

일반적으로 사람들은 그들이 속한 사회속에서 무엇인가 일을 하면서 시간을 보내고 그 일을 통해서 수입을 얻고, 살아가는데 필요한 의식주를 해결하는 방식으로 살아간다. 일을 하는 방식도 다양하며 수입을 얻는 방식도 다양하다.

먼저 일을 하는 방식에 대해서 생각해 본다면 본인의 책임하에 일을 하고 그에 따른 수입을 차지하는 경우이며 그렇지 않는 경우는 고용되어 일에 참여하는 경우라고 볼 수 있다. 둘 간의 차이는 일에 대한 결과를 책임지는 주체의 차이에 따라서 구분된다.

일을 하는 주체는 크게 법에 의한 구분으로 자연인과 법인으로 나눌 수 있다. 우리 사회를 지탱하는 법은 사람이나 자본의 모임에 대해서 권리의무의 주체로서 '격(格)'을 부여 하고 있다. 주변에서 보는 회사가 대표적인 법인격을 가진 주체이다. 개인의 경우 본래 인격을 부여받아 주체가 될 수 있다.

법인이 일의 주체가 되는 경우 법인의 업무에 대해서 법인에 소속된 사람들(피고용인)은 그 법인을 위해서 종속적으로 일을 하는 것으로 볼 수 있다. 또한 개인이 일의 주체가 되는 경우 그 개인에 종속되어 일을 하는 경우도 있다.

대부분의 사람들은 사회속에서 일을 하며 일을 통한 경제적 수입으로 삶을 영위한다. 또한 사회를 유지하기 위해서 일정부분 부담을 한다. 이러한 부담이 세금이다.

이제 한 경제인 홍길동의 살아가는 모습을 통해서 그가 세금과 어떤 관계를 맺고 살아가는지 살펴보자. 대체로 경제인 홍길동은 대학에 입학하면서부터 경제활동을 시작한다.

대학생으로서 할 수 있는 주된 경제활동은 아르바이트 형태의 활동이다. 이후 홍길동은 대학을 졸업하고 취직을 하게 된다. 회사를 다니면서 일을 하는 방법을 배우고 사업을 하는 방식에 대해서 익힌다. 이러한 과정에서 사람들은 스스로 자기의 책임하에 사업을 할 준비를 하거나 계속해서 회사를 다니는 방식으로 경제활동을 이어 나가게 된다. 경제인 홍길동은 회사에 취직 후 10년만에 스스로의 책임하에 경제활동을 해보기로 결심한다. 즉 사업을 하여 보기로 결심한 것이다. 경제인 홍길동은 무역회사를 다녔었는데 그는 주로 원단을 외국에서 수입해서 국내에 파는 업무를 담당하였다. 원단은 종류가 다양하며 원단의 질에 따라 생산지가 각각 다른 경향을 보이고 있다는 것을 알게 되었다. 홍길동은 현재 한국의 경제 성숙도를 감안하면 고급 원단의 수요가 많다고 판단하였다. 고급 원단은 미국이나 유럽 등지에서 소규모로 생산되어 전세계로 공급된다는 사실도 알고 있었다. 홍길동은 이러한 원단을 국내에 들여와서 중간도매상이나 소규모의 취미활동 샾에 공급을 하는 사업을 생각했다. 사업의 형태는 먼저 개인사업을 한 후에 사업의 규모나 시장 상황을 고려하여 주식회사 형태의 사업으로 할 것인지를 추후에 결정하기로 하였다. 홍길동은 회사에 취직한지 10년만인 2008년에 스스로의 책임하에 사업을 시작하였다. 이제 경제인 홍길동을 통해서 그가 만나는 세금과 관련 문제들을 살펴보자.

1절 소득세의 의의와 현행 소득세의 특징

1. 소득세의 의의

○ 개인의 소득에 대해서 부과 하는 세금

소득세는 개인의 소득에 대해서 과세를 하는 세금이다. 따라서 과세물건(세금을 부과하는 대상)은 개인의 소득이다. 소득세를 과세할 때 세금을 내는 주체는 개인이 된다(납세의 무자는 개인).

○ 소득이란

소득세는 개인의 소득을 과세대상으로 한다. 따라서 과세대상인 소득에 대해서 먼저 살펴보면 다음과 같다. 개인의 소득은 일반적 의미에서 근로나 사업체 등의 운영을 통해서 얻는 수입으로 생각할 수 있다. 특정 실체가 일정기간동안 벌어들인 돈의 합계로 생각하는 것이 일반적 의미에서 소득이다.

그러나 구체적으로 소득은 일정기간동안 어떤 경제적 실체의 증가된 부의 합계라고 말할 수 있다.[1] 일정기간은 소득세를 과세하기 위한 기간, 소득 귀속의 실체는 개인이 될 수 있으며, 증가되는 경제적인 부는 소득세 과세대상으로 판단할 수 있다. 그러나 과세대상인 소득을 어느 범위까지 할 것인가에 대해서는 해당 소득이 어떠한 원천으로부터 온 것인가에 따라 구분 한다.

○ 소득을 얻는 개인

소득을 획득하는 실체 중 개인에 대해서 생각을 해보자. 흔히 주변을 살펴보면 소득을 획득하는 주체로 개인은 사업이나 회사를 통해서 소득을 얻는 개인을 생각할 수 있다. 개인은 근로를 회사에 제공하거나, 주식에 투자하거나, 사업을 운영함을 통해서 소득을 얻는다. 개인이 소득을 얻는 환경은 크게는 국가라는 테두리안이며 소득을 얻는 방법은 노동력을 제공하고 그에 대한 대가로 소득을 얻는 것이 대부분이다. 우리는 국민의 4대의무 중에 납세의무가 있다는 것을 어려서부터 배워서 알고 있다. 이러한 납세의무를 통한 세금은 우리 사회를 유지시키는 제도나 활동에 필요한 재원의 근간이 된다.

○ 소득세의 분류

소득세는 과세권한이 누구에게 존재하는가에 따른 분류로는 국세이며, 세금을 부담하는 담세자와 세금을 납부하는 납세자가 동일한 직접세이며, 과세되는 소득의 크기에 따라 적용되는 세율이 다른 누진세에 해당하는 세금이다.

1_ 헤이그-사이먼즈의 소득에 대한 정의는 과세소득을 그 기간 동안의 개인의 소비능력의 변화로 보고, 소득은 소비와 소비능력의 변화(구매력)를 합한 것과 같은 것으로 본다.

○ **소득세의 과세범위와 관련한 견해**

과세대상인 소득은 전통적으로 소득원천설과 순자산증가설을 중심으로 설명하고 있다. 소득원천설의 입장은 해당 소득의 원천에 따라 주기적·반복적·규칙적으로 이루어지는 수입만을 과세대상 소득으로 보고, 임시적 성격인 일시적·우발적 발생소득은 그 원천을 특정하기 어렵기 때문에 과세대상소득에서 제외하자는 것이다. 반면 순자산 증가설의 입장은 경제활동의 주체가 경제활동을 통해 생성한 경제가치의 증가액을 소득으로 파악한다. 이는 특정기간 동안에 경제주체의 증가된 소득이 해당 주체의 자산의 순증가와 소비지출의 합계액으로 볼 수도 있다.[2]

과세대상를 결정하는 견해와 관련해서 개인이 가지고 있는 통장을 이용해서 다시 설명하여 보자. 소득원천설의 경우 개인들이 각기 소득원천별로 사업용통장, 이자수익을 위한 정기예금통장, 배당수익을 위한 주식계좌 등등으로 구분하여 각각 통장별로 발생한 수익 중 과세대상인 소득에 대해서 통장별로 합산하여 과세를 하는 것이다. 순자산증가설의 경우 개인의 수입을 관리하는 단일 통장에서 증가한 수익에 대해서 과세를 하는 것으로 설명할 수 있다.

2. 소득세 과세제도

○ **과세범위**

개인의 소득에 대해서 부과하는 우리 소득세는 그 소득의 범위를 규정하는 방법을 세법에 기술하고 있다. 소득세법에 열거되어 있는 소득을 원천으로 하여 발생한 소득에 대해서 과세하는 방법을 채택하고 있다(소법 3조 ①의 과세소득의 범위).

반면, 법인세법은 납세의무자인 법인의 일정기간(주로 사업연도)동안 증가한 순자산에 대해서 과세를 하는 방식을 채택하고 있다. 즉 과세되는 범위는 특정 사업기간동인에 법인의 순자산 증가분이며, 이에 대해서 세금을 부과한다.

2_ 소득원천설은 Neumann과 Fuisting의 학설을, 순자산증가설은 Schanz와 Haig and Simons의 학설을 '서희열 · 노병석 2013 소득세법 pp.38-40 재인용.

한편 2002년의 소득세법 개정을 통해서 소득원천이 금융자산인 이자소득과 배당소득에 대해서는 포괄주의를 도입하여 과세하는 방식을 채택하고 있다. 즉 금융소득(이자소득과 배당소득)에 대해서 과세범위를 넓게 해석하는 방식으로 전환하였다.

○ 과세소득의 범위와 관련한 순자산증가설과 소득원천설에 대한 비교

	소득원천설	순자산증가설
의의	주기적·계속적·반복적으로 발생되는 수입을 과세대상 소득으로 보는 관점	경제주체의 경제적 가치 순증가분을 과세대상 소득으로 보는 관점
과세대상 규정 (열거주의와 포괄주의)	법에 열거하는 방식으로 과세대상 소득을 제시한다. 따라서 법의 소득구분에 따라 과세방법을 달리하여 과세하는 방식이다. 한편 현행세법은 이자소득과 배당소득에 대해서 부분적으로 포괄주의 방식을 채택하고 있어 예외를 허용하고 있다.	포괄주의 과세방식은 과세기간(사업연도)기초와 기말 사이에 증가된 순자산(부)의 총액에 대해서 과세하는 방식으로 법인세법에서 채택하고 있다.
사례	열거되지 않은 소득의 예 • 고정자산의 처분으로 인한 손익	법인의 법인세에 대한 과세범위

2.1 소득의 구분

소득세법은 과세대상 소득을 크게 종합소득, 퇴직소득, 양도소득으로 구분(분류)하여 과세하고 있다(소법 4조). 종합소득은 이자소득, 배당소득, 사업소득, 근로소득, 연금소득 그리고 기타소득을 합산한 소득이다. 오랜 근로기간을 통해 소득의 형성에 장기간 시간이 소요되어 형성된 퇴직으로 인하여 발생하는 퇴직소득과 소득세법에서 정한 특정한 자산의 양도로 인하여 발생하는 양도소득을 분류(구분)하여 과세하고 있다.
(과거 소득세법에서는 산림소득을 구분하여 과세하였다. 그러나 2007년부터 산림소득을 구분하지 않고 사업소득의 임업에 포함시켜 종합소득으로 과세하고 있다.)

문제 다음의 소득에 대해서 구분하여 보세요.

- 지역권·지상권을 설정하거나 대여하고 받는 금품 (기타소득)
- 토지 또는 건물의 양도, 사업용 고정자산과 함께 양도하는 영업권의 대가로 받는 금액 (양도소득)
- 금융주식회사가 발행한 채권 구입에 따른 분기별 이자 지급액 (이자소득)
- 비상장회사인 은용주식회사의 주식 500주에 대한 배당지급액 (배당소득)
- 회계사인 김철수는 삼정회계법인에서 퇴사한 후 대전 둔산동에 개인 회계사무소를 개업하고 사업을 하면서 얻은 소득 (사업소득)
- 연금계좌에 가입하고 연금형태로 수령하는 소득 (연금소득)

2.2 과세방법

소득세법의 과세방법에는 종합과세방법과 분류과세방법이 있다. 소득의 구분상 이자소득, 배당소득, 사업소득, 근로소득, 연금소득 그리고 기타소득을 합산한 소득인 종합소득은 일정기간(1 역년이 과세기간)동안 세법에서 정한 소득의 종류를 합산하여 하나의 소득세 계산구조 속에서 과세하는 방식을 채택하고 있다. 한편 퇴직소득과 양도소득은 해당소득의 형성이 장기간에 걸쳐서 이루어지므로 종합소득과는 다르게 소득의 종류별로 구분하여 해당 소득의 발생시점(퇴직 혹은 양도)에 과세하는 방식을 채택하고 있다.

결과적으로 현행 소득세법은 과세대상 소득을 종합소득, 퇴직소득 그리고 양도소득으로 구분하여 과세를 한다. 즉 소득원천설에 입각하여 소득세법에 열거되어 있는 소득을 과세대상으로 하며, 과세대상 소득의 구분에 따라서 종합소득, 퇴직소득과 양도소득으로 분류하여 다른 계산구조하에서 과세하는 방식을 채택한다.

○ 종합과세

일정한 과세세기간 동안에 각 원천별 과세대상 소득(예, 총수입금액)에서 경비성 금액을 필요경비로 공제한 후 소득금액을 과세단위(개인)별로 종합하여 합산한 후 과세단위(개인)별로 가족부양 등을 위한 공제금액에 부담 능력을 고려한 누진세율을 적용하여 과세한다.

○ 분리과세

각 원천별 과세대상 소득 중에서 과세소득을 지급하는 자가 지급과 동시에 해당소득에서 세금의 일정부분을 원천징수를 통하여 과세하는 방식을 말한다. 과세단위(개인)의 세무신고능력이나, 납세행정의 편의성 등의 이유로 시행되고 있다.

○ 소득의 구분과 이에 따른 분류과세(구분과세)

소득의 생성기간이 소득 구분별로 다른 경우 다른 계산방식을 적용하여 소득세를 과세하는 방식이다.[3] 현행 소득세법은 소득원천설의 입장에서 분류과세를 채택하고 있다.

소득분류	과세방법		소득종류
종합소득	종합과세	→ 열거된 소득을 합산	이자·배당근로·사업·연금·기타소득
	분리과세	→ 분리하여 원천징수	
퇴직소득 양도소득	구분과세	→ 합산없이 별도 세액계산구조 하에서 적용	양도소득, 퇴직소득

문제 김철수 회계사의 소득내역(종합과세와 분리과세)에 대한 설명이다.[세무회계 2급 수정]

- 지역권 대여소득 2,000만원
- 오피스텔 양도소득금액 3,000만원
- 금용주식회사가 채권(액면1억, 이자율12%)의 3분기 이자지급액 300만원
- 은용주식회사의 주식 500주에 대한 배당지급액 500만원
- 김철수 회계사의 당해연도 사업소득금액 3,000만원

- 김철수의 소득분류와 과세방법에 대해서 설명하시오.

  본래 김철수의 소득내역에서 기타소득인 지역권대여소득, 채권 이자수령액, 배당수령액 그리고 사업소득금액은 합산하여 과세한다. 한편 오피스텔 양도소득금액은 따로 구분하여 별도 과세한다.

3_ 세법강의, 이창희, p.343.

- 김철수의 분리과세에 대한 설명을 하시오.

금융소득인 이자소득 300만원과 배당소득 500만원은 먼저 지급자인 금용주식회사와 은용 주식회사가 소득을 지급하는 시점에 원천징수를 한 후의 금액을 김철수에게 지급한다. 지급받는 금액은 이자수령액은 300 * (1 – 15.4%), 배당수령액은 500 * (1 – 15.4%) 금액을 수령한다. 금융소득의 종합과세 포함여부는 조건에 따른다.

3. 현행 소득세 제도

현행소득세제도는 1974년에 개정된 소득세법의 개편에 그 기초를 두고 있다. 현재의 소득세 과세방식으로 종합소득, 퇴직소득, 양도소득 및 산림소득으로 구분과세하고, 종합소득에 대해서는 합산과세하고, 현재와 같은 초과누진세율제도를 도입하였다. 이후 1994년 개정을 통하여 금융소득에 대해서 종합과세를 도입하였다. 2002년에 이자와 배당소득에 대한 유형별 포괄주의를 도입하였다. 그리고 산림소득은 2007년부터 사업소득에 포함하여 현재까지 현재에 이르렀다.

4. 우리나라 소득세 제도의 특징

○ 과세단위는 거주자

○ 납세의무의 확정과 신고납세제도

○ 분류과세와 원천징수제도

○ 누진세율적용

○ 열거주의에 의한 소득원천설

4.1 과세단위[4]

○ 개인단위 과세

소득세법상 과세단위는 거주자인 개인 그리고 비거주자로서 국내원천소득이 있는 개인

4_ 소득세는 납세의무자인 개인의 부의 증가에 대한 과세이므로 소득세의 과세단위는 개인이다. 이창희 세법강의 p.348.

이 소득세법에 따라서 각자의 소득에 대한 납부의무를 진다(소법 2조). 즉 우리나라 소득세법은 기본적으로 거주자인 개인을 과세단위로 하여 과세한다(소득을 합치는 단위에 대한 식별로 개인을 과세단위로 설정하였다.).

○ **예외적 합산과세**

가족 구성원 중 2인 이상이 공동사업자에 포함되어 있는 경우(즉, 특수관계자 간의 공동사업), 손익분배비율을 허위로 정하는 등의 사유가 있을 경우 예외적으로 과세단위를 합산하여 과세하고 있다. 이것은 소득세가 과세단위별로 초과누진세율이 적용되는 특징을 이용하여 과세대상 소득금액을 낮춤으로서 공동사업자에게 소득세부담을 분산시킬 수 있는 특성 때문에 합산과세한다.

4.2 납세의무의 확정과 신고납부제도

○ **납세의무의 확정**

조세의 납부 또는 징수를 위하여 세법이 정하는 바에 따라 성립한(과세요건의 충족) 납세의무를 납세의무자 또는 세무관청의 일정한 행위나 절차를 거쳐서 확정하는 것을 말한다.

○ **신고납세제도**

현행 소득세법은 납세자의 납세의무가 성립된 후 납세자의 신고[5]에 의하여 납세의무가 확정된다. 소득세의 경우 납세자의 과세기간(1.1~12.31)동안의 소득을 다음 연도 5월 1일부터 5월 31일까지 스스로 신고에 의하여 소득세의 과세표준과 세액을 확정한다. 그러나 납세자의 신고가 없거나 신고내용에 오류나 탈루가 있는 경우 과세관청은 세액을 결정 또는 경정을 통해서 확정한다.

5_ 신고납세제도로 소득세, 법인세, 부가가치세 등 주요세목이 채택하고 있다.

[정부부과제도와 신고납세제도의 비교]

구분	신고납세제도		부과과세제도
내 용	납세의무자의 신고로 납부할 세액을 확정하는 제도		과세당국의 결정으로 납부세액을 확정하는 제도
확정 주체	신고시	미신고등	과세관청이 확정
	납세의무자	과세관청 (경정 결정)	
국세세목	소득세, 법인세, 부가가치세 등		상속세 및 증여세, 종합부동산세

※ 납세의무의 성립

납세의무는 과세요건(납세의무자, 과세대상 과세표준, 세율)이 충족되면, 과세권자와 납세의무자간의 조세채권·채무의 법률관계가 성립된다. 이는 납세의무가 존재하고, 과세대상(물건 또는 행위)이 납세의무자에게 귀속이 결정되어 과세표준 및 세율의 적용이 가능하게 되는 때에 납세의무가 성립이 되는 것을 말한다. 구체적으로 소득세·법인세·부가가치세의 경우 과세기간이 종료하는 때 납세의무가 성립한다.

참고 성실신고 확인대상 사업자의 성실신고 확인서

성실신고확인제도(소법 70의2)는 당해 과세연도 수입금액이 복식부기 대상 수입금액의 일정금액 이상인 경우 소득세 신고시 성실신고 확인서를 제출하여야 한다. 성실신고 확인대상사업자는 세무사를 선임하여 해당 과세기간의 다음연도에 성실신고 확인을 위한 성실신고 확인자 선임신고서로 신고한다. 그리고 종합소득세 확정신고시엔 성실신고확인서를 제출하여야 한다. 한편 성실신고미확인에 대한 가산세로 의무위반에 대한 제제가 존재한다. 한편 해당 성실신고 사업자는 조특법상 세액공제 등의 지원을 받는다.

참고 기장의무를 판정하기위한 업종별 수입금액별 기준

소득세는 납세자의 자진신고에 의해서 납세의무가 확정된다. 따라서 소득세법에서는 납세의무자의 자진신고와 납부를 유도하기 위하여 장부작성을 간소화하는 방향으로 기장의무 규정을 두고 있다(자진신고유도의 목적으로 간편장부대상자가 복식부기에 의해서 소득을 신고하는 경우 기장세액공제를 적용함).

업종별	간편장부	복식부기(외부조정)
농업 등	3억 미만	6억 이상
제조업등	1.5억 미만	3억 이상
부동산임대업등	0.75억 미만	1.5억 이상

기장의무의 판정기준은 전기말 수입금액을 기준으로 하며, 성실신고확인대상 판정은 당기 수입금액을 기준으로 판정한다.

4.3 원천징수제도(분리과세제도)

○ 원천징수

원천징수는 소득을 지급할 때 지급하는자가 지급받는 소득자가 부담해야할 세액 중의 일부 혹은 전부를 과세관청을 대신하여 소득자로부터 징수하여 과세관청에 납부하는 제도이다. 과세관청의 입장에서 소득을 지급하는 자가 대신하여 징수함으로 인한 징수의 간편함과 소득지급시 조세확보의 유리함 때문에 소득세법에서는 이를 폭넓게 적용하고 있다. 원천징수제도는 예납적원천징수와 완납적원천징수의 두가지 유형이 있다.

■ 완납적 원천징수

원천징수시 원천징수의무자의 원천징수로 소득을 얻은 납세의무자의 납세의무가 종결되는 경우이다. 따라서 원천징수로 납세의무가 완전히 종결된다.

■ 예납적 원천징수

원천징수시 원천징수되는 세액은 차후 해당소득에 대한 세액의 확정시 미리 납부한 것으로 취급받아, 이후 세액을 정산할 경우 미리 납부한 세액(기납부세액)으로 공제하는 경우이다(근로소득자가 매월 납부하는 갑종근로소득세가 해당한다).

문제 ㈜철수는 주식회사 금융이 발행한 채권(액면 2억원, 표면이자율 12%, 이자지급일 12월 31일)을 보유하고 있다. ㈜금융의 12월 31일 이자 지급시 분개와 ㈜철수의 분개를 하시오.

㈜금융

(차)	이자비용	24,000,000	(대)	현금예금	17,400,000
				예수금	6,600,000

㈜철수

(차)	현금예금	17,400,000	(대)	이자수익	24,000,000
	선납세금	6,600,000			

4.4 누진세율 적용

○ 누진세율

소득세법은 소득재분배의 기능을 수행하는 역할도 하고 있다. 거주자의 종합소득에 대한 과세표준에 적용하는 세율은 5단계의 초과누진세율을 적용하고 있다(소법 55조). 즉, 과세표준의 크기에 따라 적용하는 세율을 달리하여 과세표준이 1,200만원 이하에 대해서는 6%의 세율을 1.5억 이상에 대해서는 38%의 세율을 적용한다. 이를 통해 소득의 크기에 따른 과세표준에 세부담을 달리하여 소득 재분배의 기능을 수행하는 역할을 하고 있다. 한편 부가가치세는 소득이 1천만원인 사람과 1억원인 사람이 동일한 물건을 구입할 때 부담하는 세액이 동일하다. 그러나 소득세는 소득이 1천만원인 사람과 1억원인 사람이 부담하는 세액이 차이가 난다. 소득 구간별로 누진세율을 적용하여 소득이 높은 사람이 많은 세금을 부담하도록 설계되어있다.

문제 소득세 과세표준이 1억 2천만원인 경우 산출세액을 계산하시오.

세율의 적용은 거주자의 과세표준에 대해 구간별로 적용되는 세율이 달리 적용된다.

과세표준 1억2천만원에 대한 세액의 계산은 다음과 같다.

1,200 * 6% + 3,400 * 15% + 4,200 * 24% + 3,200 * 35% = 2,710만원

과세표준 구간별 적용시	세율	세액
0원 ~ 1,200만원까지	6%	72만원
1,200만원 초과 ~ 4,600만원	15%	510만원
4,600만원 초과 ~ 8,800만원	24%	1,008만원
8,800만원 초과 ~ 1억2천만원	35%	1,120만원

○ **소득공제제도**

소득세법은 납세의무자의 과세표준을 계산할 때 납세의무자 개인 사정을 감안한 소득공제제도를 두고 있다. 거주자 등의 부양가족에 대한 인적공제와 특별공제 등을 두어서 개인별로 공제 내용을 다르게 하고 있으며, 개인이 지출한 일부 특정 비용에 대해서는 해당금액에 일정액을 세액공제하는 방식으로 공제제도를 운영하고 있다.

4.5 현 소득세의 과세

○ **과세범위와 과세방법**

우리 소득세는 이자소득, 배당소득 등 6가지 소득에 대해서 거주자별로 종합하여 과세하여 과세하고, 종합소득 중 일부 소득에 대해서는 분리과세 방식을 택하고 있다. 퇴직소득과 양도소득의 경우 소득의 형성기간이 다름에 따라 종합소득과 달리 분류하여 과세를 한다.

또한 소득세법에서 구체적으로 규정한 과세대상으로 열거된 경우에 대해서만 과세하도록 하는 소득원천설에 따른 열거주의 방식으로 과세범위를 규정하고 있다.

○ **주소지과세**

우리 소득세는 원칙적으로 거주자의 주소를 납세지로 하는 주소지 과세방식을 택하고 있으며, 일부 경우 소득이 발생하는 곳을 납세지로 하는 경우도 있다.

2절 납세의무자

'납세의무자'란 세법에 따라 국세를 납부할 의무가 있는 자를 말한다(국기법 2조). 따라서 소득세의 경우 거주자인 개인과 국내원천소득이 있는 비거주자인 개인은 각각의 소득에 대한 소득세를 납부할 의무를 진다(소법 2조). 또한 법인격 없는 단체 중에서 법인으로 보지 않는 단체[6]의 경우 소득세법의 적용을 받아 납세의무를 진다.

1. 거주자와 비거주자

○ 납세의무의 범위에 따른 구분

소득세의 납세의무는 개인이 비거주자인 경우 국내원천소득에 대해서만 소득세를 납부할 의무가 있다(소법 2조). 따라서 거주자 여부에 따라서 과세소득의 범위가 달라질 수 있다. 개인인 거주자인 경우 모든 소득에 대해서 납세의무를 부담하게 되므로 국내원천소득 및 국외원천소득 모두를 납세의무의 범위에 포함된다.

○ 거주자

거주자란 국내에 주소를 두거나 183일 이상의 거소(居所)를 둔 개인을 말하며 비거주자란 거주자가 아닌 개인을 말한다(예, 한국의 대학에서 근무하는 외국인 교수). 또한 사업자란 사업소득이 있는 거주자를 말한다(소법 1조의2).

6_ 1거주자로 보는 단체와 공동사업으로 보는 단체로 구분할 수 있다.

2. 주소와 거소 그리고 거주자와 비거주자 구분(소령 2조, 3조)

○ 주소와 거소의 판정

주소는 국내에서 생계를 같이 하는 가족 및 국내에 소재하는 자산의 유무 등 생활관계의 객관적 사실에 따라 판정한다. 한편 거소는 주소지 외의 장소 중 상당기간에 걸쳐 거주하는 장소로서 주소와 같이 밀접한 일반적 생활관계가 형성되지 아니한 장소로 한다(소령 2조).

○ 거주자(국내에 주소를 가진 것으로 보는 경우)

국내에 거주하는 개인이 다음의 어느 하나에 해당하는 경우 국내에 주소를 가진 것으로 본다(소령 2조).

1) 계속하여 183일 이상 국내에 거주할 것을 통상 필요로 하는 직업을 가진 때
2) 국내에 생계를 같이하는 가족이 있고, 그 직업 및 자산상태에 비추어 계속하여 1년 이상 국내에 거주할 것으로 인정되는 때

○ 비거주자(국내에 주소를 가지지 않은 것으로 보는 경우)

국외에 거주 또는 근무하는 자가 외국국적을 가졌거나, 외국의 영주권을 얻은 자로서 국내에 생계를 같이하는 가족이 없고 그 직업 및 자산상태에 비추어 다시 입국하여 주로 국내에 거주하리라고 인정되지 아니하는 때에는 국내에 주소가 없는 것으로 본다.

○ 기타 거주자 판정

1) 외국을 항행하는 선박 또는 항공기의 승무원의 경우 그 승무원과 생계를 같이하는 가족이 거주하는 장소 또는 그 승무원이 근무기간외의 기간 중 통상 체재하는 장소가 국내에 있는 때에는 당해 승무원의 주소는 국내에 있는 것으로 보고, 그 장소가 국외에 있는 때에는 당해 승무원의 주소가 국외에 있는 것으로 본다.

2) 거주자나 내국법인의 국외사업장 또는 해외현지법인(내국법인이 발행주식총수 또는 출자지분의 100분의 100을 직접 또는 간접 출자한 경우) 등에 파견된 임원 또는 직원이나 국외 근무 공무원은 거주자로 본다.

※ 비거주자(해외진출 유명야구선수의 경우)

거주자와 비거주자의 구분은 국내에 생계를 같이하는 가족 및 재산유무 등 객관적 사실에 따라 판정하고, 거주자가 계속해서 1년 이상 국외 거주할 것을 통상 필요로 하는 직업을 가지고 가족과 함께 출국하여 생활근거가 없는 경우에는 출국일 다음날부터 비거주자에 해당한다.(국심 2007 중5121. 2008.04.25)

※ 국외파견 임직원 등 거주자 판정

거주자 또는 내국법인의 국외사업장이나 현지법인에 파견된 임직원이 생계나 가족, 재산상태에 비추어 재입국할 것으로 인정되는 때에는 파견기간, 영주권, 국적 등과 관계없이 거주자로 본다.(집행기준1의 2-3-1)

문제 국내에서 거소를 가진 것으로 보아 거주자로 되는 시기에 대해 설명하시오.

1. 국내에서 계속하서 183일 이상 거주할 것을 통상 필요로 하는 직업을 가지게 되는 때
2. 1년 이상 국내에 거주할 것으로 인정되는 등 사유 발생시

3. 거주자 또는 비거주자로 보는 단체(소령 3조의2)

납세의무자의 결정에 있어서 법인격이 없는 단체를 어떻게 보는가에 따라서 소득세 과세대상이 되거나 법인세 과세대상이 된다.

○ 소득세 과세대상 단체

국세기본법에 따른 법인 아닌 단체 중 '법인으로 보는 단체'[7] 외의 법인 아닌 단체는 국내에 주사무소 또는 사업의 실질적 관리장소를 둔 경우에는 거주자로, 그 밖의 경우에는 비거주자로 보아 소득세법을 적용한다.

○ 공동사업

공동사업의 경우 소득세는 그 구성원별로 분배되는 이익비율에 따라 각각 과세를 한다. 따라서 공동사업으로 보아 구성원별로 과세하는 경우는 구성원 간 이익의 분배방법이나 분배 비율이 정하여져 있거나 사실상 이익이 분배되는 것으로 확인되는 경우에 적용한다. 대개 공동사업자의 경우 사업자 등록시 해당 공동사업에 관한 계약서를 제출하여 분배비율 등을 사전에 확정하는 경우가 대부분이다.

○ 개인(거주자 또는 비거주자)

거주자 또는 비거주자로 보아 과세하는 경우: 구성원 간 이익의 분배방법이나 분배 비율이 정하여져 있지 않거나 확인되지 않는 경우

[과세 대상 구분]

<table>
<tr><td rowspan="5">인격</td><td>법인</td><td colspan="2"></td><td rowspan="2">법인세 과세</td></tr>
<tr><td rowspan="3">법인격이 없는 단체</td><td>법인으로 보는 경우</td><td></td></tr>
<tr><td rowspan="2">개인으로 보는 경우</td><td>1 거주자</td><td rowspan="3">소득세 과세</td></tr>
<tr><td>공동사업</td></tr>
<tr><td>자연인</td><td colspan="2"></td></tr>
</table>

7_ 법인격 없는 단체의 경우 법인으로 보아 법인세법을 적용받는 경우는 당연법인으로 보는 단체와 신청 및 승인에 의하여 법인으로 보는 단체가 있다.

○ 정리

소득세법상 과세 대상은 자연인인 개인을 거주자와 비거주자로 나누고 납세의무의 범위에서 국외원천소득을 포함여부에 따라서 차이를 두어 과세한다. 또한 법인격이 없는 단체로 개인으로 보는 경우는 1거주자 또는 1비거주자로 보아 과세하는 경우와 공동사업으로 보아 과세하는 경우로 정리할 수 있다.

4. 납세의무의 범위(소법 2조의2)

○ 공동사업의 경우

원칙적으로 공동사업에 관한 소득금액을 계산하는 경우에는 해당 공동사업자별로 납세의무를 진다. 다만, 공동사업자에게 합산과세되는 경우[8] 그 합산과세되는 소득금액에 대해서는 주된 공동사업자와 특수관계인은 손익분배비율에 해당하는 그의 소득금액을 한도로 주된 공동사업자와 연대납세의무를 진다.

※ 연대납세의무

연대납세의무는 동일한 납세의무에 대하여 2인 이상이 함께 이행할 의무를 부담하는 것을 말한다. 이 경우 각각 독립하여 전액의 납부의무가 있고, 그 중 1인의 전액 납부로 다른 사람의 납부의무도 소멸한다.

8_ 공동사업합산과세에 관한 특례가 적용되는 경우는 거주자1인과 그 특수관계인이 손익분배비율을 거짓으로 정하는 등 사유가 있는 경우를 말한다.

공동사업사례 김창수와 이영순 부부는 본인들이 살고 있는 주택을 허물고 상가건물을 세우기로 하였다. 해당 주택에 대한 소유관계는 부부가 동일하게 절반씩 소유하고 있다. 임대에 사용하기 위한 상가건물을 건립하기 위한 절차에 대해서 기술하시오.

답

1. 사업자등록: 부부는 상가건물을 신축하고 이를 임대에 사용하기 위해 사업자등록을 한다.
2. 공동사업자: 사업자 등록당시 토지 소유비율에 따라 공동사업자로 등록한다.
3. 부여 받은 사업자 등록을 근거로 건물 건립을 위해서 건설사업자와 용역수수 계약을 맺고 건물을 건립하며 부가가치세 관련 신고와 건립후 사업소득에 관한 신고를 한다.

○ 상속

상속이 개시됨에 따라 피상속인(사망자)의 소득금액에 대해서 과세하는 경우, 그 상속인이 납세의무를 진다(납세의무승계).

※ 상속과 관련한 기본적인 정리

상속은 사망 등으로 피상속인의 법률상의 지위를 상속인들이 승계하는 것을 말한다. 채권채무관계인 세금의 경우 피상속인의 소득금액과 관련하여 상속인들이 의무를 승계하는 경우 그 납세의무를 지는 것을 말한다.

○ 원천징수되는 분리과세소득

원천징수되는 소득으로서 종합소득과세표준에 합산되지 아니하는 소득이 있는 자는 그 원천징수되는 소득세에 대해서 납세의무를 진다. 즉 분리과세되는 소득도 납세의무의 범위에 포함된다.

○ 신탁재산소득

신탁재산에 귀속되는 소득은 그 신탁의 수익자(수익자가 특별히 정해지지 아니하거나 존재하지 아니하는 경우에는 신탁의 위탁자 또는 그 상속인)에게 귀속되는 것으로 보아 납세의무의 범위에 포함된다.

※ 신탁

신탁은 신뢰할 수 있는 자로 하여금 일정한 목적에 따라 재산을 관리, 처분하도록 하기 위하여 재산을 이전시키는 것을 말한다. 즉, 위탁자가 특정한 재산권을 수탁자에게 이전하거나 또는 기타의 처분을 하고 수탁자로 하여금 수익자의 이익을 위하여 그 재산권을 관리·처분하게하는 법률관계를 말한다.[9]

3절 납세지(소법 6조)

소득세의 납세의무자는 개인인 거주자와 비거주자이다. 소득세의 납세지는 원칙적으로 거주자인 경우 그 주소지로 한다. 다만, 주소지가 없는 경우에는 그 거소지로 한다. 비거주자인 경우 국내사업장의 소재지로 한다. 다만, 국내사업장이 둘 이상 있는 경우에는 주된 국내사업장의 소재지로 하고, 국내사업장이 없는 경우에는 국내원천소득이 발생하는 장소로 한다.

※ 납세지는 납세업무를 관할하는 장소를 말하며 납세의무자 및 과세관청의 행위의 기준이 되는 곳으로 소득세법에서는 주소지 또는 거소지를 말한다.

1. 납세지가 불분명한 경우 납세지의 결정(소령 5조)

○ 납세지 불분명의 경우

1) 주소지가 2 이상인 때에는 주민등록법에 의하여 등록된 곳을 납세지로 하고, 거소지가 2 이상인 때에는 생활관계가 보다 밀접한 곳을 납세지로 한다.

9_ 두산백과 사전, 법률용어.

2) 국내에 2 이상의 사업장이 있는 비거주자의 경우 그 주된 사업장을 판단하기가 곤란한 때에는 당해 비거주자가 납세지로 신고한 장소를 납세지로 한다.
3) 국내사업장이 없는 비거주자에게 국내의 2 이상의 장소에서 국내원천소득(부동산소득 및 양도소득)이 발생하는 경우에는 그 국내원천소득이 발생하는 장소 중에서 해당 비거주자가 신고한 장소를 납세지로 한다.
4) 비거주자가 2 이상의 사업장이 있으나 신고를 하지 아니하는 경우에는 소득상황 및 세무관리의 적정성 등을 참작하여 국세청장 또는 관할지방국세청장이 지정하는 장소를 납세지로 한다.

2. 원천징수 및 납세조합의 경우(소법 7조)

원천징수하는 소득세의 납세지는 원천징수의무자가 거주자, 비거주자, 법인 및 납세조합의 경우에 따라서 다음과 같다.

○ 원천징수의 경우

1) 원천징수하는 자가 거주자인 경우: 그 거주자의 주된 사업장 소재지. 다만, 주된 사업장 외의 사업장에서 원천징수를 하는 경우에는 그 사업장의 소재지, 사업장이 없는 경우에는 그 거주자의 주소지 또는 거소지로 한다.
2) 원천징수하는 자가 비거주자인 경우: 그 비거주자의 주된 국내사업장 소재지. 다만, 주된 국내사업장 외의 국내사업장에서 원천징수를 하는 경우에는 그 국내사업장의 소재지, 국내사업장이 없는 경우에는 그 비거주자의 거류지(居留地) 또는 체류지로 한다.
3) 원천징수하는 자가 법인인 경우: 원칙적으로 그 법인의 본점 또는 주사무소의 소재지
4) 법인의 지점, 영업소, 그 밖의 사업장이 독립채산제에 따라 독자적으로 회계사무를 처리하는 경우에는 그 사업장의 소재지(국외소재지 제외)[10].

10_ 부가세법상 사업자단위로 등록한 경우와 국세청장으로부터 본점 또는 주사무소의 소재지를 해당 법인의 지점·영업소, 그 밖의 사업장에서 지급하는 소득에 대한 소득세원천징수세액의 납세지로 승인을 받은 경우에는 그 법인의 본점 및 주사무소 소재지를 납세지로 할 수 있다.

○ **납세조합의 경우**

납세조합이 징수하는 소득세의 납세지는 그 납세조합의 소재지로 한다.

3. 기타 특수한 경우의 납세지(소법 8조)

○ **상속의 경우**

상속인이 피상속인에 대한 소득세의 납세의무자가 된 경우 그 피상속인 · 상속인 또는 납세관리인의 주소지나 거소지 중 상속인 또는 납세관리인이 그 관할 세무서장에게 납세지로서 신고하는 장소로 한다.

○ **비거주자가 납세관리인을 둔 경우**

그 비거주자의 소득세 납세지는 그 국내사업장의 소재지 또는 그 납세관리인의 주소지나 거소지 중 납세관리인이 신고하는 장소로 한다.

○ **공무원의 경우**

공무원으로서 국내에 주소가 없는 경우 납세지는 그 가족의 생활근거지 또는 소속기관의 소재지로 한다.

4. 납세지의 지정(소법 9조)

○ **납세지를 지정할 수 있는 경우**

국세청장 또는 관할 지방국세청장은 다음 중 어느 하나에 해당하는 경우에는 납세지를 따로 지정할 수 있다.

1) 사업소득이 있는 거주자가 사업장 소재지를 납세지로 신청한 경우
2) 위 거주자 또는 비거주자의 납세지가 납세의무자의 상황으로 보아 부적당하거나 또는 불편하다고 인정되는 경우
3) 납세지의 지정 또는 신청을 한 경우로서 사업장 소재지를 납세지로 지정하는 것이 부적절하여 신청한대로 지정하지 아니한 경우 그 뜻을 통지하여야 한다.

5. 납세지 변경(소법 10조)

거주자나 비거주자는 납세지가 변경된 경우 변경된 날부터 15일 이내에 그 변경 후의 납세지 관할 세무서장에게 변경신고를 하여야 한다. 이 경우 납세지의 주소 변경에 따라 부가가치세법상 사업자등록 정정을 한 경우에는 납세지의 변경신고를 한 것으로 본다.

4절 과세기간

○ 과세기간(세법에 따른 과세표준의 계산에서 기초가 되는 기간, 소법 5조)

소득세의 과세기간은 1월 1일부터 12월 31일까지 1년으로 한다. 다만 거주자가 사망한 경우의 과세기간은 1월 1일부터 사망한 날까지로 한다. 거주자가 출국(주소나 거소의 국외이전)을 하여 비거주자가 된 경우의 과세기간은 1월 1일부터 출국한 날까지로 한다.

○ 비교

법인세의 과세기간은 사업연도이며, 법령이나 정관에서 정하는 1회계기간을 사업연도로 하고, 1년을 초과하지 못한다.

5절 과세소득의 범위(소법 3조)[11]

1. 납세의무자별 과세소득 범위

○ 거주자 비거주자 그리고 동업자별로 구분

1) 거주자는 소득세법에서 규정하는 모든 소득에 대해서 과세한다. 다만, 해당 과세기간 종료일 10년 전부터 국내에 주소나 거소를 둔 기간의 합계가 5년 이하인 외국인 거주자에게는 과세대상 소득 중 국외에서 발생한 소득의 경우 국내에서 지급되거나 국내로 송금된 소득에 대해서만 과세한다.
2) 비거주자는 제119조[12]에 따른 국내원천소득에 대해서만 과세한다.
3) 동업기업의 출자자인 동업자에게는 동업기업의 소득금액 등의 계산 및 배분에 있어서 손익분배비율에 따라 배분하며, 분배받은 자산의 시가 중 분배일의 동업자의 지분가액을 초과하여 발생하는 소득에 대해서는 배당소득으로 과세한다.

※ 동업기업에 대한 개념

동업기업이란 2명 이상이 금전 기타의 재산 또는 노무 등을 출자하여 공동사업을 경영하면서 발생한 이익 또는 손실을 배분받기 위해 설립한 단체로[13], 동업기업에 참여한 동업자는 분배받은 소득에 대한 소득세나 법인세 납세의무를 진다. 즉 동업기업에 대한 과세대신 동업기업에 참가한 동업자에게 과세함으로서 이중과세조정이 불필요하다.

2. 소득의 구분

거주자의 소득을 종합소득, 퇴직소득 양도소득으로 구분하고 종합소득은 다음의 소득

11_ 과세물건은 과세의 대상이 되는 객체를 말하며, 소득·소비, 재산 등이 그 대상이다. 과세표준은 이러한 과세객체를 세금을 부과하기 위한 수나 양으로 표시하는 것을 말한다.

12_ 비거주자의 국내원천소득은 소득세법 119조의 각 호에서 이자소득, 배당소득, 부동산 등의 권리의 양도·임대, 운영으로 발생한 소득, 선박 등 임대소득, 사업소득 등등을 규정하고 있다.

13_ 국세청 동업기업과세득례의 이해

을 합산한 것을 말한다.

가. 이자소득
나. 배당소득
다. 사업소득
라. 근로소득
마. 연금소득
바. 기타소득

한편 소득의 구분시 집합투자기구(펀드)외의 신탁의 이익은 수탁자에게 이전되거나 그 밖에 처분된 재산권에서 발생하는 소득의 내용별로 구분한다.

6절 종합소득세 계산구조와 과세표준

1. 종합소득세의 계산구조

소득세 계산의 주된 목표는 거주자인 개인의 결정세액을 산출하는 것이다. 세액을 산출하기 위해서는 먼저 과세표준을 산출해야한다. 과세표준은 개인의 종합소득에서 개인별 사정을 감안한 소득공제액의 차감을 통해서 산출된다. 종합소득금액은 소득세법에서 열거한 이자소득금액·배당소득금액·사업소득금액·근로소득금액·연금소득금액·기타소득금액의 합계액이다. 각각의 소득금액은 총수입금액 등에서 필요경비성 금액을 차감하여 구성이 된다. 따라서 회계상 각각의 구분된 소득의 수익에서 비용을 제외한 금액의 종합으로 '종합소득금액'을 구성하는 것이다.

<table>
<tr><td rowspan="6">결정세액</td><td rowspan="6">산출세액
(-)공제감면</td><td rowspan="6">과세표준
(*)세율</td><td rowspan="6">=</td><td rowspan="6">종합소득금액
(-) 소득공제</td><td></td><td>이자소득금액</td><td></td></tr>
<tr><td>(+)</td><td>배당소득금액</td><td></td></tr>
<tr><td>(+)</td><td>사업소득금액</td><td>총수입금액 -
필요경비</td></tr>
<tr><td>(+)</td><td>근로소득금액</td><td>총급여액 -
근로소득공제</td></tr>
<tr><td>(+)</td><td>연금소득금액</td><td>총연금액 -
연금소득공제</td></tr>
<tr><td>(+)</td><td>기타소득금액</td><td>총수입금액 -
필요경비</td></tr>
</table>

2. 소득의 종류와 과세표준(소법 14조)

○ **구분계산**

거주자의 종합소득 양도소득 및 퇴직소득에 대한 과세표준은 각각 구분하여 계산한다.

○ **종합소득금액**

종합소득금액은 이자소득금액, 배당소득금액, 사업소득금액, 근로소득금액, 연금소득금액 및 기타소득금액의 합계액을 말한다. 즉 종합소득금액은 세법에서 열거되는 6가지 소득의 원천으로부터 얻은 각각의 총수입에서 경비성 금액을 차감한 소득금액의 합한 금액으로 한다.

○ **종합소득공제**

거주자 또는 비거주자의 종합소득금액에서 개인 사정이나 조세정책 등을 감안한 소득공제를 하며, 이를 종합소득공제라고 한다.

○ **종합소득과세표준**

종합소득금액에서 종합소득공제액을 뺀 금액을 종합소득 과세표준이라고 한다.

○ **종합소득과세표준에 합산되지 아니하는 소득**

주로 비과세소득이거나 분리과세로 납부가 종결되는 소득은 종합소득과세표준에 합산되지 아니한다. 다음의 대표적인 사례이다.

1) 조세특례제한법에 따른 비과세소득
2) 일용근로자의 근로소득
3) 원천징수하는 이자·배당소득과 직장공제회 반환금
4) 분리과세소득
5) 이자소득등의 종합과세기준금액 이하이면서 원천징수된 소득
6) 주택임대소득으로 총수입금액의 합계액이 2천만원 이하인 경우(분리과세주택임대소득)
7) 기타소득금액이 300만원 이하이면서 원천징수된 경우(분리과세기타소득)
8) 분리과세연금소득(퇴직연금소득, 의료·천재 등 부득이한 요건으로 인출하는 연금소득, 연 1,200만원 이하의 연금소득으로 종합소득에 합산하지 않는 경우)

※ 소득세법에서 열거가 되어 있지 않은 경우 소득세가 과세되지 아니한다(소득원천설에 따른 열거주의).

- 상장된 주식에 대한 양도차익(일부분 제외), 채권 매매 차익(이자율 변동에 의한 시세차익)
- 사업용고정자산 등의 처분이익

문제 거주자 이방지의 소득에 관한 자료이다. 종합소득과세표준은 얼마인가?

자료
1. 이방지의 사업소득금액은 6,500만원이다.
2. 이방지의 근로소득금액은 1,000만원이다.
3. 이방지의 외국법인 현금배당은 1,500만원이다.

답 9,000만원

3. 소득공제

○ 기본공제

기본공제	• 종합소득이 있는 거주자인 본인 • 거주자의 배우자(나이제한) • 거주자의 부양가족(소득금액 100만원 초과 및 나이제한)	공제대상자 1명에 연 150만원

기본공제는 종합소득이 있는 거주자(자연인만)에 대해 일정요건을 충족하는 사람의 수에 1인당 150만원을 종합소득금액에서 공제하는 것을 말한다.

그 대상은 기본요건대상자라고 하며 본인, 배우자, 부양가족이다. 연령요건과 소득금액요건을 충족하는 경우(장애자는 소득요건만 적용) 대상이 되며, 배우자의 부양가족도 포함된다.

○ 추가공제

추가공제는 기본공제대상자가 특정요건에 해당하는 경우에 기본공제 외에 추가로 정해진 금액을 공제한다. 추가공제의 요건과 한도는 아래와 같다.

추가공제	기본공제 대상자로 1. 경로우대(연령요건이 만 70세 이상): 100만원 2. 장애인(연령조건없음): 2백만원 3. 기본공제대상 부양가족이 있는 부녀자세대주이거나 배우자가 있는 여성(종합소득금액 3천만원 이하인 거주자): 50만원 4. 배우자가 없는 사람으로 기본공제 대상자인 직계비속 또는 입양자가 있는 경우: 100만원(3과 4가 함께 적용될 경우 4를 적용)

문제 거주자 이방지의 생계를 같이 하는 가족의 현황은 다음과 같다.
소득공제금액은 얼마인가?

가족현황
1. 배우자(만 42세) 사업소득금액 1백만원
2. 장남(만 18세) 고등학생
3. 부친(만 71세) 양도소득금액 3백만원
4. 모친(만 71세) 소득없음

답 기본공제 본인포함 4명으로 6백만원, 추가공제 100만원(모친 경로우대)

○ 연금보험료 공제

종합소득이 있는 거주자가 연금보험료(국민연금, 사학연금 등)를 납입한 경우 해당 과세기간에 납입한 연금보험료를 소득공제한다(공적연금에 대한 보험료 납부액 전액).

○ 주택담보노후연금 이자비용 공제(200만원 한도)

연금소득이 있는 거주자가 법 소정 요건을 갖춘 주택담보노후연금을 받는 경우 거주자가 지급하는 이자비용 상당액(200만원과 연금소득금액 중 적은금액이 한도)은 연금소득금액에서 소득공제한다.

○ 특별소득공제

거주자로 해당과세기간에 부담하는 아래 금액에 대해 부담하는 보험료를 지급한 경우 해당 금액을 공제한다.

1) 보험료공제(전액): 건강보험료, 고용보험료, 노인장기요양보험료
2) 주택자금공제: 주택마련저축(무주택세대주인 경우), 주택임차자금원리금상환액, 주택월세액, 장기주택저당차입금이자 상환액

특별소득공제	• 보험료 공제: 건강보험료, 고용보험료, 노인장기요양보험료 → 전액 • 주택관련 자금공제 - 주택마련저축과 무주택 세대주의 국민주택규모의 주택임차자금차입금의 원리금 상환의 40% - 장기주택저당차입금의 이자지급시 이자상환액	• 총급여액 요건, 무주택세대주인요건, 국민주택규모이하 요건 • 주택임차자금차입금 한도는 300만원이며, 월세액공제를 합하여 300만원 • 장기주택저당차입금의 경우 위의 공제액과 합하여 500만원(금리 및 거치방식 등에 따라 한도 존재) 공제 • 월세액공제는 소득공제에서 세액공제로 전환

○ 조세특례제한법상 소득공제

조세특례제한법에서도 아래와 같은 소득공제 항목을 소득공제 대상으로 두고 있다. 다만, 신용카드 등의 소득공제는 근로소득자만 해당하며, 나머지 소득공제 항목은 근로소득자 및 다른 소득이 있는 거주자에 대해서도 공제대상이 된다. 아래는 대표적인 공제항목이다.

1) 신용카드등 소득공제: 총급여액의 25%를 초과하는 경우 초과액에 15%(전통시장 사용분 등은 30%)를 공제
2) 소기업소상공인 공제부금 납입에 대한 소득공제
3) 중소기업 창업투자조합 출자 등에 대한 소득공제 외
4) 무주택 세대주 등이 청약저축이나 주택청약종합저축 불입시(근로자에 한함)

※ 개정(2014년)

종합소득공제에 해당하던 항목 중 일부는 종합소득 산출세액에서 소득공제액에 일정율에 해당하는 금액을 차감하는 세액공제의 형태로 세법이 개정되었다. 이하 아래는 개정내용 중의 일부분을 제시하였다.

• 자녀세액공제: 거주자의 기본공제대상자에 해당하는 자녀에 대한세액공제
• 연금계좌세액공제: 종합소득이 있는 거주자가 연금계좌에 납입한 금액이 있는 경우 400만원을 한도로 납입액의 12%를 세액공제
• 특별세액공제: 소득공제의 형태로 과세표준에서 차감한 의료비 등은 의료비 세액공제, 교육비세액공제, 기부금세액공제, 표준세액공제로 개정됨.

4. 기본세율

○ 세율(기본세율)

종합소득금액에서 종합소득공제를 적용한 후의 금액이 종합소득과세표준이다. 그리고 여기에 아래의 세율을 적용하여 종합소득산출세액을 계산한다. 소득세율은 과세표준에 따라 초과누진세율로 구성되어 소득의 재분배 역할을 수행하고 있다.

종합소득과세표준	세율
1,200만원 이하	과세표준의 6%
1,200만원 초과 4,600만원 이하	72만원 + (1,200만원 초과금액의 15%)
4,600만원 초과 8,800만원 이하	582만원 + (4,600만원 초과금액의 24%)
8,800만원 초과 15,000만원 이하	1,590만원 + (8,800만원 초과금액의 35%)
15,000만원 초과	3,760만원 + (15,000만원 초과금액의 38%)

문제 거주자 이방지의 근로소득 과세표준은 8,700만원이다. 산출세액을 계산하시오.

답 (8,700만원 - 4,600만원)*0.24 + 582만원 = 1,566만원

5. 산출세액

○ 종합소득산출세액

종합소득과세표준에 세율을 적용하여 종합소득산출세액을 계산하며, 산출세액에 소득세법상 또는 조세특례제한법상 세액공제 및 세액감면을 적용하여 결정세액을 산출한다.

○ 세액공제

소득세법상 세액공제는 다음과 같다.

배당세액 공제	공제대상액은 배당가산된 배당소득금액이 있는 경우로 이중과세 조정을 위함.
기장세액 공제	간편장부대상자(일정 수입금액 이하 사업자)가 복식부기에 따라 기장한 경우 종합소득세 산출세액의 20%를 100만원 한도 내에서 공제
외국납부세액 공제	국외소득에 대한 세액을 납부 또는 납부할 것이 있는 경우로, 산출세액에서 국외원천소득금액에 해당분 공제와 필요경비 산입 중 선택한다. 5년간 이월공제 가능
재해손실세액 공제	재해로 자산상실비율이 20% 이상인 경우 소득세 등에 상실비율 해당액을 공제한다. 한도는 상실된 자산가액에 한한다.
근로소득세액 공제	근소소득자에 대하여 산출세액이 130만원 이하인 경우 산출세액에 55%를, 초과시 71만5천원 + 130만원 초과금액의 30%를 세액공제한다. (한도액은 총급여액이 3,300만원 이하이면 74만원, 3,300만원 초과 7천만원 이하면 74만원 - (총급여 - 7,000만원)*0.008% 7,000만원 초과시 66만원 - (총급여액 - 7천만원)*50%를 한도로 한다.)
자녀세액 공제	• 기본공제 대상자인 자녀가 1명인 경우 연 15만원, 2명인 경우 연 30만원, 3명 이상이면 30만원+초과1명당 30만원 • 6세 이하 2명 이상시 둘째부터 1명당 15만원 세액공제 • 자녀 출생 세액공제 1명당 30만원
연금계좌세액 공제	연금계좌납입액(연400만원한도)*12%

○ **특별세액공제**

보험료	1. 장애인전용보장성보험료의 15%(연 100만원한도) 2. 보장성보험료의 12%(연 100만원 한도, 2015년 4월 개정)
의료비	1. 당해 거주자, 65세 이상자, 장애인 외 기본공제대상자의 의료비중 총급여액의 3%를 초과금액(700만원한도)에 15% 2. 당해 거주자, 65세 이상자, 장애인의 의료비의 15% ('1'의 의료비가 총급여액의 3% 미달시 미달금액은 '2'의 금액에서 차감한다.)
교육비	1. (배우자. 직계비속.형제자매. 입양자, 위탁아동의 교육비-직계존속제외)*15% → 한도액: 대학생 1인 연900만원, 취학전 아동·초중고생 1인 연 300만원 2. 근로자의 교육비(한도없음) * 15% 3. 장애인 특수교육비(한도없음) * 15%
기부금	공제대상 기부금(법정 및 지정기부금)의 15% (공제대상 기부금이 3천만원 초과시 초과분의 25%)
표준세액공제	1. 근로소득이 있는 거주자로 특별세액공제 신청을 하지 아니한 사람과 성실사업자: 연 13만원 2. 근로소득이 없는 거주자로 종합소득이 있는 거주자(성실사업자 제외): 7만원

○ **세액감면**

종합소득금액 중에서 다음의 소득이 있을 경우 종합소득산출세액에서 아래 소득이 차지하는 비율에 해당하는 금액을 감면한다.

1) 정부간 협약으로 우리나라에 파견된 외국인이 그 양쪽 또는 한쪽 당사국의 정부로부터 받는 급여
2) 거주자중 대한민국 국적을 가지지 아니한 자가 외국항행사업으보부터 얻는 소득(거주자의 국적지국에서도 동일한 면제를 적용하는 경우에 한함).
3) 조세특례 제한법에 따라 소득세가 감면되는 경우도 해당 금액을 감면한다.

○ **적용순서 등**

1) 세액공제와 감면규정이 동시에 적용되는 경우: 해당과세기간의 소득에 대한 세액감면, 이월공제가 인정되지 않는 세액공제, 이월공제가 인정되는 세액공제의 순서로 한다.

2) 공제감면 합계액이 납부할세액을 초과하는 경우 초과금액은 없는 것으로, 최저한세 미달시에는 미달세액은 감면하지 않는다.

6. 결정세액

○ 결정세액

1) 종합소득과세표준에 기본세율을 적용하여 계산한 종합소득산출세액에서 각종 세액공제 등을 적용한 후 종합소득 결정세액을 계산한다.
2) 소득세 계산에서 최종적으로 세법의 적용을 통해서 산출할 금액으로 이는 소득세 계산의 목표가 된다.

7. 소득세 과세표준의 계산구조

○ 정리

1) 우리나라의 소득세제는 이자소득, 배당소득, 사업소득, 근로소득, 연금소득 그리고 기타소득으로 구성되는 소득에 대해서 종합소득으로 분류하여 합산하여 과세한다.
2) 개인별 사정을 감안한 소득공제를 적용한다.
3) 산출된 종합소득 과세표준에 6%~38%에 이르는 누진세율을 적용한다.
4) 세율 적용을 통해서 종합소득 산출세액을 구하고 이중과세 조정을 위한 세액공제 및 기타 세액공제와 세액감면을 적용하여 결정세액을 계산한다.
5) 한편 퇴직소득[14]과 양도소득으로 분류되는 소득에 대해서는 종합소득에 합산하지 않고 별도로 분류과세방식에 의한 계산구조하에서 소득세를 과세한다.

14_ 퇴직소득의 경우 「퇴직소득금액 - 퇴직소득공제 = 퇴직소득과세표준」을 통해서 과세표준을 산출한다. 퇴직소득공제는 먼저 퇴직소득에 일정률을 공제하는 정률공제와 이후 근속연수에 따라 공제하는 근속연수공제가 있다.

문제 거주자 이방지의 근로소득금액은 2,000만원이며, 사업소득금액 3,000만원, 기타소득금액은 1,000만원이다. 근로소득에 대한 원천징수액은 200만원, 기타소득에 대한 원천징수액은 200만원이며 사업소득에 대한 원천징수액은 없다. 종합소득공제액은 250만원으로 하며 근로소득세액공제액은 20만원으로 하며 나머지 세액공제액은 없는 것으로 한다. 과세표준과 납부할 세액을 계산하시오.

답

1. 종합소득금액: 6,000만원
2. 종합소득과세표준: 6,000만원 – 250만원
3. 산출세액: 5,750만원에 대한 세액은 858만원에서 세액공제액 20만원 → 838만원
4. 납부세액: 838만원 – 200만원(근로소득원천징수) – 200만원(기타소득원천징수)
   → 438만원

기출문제

문제1 소득세법상 비거주자가 거주자로 되는 시기에 대한 설명이다. 옳지 않은 것은?
[세무회계 2급 56회 기출]

① 외국의 공무원이 국내에 대사관에 근무하기 위하여 입국한 날의 다음날
② 국내에 주소를 둔 날
③ 계속하여 1년 이상 국내에 거주할 것을 통상 필요로 하는 직업을 가지게 되는 등 국내에 주소를 가지거나 국내에 주소가 있는 것으로 보는 사유가 발생한 날
④ 국내에 거소를 둔 기간이 1년이 되는 날

답 ①

해설 [소득세법시행령 제2조의2 거주자 또는 비거주자가 되는 시기]

▪ 비거주자가 거주자가 되는 시기
1. 국내에 주소를 둔 날
2. 국내에 주소를 가지거나 국내에 주소가 있는 것으로 보는 사유가 발생한 날
3. 국내에 거소를 둔 기간이 183일이 되는 날

▪ 거주자가 비거주자로 되는 시기
1. 거주자가 주소 또는 거소의 국외 이전을 위하여 출국하는 날의 다음 날
2. 국내에 주소가 없거나 국외에 주소가 있는 것으로 보는 사유가 발생한 날의 다음 날

문제2 다음 중 소득세법상 납세의무자에 대한 설명으로 옳지 않은 것은?
[세무회계 2급 57회 기출]

① 국내에 주소를 두거나 1년 이상 거소를 둔 개인을 거주자라 하며, 국내외원천소득에 대하여 소득세를 과세한다.
② 거주자가 아닌 자를 비거주자라 하며 국내원천소득에 대해 소득세를 과세하지 아니한다.
③ 공동사업의 사업소득에 대한 소득세는 원칙상 공동사업자별로 납세의무를 진다.
④ 대표자 또는 관리인을 선임하고 있으나 이익의 분배방법 · 비율이 없는 경우 그 단체를 1거주자로 보아 과세한다.

답 ② 비거주자라 하며 국내원천소득에 대해 소득세를 과세 한다.

해설 [소득세법 제3조 과세소득의 범위]

1. 거주자는 법에서 규정하는 모든 소득에 대해서 과세한다.(국내외 모든소득)
2. 해당 과세기간 종료일 10년 전부터 국내에 주소나 거소를 둔 기간의 합계가 5년 이하인 외국인 거주자에게는 과세대상 소득 중 국외에서 발생한 소득의 경우 국내에서 지급되거나 국내로 송금된 소득에 대해서만 과세한다.
3. 비거주자에게는 국내원천소득에 대해서만 과세한다.

문제3 소득세법상 비거주자 판정에 있어서 거주기간은 매우 중요하다. 거주기간의 계산에 대한 내용으로 옳지 않은 것은?[세무회계 2급 58회 기출]

① 국외에서 근무하는 공무원의 통상 해외거주기간이 1년이 넘으면 비거주자로 본다.
② 국내에 거소를 두고 있던 개인이 출국 후 다시 입국한 경우에 생계를 같이하는 가족의 거주지나 자산소재지 등에 비추어 그 출국목적이 명백하게 일시적인 것으로 인정되는 때에는 그 출국한 기간도 국내에 거소를 둔 기간으로 본다.
③ 국내에 거소를 둔 기간이 2과세기간에 걸쳐 1년 이상인 경우에는 국내에 1년 이상 거소를 둔 것으로 본다.
④ 국내에 거소를 둔 기간은 입국하는 날의 다음날부터 출국하는 날까지로 한다.

답 ①

해설 [소득세법 제 3조 해외현지법인등의 임직원 등에 대한 거주자 판정]
거주자나 내국법인의 국외사업장 또는 해외현지법인(내국법인이 100분의 100을 직접 또는 간접 출자한 경우에 한정) 등에 파견된 임원 또는 직원이나 국외에서 근무하는 공무원은 거주자로 본다.

문제4 소득세법상 원천징수하는 소득세의 납세지에 관한 설명이다. 옳지 않은 것은? [세무회계 2급 58회 기출]

① 원천징수하는 자가 거주자인 경우: 사업장이 있는 경우 그 거주자의 주소지 또는 거소지
② 원천징수하는 자가 비거주자인 경우: 그 비거주자의 주된 국내사업장 소재지. 다만, 주된 국내사업장 외의 국내사업장에서 원천징수를 하는 경우 그 국내 사업장의 소재지, 국내사업장이 없는 경우에는 그 비거주자의 거류지 또는 체류지
③ 원천징수하는 자가 법인인 경우: 그 법인의 본점 또는 주사무소의 소재지
④ 납세조합이 원천징수하는 소득세의 납세지: 그 납세조합의 소재지

답 ①

해설 [소득세법 제7조 원천징수하는 자가 거주자인 경우]
그 거주자의 주된 사업장 소재지. 다만, 주된 사업장 외의 사업장에서 원천징수를 하는 경우에는 그 사업장의 소재지, 사업장이 없는 경우에는 그 거주자의 주소지 또는 거소지로 한다.

문제5 소득세법상 소득세의 특징과 관련이 없는 것은?[세무회계 2급 59회 기출]

① 소득원천별 차등과세 ② 인적공제제도 ③ 누진세율 채택 ④ 사업장 소재지 과세원칙

답 ④ 사업장 소재지 과세원칙 → 주소지 과세원칙

해설 [소득세법 6조 거주자의 소득세 납세지는 그 주소지로 한다.]

문제6 소득세법상 거주자의 소득구분에서 종합과세에 해당되지 않는 소득은?
[세무회계 2급 59회 기출]

① 이자소득 ② 배당소득 ③ 양도소득 ④ 사업소득

답 ③ 양도소득은 분류과세

해설 [소득세법 4조 소득의 구분]
거주자의 소득은 다음과 같이 구분한다.
1. 종합소득(이자소득, 배당소득, 사업소득, 근로소득, 연금소득, 기타소득)
2. 퇴직소득
3. 양도소득

문제7 다음은 소득세법상 소득세의 과세기간에 관한 설명이다. 다음 중 옳지 않은 것은?
[세무회계 2급 60회 기출]

① 과세기간은 원칙적으로 1월 1일부터 12월 31일 이다.
② 거주자가 사망한 경우 과세기간은 1월 1일부터 사망한 날까지이다.
③ 사업을 폐업한 경우 과세기간은 1월 1일부터 폐업일까지이다.
④ 거주자가 출국으로 인하여 비거주자가 되는 경우 과세기간은 1월 1일부터 출국한 날까지이다.

답 ③ 소득세 과세기간은 사업개시나 폐업에 영향을 받지 않으며, 과세기간을 임의로 설정하는 것은 허용되지 않는다.

해설 [소득세법 5조 과세기간]
소득세의 과세기간은 1월 1일부터 12월 31일까지 1년으로 한다.

문제8 다음은 우리나라 소득세법상 납세의무자에 대한 설명이다. 옳지 않은 것은?
[세무회계 2급 61회 기출]

① 거주자는 국내·외 원천소득 모두에 대하여 소득세 납세의무를 진다.
② 비거주자는 국내원천소득에 한하여 소득세 납세의무를 진다.
③ 현행 소득세법은 인별과세이기 때문에 공동사업합산과세 되는 경우는 없다.
④ 원천징수되는 소득으로서 종합소득과세표준에 합산되지 않는 소득이 있는 자는 그 원천징수되는 소득세에 대하여 납세의무를 진다.

답 ③

해설 [소득세법 2조의 2, 43조 납세의무의 범위]
공동사업에 관한 소득금액을 계산하는 경우에는 해당 공동사업자별로 납세의무를 진다. 다만, 특수관계인이 공동사업자에 포함되어 있는 경우로서 손익분배비율을 거짓으로 정하는 등 사유에 따른 주된 공동사업자에게 합산과세되는 경우 손익분배비율에 해당하는 그의 소득금액을 한도로 주된 공동사업자와 연대하여 납세의무를 진다.

문제9 소득세법상 거주기간의 계산에 대한 설명이다. 옳지 않은 것은?
[세무회계 2급 61회 기출]

① 국내에 거소를 둔 기간은 입국하는 날의 다음날부터 출국하는 날까지로 한다.
② 불법체류로 인하여 국내에 거소를 둔 기간은 거주기간의 계산에 포함되지 않는다.
③ 국내에 거소를 둔 기간이 2과세기간에 걸쳐 183일 이상인 경우에는 국내에 183일 이상 거소를 둔 것으로 본다.
④ 국내에 거소를 두고 있던 개인이 출국 후 다시 입국한 경우에 생계를 같이하는 가족의 거주지나 자산소재지 등에 비추어 그 출국목적이 명백하게 일시적인 것으로 인정되는 때에는 그 출국한 기간도 국내에 거소를 둔 기간으로 본다.

답 ②

해설 [소득세법 4조 거주기간의 계산]
①국내에 거소를 둔 기간은 입국하는 날의 다음날부터 출국하는 날까지로 한다.
②국내에 거소를 두고 있던 개인이 출국 후 다시 입국한 경우에 생계를 같이하는 가족의 거주지나 자산소재지등에 비추어 그 출국목적이 관광, 질병의 치료 등으로서 명백하게 일시적인 것으로 인정되는 때에는 그 출국한 기간도 국내에 거소를 둔 기간으로 본다.
③국내에 거소를 둔 기간이 2과세기간에 걸쳐 183일 이상인 경우에는 국내에 183일 이상 거소를 둔 것으로 본다.

문제10 소득세의 과세기간에 대한 설명 중 틀린 것은?[세무회계 2급 62회 기출]

① 소득세의 과세기간은 1.1.부터 12.31.까지를 원칙으로 한다.
② 거주자가 3.31.에 사망한 경우의 과세기간은 1.1.부터 3.31.일까지 이다.
③ 거주자가 6.30.에 사업을 폐업한 경우 과세기간은 1.1.부터 6.30.까지 이다.
④ 거주자가 5.31.에 출국하여 비거주자가 된 경우 과세기간은 1.1.부터 5.31.까지 이다.

답 ③ 소득세의 과세기간은 사업폐업에 영향을 받지 않으며, 과세기간을 임의로 설정하는 것은 허용되지 않는다.

해설 [소득세법 제5조 과세기간]
- 거주자가 사망한 경우의 과세기간은 1월 1일부터 사망한 날까지로 한다.
- 거주자가 주소 또는 거소를 국외로 이전하여 비거주자가 되는 경우의 과세기간은 1월 1일부터 출국한 날까지로 한다.

문제11 다음 중 소득세법상 거주자에 해당되는 자는?[세무회계 2급 62회 기출]

① 외국의 영주권을 가진 자로서 국내에 생계를 같이하는 가족이 있고 그 직업 및 자산상태에 비추어 계속하여 국내에 183일 이상 거주할 것으로 인정되는 자
② 외국을 항해하는 승무원의 경우 그 승무원이 근무기간 이외의 기간 중 통상 체재하는 장소가 국외에 있는 자
③ 주한 외교관과 그 외교관의 세대에 속하는 가족
④ 한미 행정협정에 의거하여 국내에 183일 이상 거주하는 미군 군무원 및 그 가족

답 ①

해설 [소득세법 1조의 2]
"거주자"란 국내에 주소를 두거나 183일 이상의 거소(居所)를 둔 개인을 말한다.

문제12 다음 중 소득세법상 납세지에 관한 설명으로 옳지 않은 것은? [세무회계 2급 63회 기출]

① 거주자나 비거주자나 납세지가 변경된 경우 그 변경 후의 납세지 관할세무서장에게 변경된 날부터14일 이내에 신고하여야 한다.
② 원천징수하는 자가 비거주자인 경우: 그 비거주자의 주된 국내사업장 소재지. 다만, 주된 국내사업장외의 국내사업장에서 원천징수를 하는 경우에는 그 국내사업장의 소재지, 국내사업장이 없는 경우에는 그 비거주자의 거류지 또는 체류지로 한다.
③ 납세조합이 원천징수하는 소득세의 납세지는 그 납세조합의 소재지로 한다.
④ 원천징수하는 자가 거주자인 경우: 그 거주자의 주된 사업장 소재지. 다만, 주된 사업장 외의 사업장에서 원천징수를 하는 경우에는 그 사업장의 소재지, 사업장이 없는 경우에는 그 거주자의 주소지또는 거소지로 한다.

답 ① 거주자나 비거주자나 납세지가 변경된 경우, 그 변경 후의 납세지 관할세무서장에게 변경된 날부터 15일 이내에 신고하여야 한다. (소득세법 7, 소득세법 10)

해설 [소득세법 10조 납세지의 변경신고]
거주자나 비거주자는 납세지가 변경된 경우 변경된 날부터 15일 이내에 그 변경 후의 납세지 관할 세무서장에게 신고하여야 한다.

문제13 다음 중 우리나라 소득세법의 특징이 아닌 것은?[세무회계 2급 64회 기출]

① 개인별과세 ② 신고납세제도 ③ 완전열거주의과세 ④ 인적공제제도

답 ③ 원칙적으로 열거주의이며 이자 · 배당소득에 대하여는 유형별 포괄주의과세임

문제14 소득세법상 비거주자가 거주자로 되는 시기에 대한 설명이다. 옳지 않은 것은? [세무회계 2급 64회 기출]

① 국내에 주소를 둔 날
② 계속하여 183일 이상 국내에 거주할 것을 통상 필요로 하는 직업을 가지게 된 때 그 사유 발생일
③ 국내에 거소를 둔 기간이 183일이 되는 날
④ 국내에 생계를 같이하는 가족이 있고, 그 직업 및 자산상태에 비추어 계속하여 1년 이상 국내에 거주할 것으로 인정되는 때

답 ④

해설 [소득세법 2조 주소와 거소의 판정]

■ 국내에 거주하는 개인이 다음의 어느 하나에 해당하는 경우에는 국내에 주소를 가진 것으로 본다.

1. 계속하여 183일 이상 국내에 거주할 것을 통상 필요로 하는 직업을 가진 때
2. 국내에 생계를 같이하는 가족이 있고, 그 직업 및 자산상태에 비추어 계속하여 183일 이상 국내에 거주할 것으로 인정되는 때

문제15 다음은 우리나라 소득세법에 대한 설명이다. 옳지 않은 것은? [세무회계 2급 65회 기출]

① 우리나라 소득세는 신고납세주의를 택하고 있다.
② 우리나라 소득세는 전단계세액공제법을 채택하고 있다.
③ 우리나라 소득세는 초과누진세율을 적용하고 있다.
④ 우리나라 소득세는 개인단위과세주의를 취하고 있다.

답 ② 전단계세액공제법은 부가가치세임

관리번호	-

(　년 귀속)종합소득세 · 농어촌특별세 · 지방소득세 과세표준확정신고 및 납부계산서

거주구분	거주자1 /비거주자2
내 · 외국인	내국인1 /외국인9
거주지국	거주지국코드

❶ 기본사항

① 성 명	② 주민등록번호 －
③ 주 소	
④ 주소지 전화번호	⑤ 사업장 전화번호
⑥ 휴 대 전 화	⑦ 전자우편주소
⑧ 신 고 유 형	[11]자기조정 [12]외부조정 [14]성실신고확인 [20]간편장부 [31]추계－기준율 [32]추계－단순율 [40]비사업자
⑨ 기 장 의 무	[1]복식부기의무자 [2]간편장부대상자 [3]비사업자
⑩ 신 고 구 분	[10]정기신고 [20]수정신고 [30]경정청구 [40]기한후신고 [50]추가신고(인정상여)

❷환급금 계좌신고 (2천만원 미만인 경우)	⑪ 금융기관/체신관서명	⑫ 계좌번호

❸세무대리인			
⑬성 명	⑭ 사업자등록번호 - -	⑮ 전화번호	
⑯대리구분 [1]기장 [2]조정 [3]신고 [4]확인	⑰ 관리번호 -	⑱ 조정반번호 -	

❹ 세액의 계산

구분			종합소득세		지방소득세		농어촌특별세
종합소득금액		⑲					
소득공제		⑳					
과세표준(⑲-⑳)		㉑		㊶		51	
세율		㉒		㊷	10%	52	
산출세액		㉓		㊸		53	
세액감면		㉔					
세액공제		㉕					
결정세액(㉓-㉔-㉕)		㉖				54	
가산세		㉗				55	
추가납부세액 (농어촌특별세의 경우에는 환급세액)		㉘				56	
합계(㉖+㉗+㉘)		㉙				57	
기납부세액		㉚		㊹		58	
납부(환급)할 총세액(㉙-㉚)		㉛		㊺		59	
납부특례세액	차감	㉜				60	
	가산	㉝					
분납할 세액	2개월 내	㉞					
신고기한 이내 납부할 세액(㉛-㉜+㉝-㉞)		㉟		㊻		61	

신고인은 「소득세법」 제70조, 「농어촌특별세법」 제7조, 「지방세법」 제95조 및 「국세기본법」 제45조의3에 따라 위의 내용을 신고하며, **위 내용을 충분히 검토하였고 신고인이 알고 있는 사실 그대로를 정확하게 적었음을 확인합니다.**

년 월 일

신고인 (서명 또는 인)

세무대리인은 조세전문자격자로서 위 신고서를 성실하고 공정하게 작성하였음을 확인합니다.

세무대리인 (서명 또는 인)

세무서장 귀하

접수(영수)일

첨부서류(각 1부)		전산입력필	(인)

2장 종합소득세

○ **거주자의 종합소득**

거주자의 종합소득은 다른 소득(퇴직소득, 양도소득)과 구분하여 과세표준과 세액을 계산한다. 종합소득을 구성하는 소득종류는 이하 각 절에서 설명한다. 이는 이자소득, 배당소득, 사업소득, 근로소득, 연금소득, 기타소득으로 종합소득이 구성된다.

1절 이자소득

1. 이자소득의 범위

이자소득은 금전 대여로 발생하며 종합소득금액을 구성하는 소득 중의 하나이다. 이자소득은 대개 이자지급자가 이자수익자에게 이자지급시 원천징수를 하게 된다. 이자소득과 배당소득을 합하여 금융소득이라고 하는데 종합소득에 합산되지 않은 경우도 있다. 금융소득의 종합과세 포함여부는 금융소득이 일정금액(2,000만원)을 초과하는 경우에 종합소득금액에 포함여부가 결정된다. 이후 금융소득이 포함된 종합소득과세표준에서 산출세액을 계산한 후 이미 납부한 원천징수세액을 기납부세액으로 차감하는 방식으로 과세된다. 한편 국외에서 받거나 원천징수되지 아니한 특정 이자소득은 종합소득금액에 포함되어 세액을 계산한다.

○ 이자와 이자소득

이자는 돈을 빌려주고 시간의 흐름에 따라 받는 돈의 정도라는 말이다.[15] 돈의 사용에 대한 대가를 말한다. 그러나 세법에서는 일반적으로 이자를 발생시키는 거래에서 발생하는 소득을 소득세법에서 열거하고 있다. 주로 국가 또는 지방자치단체 그리고 내국법인 등이 발행한 채권에 대한 개인의 투자로부터 발생하는 소득이 주된 대상이다. 소득세법에서 이자소득금액은 해당 과세기간에 발생한 총수입금액으로 한다.

○ 소득세법에서 열거하는 이자소득

1) 국가나 지방자치단체가 발행한 채권 또는 증권의 이자와 할인액
2) 내국법인이 발행한 채권 또는 증권의 이자와 할인액
3) 국내에서 받는 예금(적금 · 부금 · 예탁금 및 우편대체를 포함한다. 이하 같다)의 이자
4) 상호저축은행법에 따른 신용계(信用契) 또는 신용부금으로 인한 이익
5) 외국법인의 국내지점 또는 국내영업소에서 발행한 채권 또는 증권의 이자와 할인액
6) 외국법인이 발행한 채권 또는 증권의 이자와 할인액
7) 국외에서 받는 예금의 이자
8) 대통령령으로 정하는 채권 또는 증권의 환매조건부 매매차익
9) 대통령령으로 정하는 저축성보험의 보험차익
10) 대통령령으로 정하는 직장공제회 초과반환금
11) 비영업대금(非營業貸金)의 이익
12) 기타 위와 소득과 유사한 소득으로서 금전 사용에 따른 대가로서의 성격이 있는 것[16]

15_ 세법강의, 이창희, 2011, 박영사, p.416.

16_ 유형별 포괄주의로 과세대상으로 열거한 것과 유사한 것이면 구체적으로 열거되어 있지 않은 것도 과세하는 방식을 말한다.(시사경제용어사전, 기획재정부 2010)

13) 이자소득을 발생시키는 거래 또는 행위와 파생상품이 결합된 경우 해당 파생상품의 거래 또는 행위로부터의 이익

○ **중요 이자소득 항목에 대한 보충 설명**

1) 국채 등의 이자소득(소령 22조2)

국가가 발행한 채권이 원금과 이자가 분리되는 경우에는 원금에 해당하는 채권 및 이자에 해당하는 채권의 할인액은 '국가나 지방자치단체가 발행한 채권 등'의 이자로 본다. 다만, 국채, 산업금융채권, 정책금융채권 등등의 채권을 공개시장에서 통합 발행하는 경우 해당 채권의 매각가액과 액면가액과의 차액은 이자 및 할인액에 포함되지 아니하는 것으로 한다.

2) 채권 또는 증권의 환매조건부 매매차익(소령 24)

금융회사 등이 환매기간에 따른 사전약정이율을 적용하여 환매수 또는 환매도하는 조건으로 매매하는 채권 또는 증권의 매매차익을 말한다.

3) 저축성보험의 보험차익(소령 25)

저축성보험의 보험차익은 보험계약에 따라 만기에 받는 보험금·공제금 또는 계약기간 중도에 해당 보험계약이 해지됨에 따라 받는 환급금(즉, 보험금)에서 납입보험료 또는 납입공제료(즉, 보험료)를 뺀 금액을 말한다(보험차익 = 보험금 - 보험료).

■ **이자소득의 범위에서 제외되는 보험차익(소령 25조) – 비과세 저축성 보험**

1. 저축성보험: 계약자 1명당 납입보험료 합계액이 2억원 이하인 저축성보험계약으로 최초로 보험료를 납입한 날부터 만기일 또는 중도해지일까지의 기간이 10년 이상인 것
2. 월적립식 저축성보험: 다음의 요건을 모두 충족하는 월적립식 저축성보험계약
   가. 최초납입일부터 만기일 또는 중도해지일까지의 기간이 10년 이상일 것
   나. 최초납입일로부터 납입기간이 5년 이상인 월적립식 계약일 것

다. 최초납입일부터 매월 납입하는 기본보험료가 균등하고, 기본보험료의 선납기간이 6개월 이내일 것

3. 종신형 연금보험: 다음의 요건을 모두 충족하는 종신형 연금보험계약

가. 계약자가 보험료 납입 계약기간 만료 후 55세 이후부터 사망시까지 보험금·수익 등을 연금으로 지급받는 계약일 것

나. 연금 외의 형태로 보험금·수익 등을 지급하지 아니하는 계약일 것

다. 사망시 보험계약 및 연금재원이 소멸할 것

라. 최초 연금지급개시 이후 사망일 전에 계약을 중도해지 할 수 없을 것

마. 매년 수령하는 연금액이 일정 계산식에 따라 계산한 금액을 초과하지 않을 것.

4. 피보험자의 사망·질병·부상 그 밖의 신체상의 상해로 인하여 받거나 자산의 멸실 또는 손괴로 인하여 받는 보험금

4) 비영업대금의 이익(소령 26조3)

비영업대금[17]의 이익은 금전의 대여를 사업목적으로 하지 아니하는 자가 일시적·우발적으로 금전을 대여함에 따라 지급받는 이자 또는 수수료 등으로 한다.

5) 직장공제회[18] 초과반환금(소령 26조1.2)

직장공제회란 법률에 따라 설립된 공제회·공제조합(이와 유사한 단체를 포함한다)으로서 동일직장이나 직종에 종사하는 근로자들의 생활안정, 복리증진 또는 상호부조 등을 목적으로 구성된 단체를 말한다. 직장공제회 초과반환금은 근로자가 퇴직하거나 탈퇴하여 그 규약에 따라 직장공제회로부터 받는 반환금에서 납입공제료를 뺀 금액으로 한다(납입금초과이익과 반환금 추가이익으로 구성됨).

17_ 대금업은 사업적으로 금전을 대여하는 사업으로 사채업자 등이 해당하며 사업소득으로 과세된다.
18_ 이러한 공제회는 한국교직원공제회, 군인공제회, 경찰공제회 등이 있다.

2. 비과세 이자소득

○ 소득세법상 이자소득 비과세

금융소득 중 이자소득에 대한 비과세는 소득세법상 비과세 이자소득으로 신탁법에 따른 공익신탁[19]의 이익에 해당하는 경우 비과세 한다.

○ 조세특례제한법상 비과세 이자소득

조세특례제한법상 비과세 이자소득의 주요 사례는 아래와 같다. 이러한 비과세소득은 세법에서 열거한 과세대상이 되는 소득을 조세정책적 목적 등으로 과세에서 제외시키는 것을 말한다. 이자소득 중에서 과세제외 내지 과세포기분으로 일몰규정이 있는 특징이 있다.

1) 장기주택마련저축의 이자와 배당소득(조특법 87)

법에서 정하는 요건을 갖춘 장기주택마련저축의 이자소득 및 배당소득에 대해서는 소득세를 부과하지 아니한다.

2) 농어가목돈마련저축의 이자소득(조특법 87의2)

농어민이 '농어가목돈마련저축에 가입한 경우 저축기간만료나 가입일로부터 1년이후 농어민의 사망, 해외이주 등등으로 저축을 해지하여 받는 이자소득은 비과세된다.

3) 노인·장애인 등[20]의 생계형저축의 이자·배당소득(조특법 88의2)

노인·장애인 등의 적용대상자가 1명당 저축원금이 3천만원이하인 생계형 저축에 가입하는 경우 소득세를 부과하지 아니한다.

4) 조합 등 예탁금의 이자소득(조특법 98의3)

조합(농협, 수협, 산협, 신협, 새마을금고) 등에 대한 1인당 3천만원이하의 예탁금에서

19_ 공익신탁이란 학술, 종교, 자선 등등 기타 공익을 목적으로 하는 신탁을 말한다.

20_ 거주자인 60세 이상의 노인, 장애인, 독립유공자와 그 유족 또는 가족, 국민기초생활수급자 등등이 해당한다.

발생하는 이자소득 중 일부분은 비과세된다.

5) 장기주식형·회사채형 저축의 이자·배당소득(조특법 91의9,10)

6) 재형저축에서 발생하는 이자소득과 배당소득(조특법 91의14)

법에서 정한 요건을 갖춘 거주자가 가입하는 재형저축에서 발생한 이자·배당소득은 비과세 된다.

3. 이자소득과 분리과세

○ 완납적 원천징수

이자소득의 경우 소득을 지급하는자(원천징수의무자)가 소득지급시기에 과세관청을 대신하여 원천징수한다. 이때 원천징수의무자의 원천징수로 납세의무가 종결되는 경우가 있는데 이는 완납적 원천징수에 해당한다.

○ 예납적 원천징수

예납적 원천징수는 이자소득에 대한 종합소득세의 선납인 경우에 해당하며, 해당 이자소득을 다른 종합소득과 합산하여 종합과세방식으로 과세하며 미리 예납한 원천징수세액은 기납부세액으로 공제한다.

○ 납세의무가 종결되는 이자소득(즉, 종합소득에 합산하지 아니하는 이자소득)

이자소득이 분리과세방식으로 소득의 지급자가 원천징수함으로 납세의무가 종결되는 경우는 다음과 같다.(소법 14조③의 3호 내지 6호)

1) 대통령령으로 정하는 장기채권의 이자와 할인액으로 그 장기채권을 3년 이상 계속하여 보유한 거주자가 분리과세를 신청한 경우(소법 129)

2) 민사집행법에 따라 법원에 납부한 보증금 및 경락대금에서 발생하는 이자소득
3) 실지명의가 확인되지 아니하는 이자소득
4) 직장공제회 초과반환금
5) 법인으로 보는 단체 외의 단체 중 수익을 구성원에게 배분하지 아니하는 단체로서 단체명을 표기하여 금융거래를 하는 단체가 받는 이자소득 및 배당소득
6) 조세특례제한법상 분리과세 이자소득(조특법 89조 세금우대종합저축의 이자·배당, 조특법 91의7 고수익고위험투자신탁의 이자·배당, 조특법 29조, 사회기반시설채권의 이자)

4. 이자소득금액

이자소득금액은 해당 과세기간의 총수입금액으로 한다(소법 16조). 이에 이자소득은 필요경비가 인정되지 아니한다.

문제 거주자 이방지의 금융소득 자료이다. 금융소득금액은?[세무회계 1급 수정]

자료내역 ① 비영업대금이익 10,000,000원
② 국외은행 예금이자(국내에서 원천징수되지 않았음) 5,000,000원
③ 국내비상장법인으로부터의 현금배당금 10,000,000원
④ 국내은행 정기예금이자 10,000,000원

답 금융소득금액: 10,000,000 + 5,000,000 + (10,000,000 × 1.11) + 10,000,000
= 36,100,000원

5. 이자소득의 수입시기

○ 귀속시기의 판정

세법상 일반적인 수익의 귀속을 판단하는 기준은 권리의 확정 시점이다[21]. 이자소득의

수입시기는 과세소득의 기간 귀속을 판단하여 과세기간을 판정하는 기준이 되며, 약정에 의한 이자지급일이 권리의 확정시점이 될 것이다. 한편, 이자소득에 대해서는 금융기관이 원천징수를 통한 과세 편의를 위해 실제로 이자를 지급받는 날에 수입시기로 규정하고 있다. 이에 따른 소득세법에 규정된 수입시기는 다음 표와 같다.

○ 이자소득 수입시기

구분	수입시기
채권(무기명)	지급을 받은 날
채권(기명)	약정에 의한 지급일
일반적인 채권 어음의 이자와 할인액	약정에 의한 상환일(기일전 상환시 그 상환일)
예금(보통·정기예금 적금 등)	• 실제로 이자를 지급받은 날 • 원본전입하는 날 • 해약일 • 계약기간 연장하는 날 • 정기예금연결정기적금의 경우 해약하거나 저축기간 만료일
통지예금	인출일
채권·증권의 환매조건부 매매차익	약정에 의한 채권·증권의 환매수일 또는 환매도일 (기일전 환매수·환매도시 당해 일자)
저축성보험의 보험차익	보험금이나 환급금지급일(기일전 해지시 해지일)
비영업대금의 이익	약정에 의한 이자지급일
채권등의 보유기간 이자상당액	채권 매도일이나 이자지급일
이자소득발생자산의 상속·증여	상속개시일이나 증여일
직장공제회 초과반환금	약정에 의한 지급일

21_ 소법 39조 총수입금액과 필요경비가 확정된 날이 속하는 과세기간을 귀속연도로 한다.

6. 이자소득의 원천징수 세율

일반적인 경우	14%
지급시 실명 미확인	38%
비실명 금융자산	90%
비영업대금의 이익	25%
직장공제회 초과 반환금	기본세율
세금우대 저축	9%

참고

1. '투자신탁'은 금융회사 등이 자금을 모집하여 목적에 맞게 투자하고, 그로부터 발생한 이익을 투자자에게 나누어 주는 것을 말한다. 따라서 투자자가 투자신탁으로부터의 발생한 이익은 투자형태에 따라서 이자소득이나 배당소득으로 구분하여 과세한다.
2. 대금업은 '대금' 즉 금을 빌려주는 것을 사업으로 하는 사업이다. 주로 불특정다수를 대상으로 금전대여를 하는 경우를 말한다. 이 경우 사업성을 충족시키는 계속적 반복적 금전대여와 이로 인한 이익을 목적으로 하는 경우로 대부업 등록을 하여야 한다.
3. 손해배상금을 지급받은 경우 중 지급받은 원인에 따라서 법원 판결의 경우 이자소득에 해당되지 아니하나, 해약을 원인으로 판결에 의해 지급받은 경우는 기타소득에 해당한다.

기출문제

문제1 다음 중 소득세법상 과세되지 않는 것은?[세무회계 2급 56회 기출]

① 저축성 보험(만기10년 이상)에 대한 보험차익 1,000만원
② 계약의 위약으로 인한 손해배상금 수령액 500만원
③ 주택복권 당첨소득 2,000만원
④ 외국의 법률에 의한 건설이자의 배당 300만원

답 ① 저축성 보험의 보험차익이 10년 이상인 것은 소득세 과세대상이 아니다.

문제2 다음 중 소득세법상 비과세 이자소득에 해당하는 것은?[세무회계 2급 57회 기출]

① 단기저축성보험의 보험차익
② 신탁업법에 따른 공익신탁의 이익
③ 직장공제회 초과반환금
④ 환매조건부 채권 증권의 매매이익

답 ② 소득세법 12조 비과세소득의 공익신탁법에 따른 공익신탁의 이익

문제3 다음 중 소득세법상 수입시기가 다른 것은?[세무회계 2급 58회 기출]

① 무기명주식의 이익배당
② 기명채권의 이자와 할인액
③ 저축성보험의 보험차익
④ 소기업·소상공인공제부금에서 발생하는 소득

답 ② 기명채권의 이자와 할인액은 약정에 의한 지급일이 수입시기이며, 나머지는 실제 지급일이 수입시기임

해설 [소법 시행령 45조 이자소득의 수입시기]

- 채권등으로서 무기명인 것의 이자와 할인액: 그 지급을 받은 날
- 채권등으로서 기명인 것의 이자와 할인액: 약정에 의한 지급일
- 저축성보험의 보험차익 보험금 또는 환급금의 지급일. 다만, 기일전에 해지하는 경우에는 그 해지일로 한다.

문제4 소득세법상 이자소득에 대한 설명이다. 옳지 않은 것은?[세무회계 2급 59회 기출]

① 직장공제회 초과반환금은 소득세법상 이자소득이다.
② 이자소득금액은 해당과세기간의 총 수입금액으로 하며 필요경비가 인정된다.
③ 은행에서 받은 보통예금 이자가 2천만 원을 초과하면 그 초과 부분은 종합과세 된다.
④ 신탁업법에 따른 공익신탁의 이익은 소득세법상 비과세 이자소득이다.

답 ② 이자소득은우 필요경비가 인정되는 경우가 없음

해설 [소득세법16조]
이자소득금액은 해당 과세기간의 총수입금액으로 한다.

문제5 다음의 각 소득에 대한 소득세법상의 소득구분이 틀린 것은?
[세무회계 2급 60회 기출]

① 지역권을 설정 또는 대여하고 받는 금품: 기타소득
② 사업용 고정자산과 함께 양도하는 영업권: 양도소득
③ 직장공제회 초과반환금: 기타소득
④ 연금저축에 가입하고 연금형태로 지급받는 소득: 연금소득

답 ③ 이자소득임

문제6 다음은 소득세법상 이자소득의 수입시기에 대한 것이다. 옳지 않은 것은?
[세무회계 2급 60회 기출]

① 이자소득이 발생하는 상속재산이 상속되거나 증여되는 경우: 그 예금의 만기일
② 저축성보험의 보험차익: 보험금 또는 환급금의 지급일. 다만, 기일 전에 해지하는 경우에는 그 해지일로 한다.
③ 직장공제회 초과반환금: 약정에 의한 공제회반환금의 지급일
④ 통지예금의 이자: 인출일

답 ① 이자소득이 발생하는 상속재산이 상속되거나 증여되는 경우 상속개시일 또는 증여일을 수입시기로 한다.(소득세법시행령 제45조 11)

문제7 소득세법상 이자소득에 대한 설명이다. 옳지 않은 것은?[세무회계 2급 61회 기출]

① 이자소득금액의 필요경비는 인정하지 않는다.
② 이자소득금액은 해당 과세기간의 총수입금액으로 한다.
③ 계속 반복적으로 금전을 대여하고 사업적으로 이익을 얻는 사채업자의 소득도 이자소득이다.
④ 신탁업법에 따른 공익신탁의 이익은 소득세법상 비과세 이자소득이다.

답 ③ 계속 반복적으로 금전을 대여하고 사업적으로 이익을 얻는 사채업은 사업소득이다.

해설 [소득세법시행령 26조]

- 비영업대금(非營業貸金)의 이익은 금전의 대여를 사업목적으로 하지 아니하는 자가 일시적·우발적으로 금전을 대여함에 따라 지급받는 이자 또는 수수료 등으로 한다.

문제8 다음 중 소득세법상 금융소득의 수입시기에 관한 설명으로 옳지 않은 것은? [세무회계 2급 62회 기출]

① 잉여금의 처분에 의한 배당: 당해 법인의 잉여금처분결의일
② 직장공제회 초과 반환금(일시수령): 약정에 의한 공제회반환금의 지급일
③ 법인세법에 의하여 처분된 배당: 당해 법인의 당해 사업연도의 종료일
④ 내국법인이 발행한 무기명 채권의 이자와 할인액: 그 지급을 받은날

답 ③ 법인세법에 의한 배당(인정배당)은 당해 사업연도의 결산 확정일을 수입시기로 한다.

해설 [소득세법 시행령 제46조 배당소득의 수입시기]

1. 무기명주식의 이익이나 배당: 그 지급을 받은 날
2. 잉여금의 처분에 의한 배당: 당해 법인의 잉여금 처분결의일
3. 출자공동사업자의 배당: 과세기간 종료일
4. 주식의 소각, 자본의 감소 또는 자본에의 전입으로 인한 의제배당: 결정한 날이나 퇴사 또는 탈퇴한 날
5. 해산 합병 분할 등 의제배당
   가. 법인이 해산으로 인하여 소멸한 경우에는 잔여재산의 가액이 확정된 날
   나. 법인이 합병으로 인하여 소멸한 경우에는 그 합병등기를 한 날
   다. 법인이 분할 또는 분할합병으로 인하여 소멸 또는 존속하는 경우에는 그 분할등기 또는 분할합병등기를 한 날
6. 법인세법에 의하여 처분된 배당: 당해 법인의 당해 사업연도의 결산확정일

문제9 개인사업을 하는 거주자 A씨는 타사업자로부터 비영업대금이익으로 10,000,000원을 지급받았다. 이 때 거주자 A씨의 비영업대금이익에 대한 원천징수할 소득세는 얼마인가?[세무회계 2급 65회 기출]

① 1,000,000원 ② 1,400,000원 ③ 2,000,000원 ④ 2,500,000원

답 ④ 비영업대금의 원천징수 세율은 25%임.

2절 배당소득

1. 배당소득의 범위

배당소득은 지분투자로 인해 발생하는 소득으로 종합소득금액을 구성하는 소득 중의 하나이다. 법인 등이 법인세납부 후 이익잉여금을 재원으로 주주 등 출자자에게 배분하는 것으로 거주자가 주식 등을 소유한 경우 배당소득이 발생한다. 이익잉여금은 법인단계에서 법인세를 과세한 후의 재원이므로 주주 등에게 배분된 배당소득에 대해서 소득세 과세를 할 경우 동일한 소득에 대해서 법인과 개인이 이중으로 세금을 납부하여 이중과세 조정 문제가 발생한다. 또한 금융소득에 해당하므로 일정금액을 초과하는 경우 종합소득금액에 포함되어 산출세액 계산 후 원천징수세액을 차감하는 방식으로 과세한다.

○ 배당

배당은 법인 등(주식회사 등)으로부터 출자 내지 출연에 대해 해당 법인 등의 이익을 출자(연)자가 배분받는 것으로, 법인 등이 획득한 이익에 대해서 주주나 출자자들이 투자비율이나 출자비율에 따라서 받게 되는 금액을 말한다.

○ 금융소득

일반적인 재무제표 등식 상 대변에 해당하는 항목의 구성을 살펴보면, 회사가 발행한 채권 등으로 이루어지는 부채와 잔여지분으로 표현되는 자본으로 구성된다. 채권(부채)과 주식(자본)은 자본시장을 통해서 거래가 이루어지며, 해당자산에 대한 시장거래를 통해서 개인은 해당자산을 보유할 수 있다. 이러한 금융자산을 보유한 개인은 채권의 보유로 인해 이자소득을 얻게 되며, 주식의 보유로 인하여 배당을 얻을 수 있다.[22] 물론 해당 금융자산의 가격은 자본시장에서 수요와 공급에 의하여 가격이 형성되므로 가격변동으로 인한 매매차익을 얻을 수도 있다(매매차익에 대해서는 거래비용을 제외하고 비과세를 하는

22_ 세법강의2011, 이창희, p.422.

경우가 대부분임). 따라서 금융소득은 주식과 채권으로부터 얻게 되는 이자와 배당으로 구성되는 것으로 파악할 수 있다.

○ 배당소득

소득세법에서 배당소득은 출자에 대한 이익분배에 의한 소득으로 배당 및 이와 유사한 형식의 소득에 대해서도 폭넓게 배당으로 보아 과세하는 방식을 택하고 있다.

○ 배당소득의 종류(소법 17조1)

배당의 형태는 법인 등의 이익으로부터 받은 일반적인 배당, 실제 이익을 배당받는 것과 유사한 효과를 가지는 의제배당, 법인세법에 따라 배당으로 처분되는 경우에 해당되는 인정배당 등의 형태가 있다.

1) 내국법인으로부터 받는 이익이나 잉여금의 배당 또는 분배금
2) 법인으로 보는 단체로부터 받는 배당금 또는 분배금
3) 의제배당
4) 법인세법에 따라 배당으로 처분된 금액
5) 국내 또는 국외에서 받는 대통령령으로 정하는 집합투자기구로부터의 이익
6) 외국법인으로부터 받는 이익이나 잉여금의 배당 또는 분배금
7) 국제조세조정에 관한 법률에 따라 배당받은 것으로 간주된 금액
8) 공동사업에서 발생한 소득금액 중 출자공동사업자의 손익분배비율에 해당하는 금액
9) 위의 소득과 유사한 소득으로서 수익분배의 성격이 있는 것(유형별 포괄주의)
10) 위의 규정 중 어느 하나에 해당하는 소득을 발생시키는 거래 또는 행위와 파생상품이 대통령령으로 정하는 바에 따라 결합된 경우 해당 파생상품의 거래 또는 행위로부터의 이익

2. 의제배당

○ 의제배당

형식적으로는 주주총회 등의 결의에 의해 배당을 하지 않았으나, 실질적으로 주주를 비롯한 출자자에게 배당을 한 것과 동일한 경제적 효과를 주는 경우 배당으로 간주(같다고 여김)하는 것을 말한다. 주로 잉여금의 자본전입에 따른 무상주를 받거나 감자 등의 자본거래를 통해서 발생한다.

○ 소득세법상 의제배당(소법 17조2항)

소득세법상 의제배당이란 다음의 금액을 말하며, 이를 해당 주주, 사원, 그 밖의 출자자에게 배당한 것으로 본다.

1) 감자

주식의 소각이나 자본의 감소로 인하여 주주가 취득하는 금전, 그 밖의 재산의 가액(價額) 또는 퇴사·탈퇴나 출자의 감소로 인하여 사원이나 출자자가 취득하는 금전, 그 밖의 재산의 가액이 주주·사원이나 출자자가 그 주식 또는 출자를 취득하기 위하여 사용한 금액을 초과하는 금액

2) 잉여금의 전입

법인의 잉여금의 전부 또는 일부를 자본 또는 출자의 금액에 전입함으로써 취득하는 주식 또는 출자의 가액. 다만, 자본준비금, 재평가적립금(토지의 재평가차액에 상당하는 금액은 제외)을 자본에 전입하는 경우는 제외한다.
즉, 잉여금의 자본전입시 과세 대상은 잉여금이 법인세 과세대상이 되는 경우를 재원으로 한 자본전입의 경우가 해당된다.

3) 해산

해산한 법인(법인으로 보는 단체를 포함한다)의 주주·사원·출자자 또는 구성원이 그 법인의 해산으로 인한 잔여재산의 분배로 취득하는 금전이나 그 밖의 재산의 가액이 해당

주식 · 출자 또는 자본을 취득하기 위하여 사용된 금액을 초과하는 금액. 다만, 내국법인이 조직변경하는 경우로서 상법에 따라 조직변경, 특별법에 따라 설립된 법인이 해당 특별법의 개정 또는 폐지에 따라 상법에 따른 회사로 조직변경, 그 밖의 법률에 따라 내국법인이 조직변경하는 경우는 제외한다.

4) 합병

합병으로 소멸한 법인의 주주 · 사원 또는 출자자가 합병 후 존속하는 법인 또는 합병으로 설립된 법인으로부터 그 합병으로 취득하는 주식 또는 출자의 가액과 금전의 합계액이 그 합병으로 소멸한 법인의 주식 또는 출자를 취득하기 위하여 사용한 금액을 초과하는 금액

5) 분할

법인이 분할하는 경우 분할되는 법인 또는 소멸한 분할합병의 상대방 법인의 주주가 분할로 설립되는 법인 또는 분할합병의 상대방 법인으로부터 분할로 취득하는 주식의 가액과 금전, 그 밖의 재산가액의 합계액(분할대가)이 그 분할법인 또는 소멸한 분할합병의 상대방 법인의 주식(분할법인이 존속하는 경우에는 소각 등으로 감소된 주식에 한정한다)을 취득하기 위하여 사용한 금액을 초과하는 금액

6) 지분비율증가

주식발행법인이 자기주식 또는 자기출자지분을 보유한 상태에서 자본준비금과 재평가적립금을 자본전입을 함에 따라 그 법인 외의 주주 등의 지분비율이 증가한 경우 증가한 지분비율에 상당하는 주식 등의 가액(기존의 지분비율이 일정한 상태에서 일부 주주가 자본전입에 대한 배당을 받지 않은 경우 지분율에 변화가 생기는 경우)

3. 배당소득금액의 계산(배당소득금액 = 배당소득총수입금액 + Gross up금액)

○ **배당소득금액**

배당소득금액은 필요경비가 인정되지 아니하고 해당 과세기간의 총수입금액으로 한다. 총수입금액에는 비과세 또는 분리과세대상 배당소득은 포함되지 아니한다.

○ **이중과세의 조정**

원래 법인세가 과세가 된 이익에 대하여 주주들에게(개인 및 법인인 주주 모두) 배당을 하게 되면 법인이 아닌 개인 주주들은 배당소득이, 법인주주들에게는 늘어난 순자산 증가액이 과세대상 소득을 구성하여 한번 더 과세가 이루어진다. 동일한 소득원천에 대해서 배당전과 배당이후 과세가 이루어 질수 있으므로 소득세법에서는 배당가산제도(Gross up) 및 배당세액공제제도를 두고 있으며, 법인세법에서는 해당금액을 익금항목에서 제외하는 익금불산입 제도를 두고 있다.

○ **배당가산제도(Gross up)와 배당세액공제**

법인원천의 소득에 대한 법인세와 그 잉여금의 배당으로 인해 지급받은 개인의 소득에 대한 소득세 중복과세를 조정할 목적으로 일정비율에 해당하는 금액을 배당되는 수입금액에 가산하고(gross up) 추후 해당 수입금액에 상응하는 세액을 산출세액에서 공제하는 절차(배당세액공제)를 통해서 중복과세를 조정하는 것을 말한다.

○ **배당가산(Gross up) 대상 배당소득(소법 17조3항)**

다음의 ①~④에 해당하는 배당이나 분배금으로 인한 배당소득

1) 내국법인으로부터 받는 이익이나 잉여금의 배당 또는 분배금
2) 법인으로 보는 단체로부터 받는 배당금 또는 분배금
3) 의제배당
4) 법인세법에 따라 배당으로 처분된 금액

※ 기타 집합투자기구(소위 펀드)로부터의 이익 중 '배당가산 제외 배당소득'을 제외한 배당소득도 배당가산 대상이 된다.

○ 배당가산 제외 배당소득(소법 17조3항)

처음부터 법인세가 과세되지 아니한 소득으로부터의 배당이나, 법인세를 면제받는 소득으로부터 배당은 배당가산의 적용대상이 되지 아니한다. 즉, 이중과세 조정이 불필요하다.

1) 자기주식 또는 자기출자지분의 소각이익의 자본전입으로 인한 의제배당
2) 토지의 재평가차액(재평가세율 1%적용)의 자본전입으로 인한 의제배당
3) 법인이 자기주식 또는 자기출자지분을 보유한 상태에서 자본준비금과 재평가적립금을 자본전입을 함에 따라 그 법인 외의 주주 등의 지분비율이 증가한 경우 증가한 지분비율에 상당하는 주식 등의 가액에 따른 의제배당
4) 조세특례제한법조에 따른 최저한세액(最低限稅額)이 적용되지 아니하는 법인세의 비과세 · 면제 · 감면 또는 소득공제를 받은 법인 중 대통령령으로 정하는 법인으로부터 받은 배당소득이 있는 경우에는 그 배당소득의 금액에 대통령령으로 정하는 율을 곱하여 산출한 금액
5) 외국법인으로부터 받은 배당 등
6) 투자신탁수익의분배금이나 증권투자회사 자산유동화전문회사로부터 받은 배당
7) 법인세가 과세되지 않는 동업기업으로부터 받은 배당

○ 배당가산금액

해당 과세기간의 총수입금액에 그 배당소득의 100분의 11에 해당하는 금액을 배당가산금액으로 더한다. 배당가산제도 적용대상 소득금액은 금융소득종합과세대상 금액이어야 한다.

○ 배당소득 세액공제

거주자의 소득 중에서 배당가산제도가 적용되는 소득이 있는 경우 당해연도 총수입금액에 가산한 금액에 상응하는 금액을 배당소득세액공제로 산출세액에서 공제한다.

4 비과세·분리과세 배당소득

○ 비과세 배당소득

비과세되는 배당소득은 주로 조세특례제한법상에 열거한 배당소득으로 예시를 하면 다음과 같다.

1) 영농조합법인의 배당
2) 영어조합법인의 배당
3) 농업회사법인 출자금의 배당
4) 우리사주조합원이 지급받는 배당
5) 농협근로자의 자사출자지분 배당
6) 조합(농협, 수협, 산림조합, 신협, 새마을금고) 등 출자금의 배당
7) 미분양주택투자신탁 등의 배당

○ 분리과세 배당소득

분리과세되는 배당소득을 예시하면 다음과 같다.

1) 세금우대종합저축의 이자·배당
2) 영농조합법인의 배당
3) 영어조합법인의 배당
4) 선박투자회사의 배당
5) 사회기반시설 투융자집합투자기구의 배당

5. 배당소득의 수입시기

○ 배당소득 수입시기

배당소득의 귀속시기로 과세연도를 정하는 기준이 되며, 소득세법상 배당소득에 대한

총수입금액의 수입시기는 다음과 같다.(소령 46.50의2)

[배당소득의 수입시기]

배당구분	종류	수입시기
실질배당	무기명주식	지급 받은날
	잉여금처분에 의한 배당	잉여금처분결의일
	집합투자기구로부터 이익	이익을 지급받은날 (혹은 원본전입되는날)
	출자공동사업자의 배당 동업기업으로부터 배분	과세기간종료일
	기타 배당 성격	지급을 받은날
의제배당	감자·탈퇴 등으로 인한 배당	감자결의일·퇴사일 등
	법인해산으로 인한 배당	잔여재산가액 확정일
	합병·분할로 인한 배당	합병·분할 등기일
	잉여금자본전입으로 인한 배당	자본전입결의일
인정배당	법인세법에 의한 배당처분	사업연도결산확정일

한편, 인정배당의 경우 해당 소득에 대한 원천징수시기는 소득금액변동통지서를 받거나 정기분 또는 수정신고일에 원천징수를 한다.

6. 이자소득과 배당소득의 원천징수 세율

이자소득		배당소득	
구분	세율	구분	세율
분리과세 신청 장기채권·저축	30%		
지급시기까지 실명 미확인 이자	38%	지급시기 실명 미확인 배당	38%
비실명금융자산(실명제법)	90%	비실명금융자산 배당(실명제법)	90%
비영업대금의 이익	25%	출자공동사업자 배당	25%
세금우대저축(조특법 89조)	9%	세금우대종합저축의 배당	9%
직장공제회 초과반환금	기본세율		
기타의 이자소득	14%	기타 일반적 배당소득	14%

문제 거주자 이방지의 배당금 수령내역이다. 배당소득금액을 계산하시오.

자료 1. 국내비상장법인으로부터 현금배당: 3,000만원
2. 외국법인으로부터 현금배당: 2,000만원

답 총수입금액: 5,000만원
배당가산액: 3,000 * 0.11 = 330만원
배당소득금액: 5,330만원

7. 금융소득 종합과세

이자소득과 배당소득은 금융소득을 구성한다. 일정한 조건의 금융소득은 종합소득합산과세 대상으로 사업소득 등과 합산과세된다.

○ 금융소득

금융소득은 종합소득을 구성하는 소득중 이자소득과 배당소득으로 구성된다.

○ 금융소득 과세대상 구분

금융소득 과세방법은 크게 3가지로 구분할 수 있다.

1) 첫째 비과세나 분리과세의 경우로 원천징수로서 납세의무가 종결되는 방식
2) 둘째 금액과 무관하게 무조건 종합과세 대상이 되는 금융소득에 대한 종합과세 방식(당연종합과세대상)
3) 마지막으로 일정금액(2천만원)을 초과하는 경우 다른 종합소득과 합산하여 과세하는 방식 (조건부종합과세방식)이 있는 바, 금융소득을 다른 종합소득(사업소득, 근로소득 등)과 합산하여 과세하는 것을 금융소득 종합과세라고 한다.

○ **금융소득 과세방법**

1) 금융소득의 경우 대부분 금융소득의 지급자(은행 기업 등)가 원천징수의무자로서 원천징수세율(14%, 25%)을 적용하여 원천징수한다.
2) 기준금액(2천만원)을 초과하는 금융소득에 대해서는 다른 종합소득과 합산하여 계산한 종합소득금액에 소득세 기본세율(6%~38%)을 적용한 세액을 합계하여 산출세액을 도출한다. 기준금액을 초과하는 금융소득의 경우도 대부분 원천징수를 당한 경우에 해당하므로 기납부세액(원천징수세액)이 존재하게 된다.
3) 원천징수의무자가 징수한 세액은 이미 납부한(기납부)세액으로 금융소득 종합과세 결정세액을 계산한 후 차감하는 형태로 산출세액 계산에 반영된다.
4) 한편 원천징수세율(14%, 25%)과 기준세율(6%~38%)간에는 차이가 존재한다. 금융소득에 기준세율 적용할 경우 세율이 6%부터 시작하므로 원천징수로 종결하는 금융소득과 비교하면 종합과세 되는 금융소득의 경우 세부담이 적어지는 경우가 발생할 수 있다. 따라서 최소한 원천징수세액보다 더 많은 세부담이 되도록 비교과세 방식으로 세액계산을 한다.

○ **종합과세 대상 제외 금융소득: 비과세 금융소득과 분리과세 금융소득**

이자소득과 배당소득 중에서 비과세 금융소득은 종합소득과세대상에서 제외되며, 분리과세대상 금융소득은 원천징수로 납세의무가 종결되어 종합과세대상에서 제외된다.

1) 비과세되는 금융소득

- 소득세법에 의한 비과세 금융소득
  예) 공익신탁이익, 과세되지 않는 저축성 보험차익
- 조세특례제한법에 의한 비과세 금융소득
  예) 장기주택 마련 저축 등에 대한 이자 등

2) 분리과세 금융소득(원천징수로 납세의무 종결)

- 소득세법에 의한 분리과세 금융소득
  예) 비실명 금융소득 원천징수(38%)

• 조세특례제한법에 의한 분리과세 금융소득
예) 영농조합법인의 배당(10%)
• 금융실명제법에 의한 분리과세 금융소득
예) 비실명채권 등의 발생이자(과거 IMF 시절 발행분 등으로 자금출처조사가 면제되는 채권 등이 해당), 비실명금융자산(90%)

○ 금융소득 종합과세 대상

종합과세대상 금융소득은 금융소득에서 비과세 및 분리과세 금융소득을 제외한 금융소득을 우선 대상으로 한다. 따라서 금융소득 중 무조건 종합과세대상(당연종합과세대상)과 금융소득 기준금액(2,000만원)을 초과하는 금융소득을(조건부종합과세대상) 종합과세 대상으로 한다.

○ 금융소득의 구분

금융소득 종합과세를 위한 금융소득의 구분(비과세 금융소득을 제외한 구분)

1) 무조건 분리과세대상 금융소득

• 비실명 금융소득(원천징수 세율 38%, 90%)
• 분리과세 신청한 장기 채권의 이자와 할인액(30%)
• 직장공제회의 초과반환금(기본세율)
• 기타 조세특례제한법 등에 의한 금융소득(영농·영어 등 관련)

2) 무조건 종합과세대상 금융소득

• 국내에서 원천징수 되지 아니하는 금융소득
• 출자공동사업자에 대한 배당소득(성격상 차이)

3) 조건부 종합과세 대상 금융소득

• 종합과세 대상 금융소득 중 무조건 종합과세대상 금융소득을 제외한 금융소득을

조건부 종합과세 대상 금융소득으로 하며, 무조건 종합과세금융소득과의 합계가 연 2,000만원을 초과하는 경우에 해당한다.

○ 배당가산제도의 해당여부

1) 배당가산제도는 법인단계에서 과세된 재원이 배당을 통해서 소득세 과세대상이 되는 경우 동일한 소득에 대해서 이중과세되는 문제점이 있다. 이를 해소하기 위해 배당이전의 소득으로 환원한 후 소득세를 계산하고 법인과세단계에서 납부한 세액을 공제하는 제도이다.

2) 배당가산제도는 내국법인으로부터 받은 배당으로, 배당의 재원에 대해 법인세가 과세되고 해당 소득이 금융소득 종합과세 대상에 해당하는 경우에 배당가산 한다.

3) 종합과세대상 배당소득(무조건종합과세, 조건부종합과세 금융소득)중 배당가산 금융소득에 해당여부는 해당 배당소득의 원천이 법인단계에서 과세되었는지 여부에 따른다.

4) 무조건(당연) 종합과세 대상 배당소득으로 원천징수 되지 아니한 경우 배당가산 금융소득에서 제외(주로 국외금융소득으로 외국법인으로부터의 이익이나 배당은 법인단계의 과세가 국내에서 이루어지지 않는다. 따라서 배당가산대상에서 제외되는 것이다. 만일 외국에 납부를 한 경우 외국납부세액공제로 차후에 이중과세 조정을 하게 된다.)

5) 조건부 종합과세 대상 배당소득 중 종합과세 되는 배당소득은 기준금액(2,000만원)을 기준으로 초과분은 배당가산(Gross up)을 한다.

6) 종합과세 금융소득을 구성하는 소득금액은 이자소득과 배당소득이 함께 있는 경우 이자소득을 먼저 합산하고, Grossup 대상 배당소득이 존재하는 경우 Grossup 제외되는 배당소득을 먼저 합산한다.

○ 종합과세 대상 금융소득의 중요 항목 정리

1) 종합과세기준금액 2,000만원[23]을 초과하는 금융소득

23_ 기준금액초과여부를 계산함에 있어서는 배당가산(Grossup)하지 않은 금액으로 한다. 그러나 금융

비과세 및 분리과세 소득을 제외한 금융소득을 종합과세 한다. 다만, 기준금액을 기점으로 세부담과 금융소득에 대한 분리과세 원천징수세율(14%) 이상의 세부담을 지우도록 하기위해 2천만원 초과 금융소득만 다른 종합소득과 합산하여 산출세액을 구하고 2천만원 이하 금액은 원천징수로 세율을 적용한다.[24]

2) 국내에서 원천징수되지 않은 금융소득

국내에서 지급되는 금융소득 중에서 원천징수 되지 아니한 금융소득과 국외에서 받은 금융소득이 해당한다.

3) 출자공동사업자로부터 받은 배당은 종합과세기준금액의 초과 여부와 무관하게 종합과세한다(사업소득 성격).

[금융소득의 세액계산]

○ 세액의 계산

금융소득중 2천만원까지는 원천징수세율(14%)를 적용하여 계산한 세액과 2천만원을 초과하는 금융소득에 소득세 기본세율(6%~38%)를 적용하여 계산한 세액을 합계하여 산출세액을 계산한다. 그리고 금융소득에 원천징수된 세액을 기납부 세액으로 공제하여 납부할 세액을 계산한다. 결과적으로 금융소득 2천만원까지는 원천징수로 납세의무가 종결되는 분리과세와 동일한 결과가 된다.

○ 금융소득 비교과세

1) 소득세율의 구조는 누진적이어서 종합소득 과세표준이 1,200만원 이하인 경우 6%이다. 따라서 기본세율에 의해 계산한 세액이 종합과세 기준금액을 초과하는 금융소득에 대해 단일세율로 원천징수(14%)한 세액보다 오히려 적어질 수 있다. 이에

소득이 2천만원을 초과하는 경우 배당가산(Grossup)한 금액도 종합과세 금융소득에 포함한다.
24_ 금융소득에 대한 산출세액 비교과세제도.

따라 종합과세 기준금액(2,000만원)을 초과하는 금융소득에 대해서 형평을 위하여 비교과세제도를 두고 있다.

2) 종합소득산출세액계산(출자공동사업자의 배당소득이 있은 경우 제외)

금융소득 비교과세는 아래의 2가지 경우로 나누어서 설명한다. 세액을 산출하는 방식은 두가지로 금융소득을 다른 종합소득과 합산하여 과세하는 방식과 금융소득을 다른 종합소득과 분리하여 과세하는 방식으로 세액계산을 한다.

- 금융소득에 대한 산출세액계산은 크게 종합과세기준금액(2천만원)을 초과하는 경우 아래의 둘 중의 큰 금액(비교과세방식)

  a. 합산과세방식: 2천만원 * 14% + (다른 종합소득 + 기준초과 금융소득) * 기본세율

  b. 분리과세방식: 금융소득 * (14%, 25%) + 다른종합소득 * 기본세율(6%~38)

- 국내에서 원천징수되지 않은 금융소득, 출자공동사업자의 분배금과 국외에서 지급받은 원천징수되지 않은 금융소득이 있는 경우(분리과세방식 적용)

  a. 원천징수안된 금융소득 * (14%, 25%) + 다른종합소득 * 기본세율

○ **배당소득세액공제 한도**

이중과세 조정을 위해 합산한 배당가산액을 산출세액에서 공제하는 것으로 배당소득금액에 가산된 배당가산액(Grossup)을 공제할 수 있으며, 한도는 종합소득산출세액에서 비교산출세액을 차감한 금액으로 한다(종합소득산출세액 비교계산시 비교산출세액과의 차액).

[금융소득 종합과세 계산사례]

문제 거주자 이방지의 다음 자료를 토대로 각 물음에 답하되 그 계산과정을 명시하시오. [세무회계 1급 59회 수정]

1. 배당금 수령내역(원천징수세액 차감 전 금액이며, 원천징수는 적법하게 이행되었다)
   (1) 내국 법인으로부터의 현금배당: 25,000,000원
   (2) 외국 법인으로부터의 현금배당: 20,000,000원
2. 위 배당금 이외에 사업소득금액은 16,000,000원이며, 종합소득공제액은 7,750,000원이다.

물음1 배당소득금액을 계산하시오.

물음2 배당세액공제 후 종합소득세 결정세액을 계산하시오.

답 **물음1** 배당소득금액

(1) 총수입금액: 25,000,000 + 15,000,000 + 5,000,000 = 45,000,000

(2) 배당가산액: (45,000,000 − 20,000,000) × 11% = 2,750,000

(3) 배당소득금액: 47,750,000원

물음2 배당세액공제 후 종합소득세 결정세액

(1) 종합소득세 과세표준: 47,750,000 + 16,000,000 − 7,750,000 = 56,000,000원

(2) 종합소득세 산출세액: MAX(①, ②) = 7,120,000원

① (56,000,000−20,000,000)×15%−1,080,000+20,000,000×14% = 7,120,000

② (56,000,000−47,750,000)×6%+45,000,000×14% = 6,795,000원

(3) 배당세액공제: MIN(①,②) = 325,000원

① 귀속법인세 : 2,750,000원

② 한도액 : 7,120,000 - 6,795,000 = 325,000원

(4) 종합소득세 결정세액: 7,120,000 − 325,000 − 70,000(표준세액공제) = 6,725,000원

기출문제

문제1 다음 중 소득세법상 그로스업(배당가산) 대상이 아닌 배당소득은? [세무회계 2급 56회 기출]

① 내국법인으로부터 받는 이익이나 잉여금의 배당 또는 분배금
② 법인으로 보는 단체로부터 받는 배당금 또는 분배금
③ 법인세법에 따라 배당으로 처분된 금액
④ 외국법인으로부터 받는 배당소득

답 ④

해설 [소득세법 시행령 17조 배당소득]

■ 배당소득금액은 해당 과세기간의 총수입금액으로 한다. 다만, 제1항제1호부터 제4호까지의 규정에 따른 배당소득 중 토지재평가차액의 자본전입, 자기주식 또는 자기출자지분의 소각이익의 자본전입 등에 해당하는 배당을 제외한 분(分)과 제1항제5호에 따른 배당소득 중 대통령령으로 정하는 배당소득에 대해서는 해당 과세기간의 총수입금액에 그 배당소득의 100분의 11(2009년 1월 1일부터 2010년 12월 31일까지의 배당소득분은 100분의 12)에 해당하는 금액을 더한 금액으로 한다.

1. 내국법인으로부터 받는 이익이나 잉여금의 배당 또는 분배금
2. 법인으로 보는 단체로부터 받는 배당금 또는 분배금
3. 의제배당(擬制配當)
4. 「법인세법」에 따라 배당으로 처분된 금액
5. 국내 또는 국외에서 받는 대통령령으로 정하는 집합투자기구로부터의 이익

문제2 소득세법상 배당소득의 수입시기로 잘못된 것은?[세무회계 2급 56회 기출]

① 무기명주식의 이익이나 배당: 그 지급을 받은 날
② 잉여금의 처분에 의한 배당: 당해 법인의 당해 사업연도의 결산확정일
③ 법인세법에 따라 처분된 배당: 당해 법인의 당해 사업연도의 결산확정일
④ 합병으로 인한 의제배당: 합병등기일

답 ② 잉여금의 처분에 의한 배당은 당해 법인의 잉여금처분결의일이 수입시기임

해설 [소득세법 시행령 46조 배당소득의 수입시기]
배당소득의 수입시기는 다음 각 호에 따른 날로 한다.

1. 무기명주식의 이익이나 배당: 그 지급을 받은 날
2. 잉여금의 처분에 의한 배당: 당해 법인의 잉여금 처분결의일
3. 출자공동사업자의 배당: 과세기간 종료일
4. 일반적인 배당 또는 분배금: 그 지급을 받은 날
5. 주식의 소각, 자본의 감소 또는 자본에의 전입에 의한 의제배당: 결정한 날이나 퇴사 또는 탈퇴한 날
6. 해산 합병 분할 등의 의제배당
   가. 법인이 해산으로 인하여 소멸한 경우에는 잔여재산의 가액이 확정된 날
   나. 법인이 합병으로 인하여 소멸한 경우에는 그 합병등기를 한 날
   다. 법인이 분할 또는 분할합병으로 인하여 소멸 또는 존속하는 경우에는 그 분할등기 또는 분할합병등기를 한 날
7. 「법인세법」에 의하여 처분된 배당: 당해 법인의 당해 사업연도의 결산확정일

문제3 다음 중 소득세법상 금융소득 규모와 관계없이 종합과세대상인 것은? [세무회계 2급 59회 기출]

① 투자신탁의 이익 및 분배금 ② 비실명배당
③ 사채이자 ④ 상장법인 소액주주가 국외에서 받은 배당

답 ④ 원천징수 대상이 아닌 이자 배당은 무조건 종합과세대상이다.

문제4 다음 중 소득세법상 금융소득종합과세에 대한 설명으로 옳지 않은 것은? [세무회계 2급 63회 기출]

① 비실명 이자 · 배당소득은 38% 또는 90%의 원천징수세율이 적용된다.
② 이자소득과 배당소득으로서 원천징수규정이 적용되지 아니하는 것은 종합과세대상이 된다.
③ 법 소정 요건을 충족하는 장기채권의 이자에 대하여 원천징수의무자에게 분리과세를 신청한 경우분리과세하나, 분리과세를 신청하지 않은 경우에는 조건부종합과세대상으로 본다.
④ 비영업대금의 이익은 금액에 상관없이 항상 종합과세 된다.

답 ④ 비영업대금의 이익은 조건부종합과세대상임

문제5 소득세법상 배당금의 수입시기에 대하여 바르게 짝지어지지 않은 것은? [세무회계 2급 65회 기출]

① 무기명주식의 이익이나 배당 - 그 지급을 받은 날
② 잉여금의 처분에 의한 배당 - 당해 법인의 잉여금 처분결의일
③ 출자공동사업자의 배당 - 과세기간 종료일
④ 법인세법에 의하여 처분된 배당 - 당해 법인의 처분결의일

답 ④

문제6 소득세법상 이자 및 배당소득에 대한 설명으로 부적절한 것은? [세무회계 2급 65회 기출]

① 법인세가 과세되지 않은 잉여금을 재원으로 하는 배당소득은 Gross-up대상이 아니다.
② 외국에서 받은 배당소득에 대해서는 귀속법인세를 가산하지 않는다.
③ 계약의 위약으로 인한 손해배상금에 대한 법정이자는 이자소득으로 본다.
④ 무기명주식의 배당금은 배당금을 실제 수령한 날을 귀속시기로 한다.

답 ③ 기타소득임

3절 사업소득

1. 사업소득의 범위

○ 사업소득

사업소득이란 사업에서 발생하는 소득을 말한다. 사업은 영리를 목적으로 자기의 계산과 책임하에서 계속적·반복적으로 행하는 활동이다.(소법 19조 1항 20호) 이러한 정의는 소득세법에서 열거하는 소득과 이와 유사한 소득을 정의하기 위한 것으로 사업소득여부에 대한 기준이 될 수 있다.

○ 사업소득의 범위

다음은 소득세법에서 열거된 사업소득 범위로 한국표준산업분류를 따르고 있다.(소법 19조)

1) 농업(작물재배업 중 곡물 및 기타 식량작물 재배업은 제외)·임업 및 어업에서 발생하는 소득
2) 광업에서 발생하는 소득
3) 제조업에서 발생하는 소득
4) 전기, 가스, 증기 및 수도사업에서 발생하는 소득
5) 하수·폐기물처리, 원료재생 및 환경복원업에서 발생하는 소득
6) 건설업에서 발생하는 소득
7) 도매 및 소매업에서 발생하는 소득
8) 운수업에서 발생하는 소득
9) 숙박 및 음식점업에서 발생하는 소득
10) 출판, 영상, 방송통신 및 정보서비스업에서 발생하는 소득
11) 금융 및 보험업에서 발생하는 소득
12) 부동산업 및 임대업에서 발생하는 소득. 다만, 지역권 등 대통령령으로 정하는 권리를 대여함으로써 발생하는 소득은 제외한다.

13) 전문, 과학 및 기술서비스업(대통령령으로 정하는 연구개발업 제외)에서 발생하는 소득
14) 사업시설관리 및 사업지원서비스업에서 발생하는 소득
15) 교육서비스업(대통령령으로 정하는 교육기관은 제외)에서 발생하는 소득
16) 보건업 및 사회복지서비스업(대통령령으로 정하는 사회복지사업은 제외)에서 발생하는 소득
17) 예술, 스포츠 및 여가 관련 서비스업에서 발생하는 소득
18) 협회 및 단체(대통령령으로 정하는 협회 및 단체 제외), 수리 및 기타 개인서비스업에서 발생하는 소득
19) 가구내 고용활동에서 발생하는 소득
20) 위의 규정에 따른 소득과 유사한 소득으로서 영리를 목적으로 자기의 계산과 책임하에 계속적 · 반복적으로 행하는 활동을 통하여 얻는 소득

2. 비과세 사업소득(소법 12조2항)

○ 비과세 사업소득

사업소득 중 다음의 어느 하나에 해당하는 소득에 대해서는 소득세를 과세하지 아니한다. 즉, 소득세 과세대상에서 제외되는 소득에 해당한다.

1) 논 · 밭을 작물 생산에 이용하게 함으로써 발생하는 소득
2) 1개의 주택을 소유하는 자의 주택임대소득(기준시가가 9억원을 초과하는 주택 및 국외에 소재하는 주택의 임대소득은 제외). 이 경우 주택 수의 계산 및 주택임대소득의 산정 등 필요한 사항은 대통령령으로 정한다.[25]
3) 농가부업소득[26]
4) 전통주의 제조에서 발생하는 소득

25_ 주택과 주택부수토지는 상시주거용건물과 주택에 딸린 일정면적이내의 토지를 말한다. 주택과 사업용건물이 함께 설치된 경우 주택부분면적이 크면 전부주택으로 보며, 아닌 경우 사업용건물부분의 면적은 주택으로 보지 아니한다.

26_ 소 등 30마리, 돼지 700마리 등등의 소득과 그 이외 소득금액 합계액이 2,000만원 이하인 소득을 말함.

5) 조림기간 5년 이상인 임지(林地)의 임목(林木)의 벌채 또는 양도로 발생하는 소득으로 연 600만원 이하의 금액
6) 작물재배업(곡물 및 기타식량작물재배업 외의 작물재배업에서 발생하는 소득으로 해당 과세기간의 수입금액 합계액이 10억원 이하인 것)

3. 사업소득금액의 계산(소법 19조2항)

○ 사업소득금액

사업소득에서 소득금액은 열거한 사업에서 획득한 대가가 아니라 이를 얻기 위해서 지출된 대가를 차감한 금액으로 한다. 따라서 사업소득금액은 과세기간의 총수입금액에서 사용된 필요경비를 공제한 금액으로 한다. 필요경비가 총수입금액을 초과하는 경우 그 초과하는 금액을 결손금이라 한다.

○ 사업소득금액 계산구조

사업소득금액의 계산구조는 법인세법상 각사업연도소득금액을 계산하는 구조와 유사하게 거주자의 사업별 손익계산서상 당기순이익을 바탕으로 회계상의 규정과 다른 소득세법 내용을 반영하는 세무조정(총수입금액산입·필요경비불산입, 총수입금액불산입·필요경비산입)을 한 후 사업소득금액을 계산한다.

[사업소득금액 계산과정]

손익계산서	소득세 세무조정	사업소득
수 익		총수입금액
비 용		필요경비
//		//
당기순이익	(+)총수입금액산입·필요경비불산입 (-)필요경비산입·총수입금액불산입	사업소득금액

사업소득금액을 계산하는 구조상 총수입금액에 대한 내용의 열거와 이에 대응하는 필요경비에 대한 내용을 중심으로 사업소득금액을 구하는 과정을 이해하여야 한다.

1) 총수입금액

• 총수입금액

총수입금액은 해당 과세기간에 수입하였거나 수입할 금액의 합계액으로 한다. 금전 외의 것을 수입할 때에는 그 수입금액을 그 거래 당시의 가액에 의하여 계산한다.

• 총수입금액의 계산

소득원천설에 따라서 소득세법은 총수입금액에 해당하는 항목을 열거하고 있으며 사업과 관련된 수입금액으로서 해당 사업자에게 귀속되었거나 귀속될 금액은 총수입금액에 산입한다. 즉, 사업과 관련성 규정을 두어 포괄적으로 제시하고 있다.

• 총수입금액 산입(소법 시행령 51조, 소법 25조)

① 부동산을 임대하고 받은 선세금에 대한 총수입금액은 그 선세금을 계약기간의 월수로 나눈 금액의 각 과세기간의 합계액으로 한다.

② 환입된 물품의 가액과 매출에누리는 해당 과세기간의 총수입금액에 산입하지 아니한다. 다만, 거래수량 또는 거래금액에 따라 상대편에게 지급하는 장려금과 그 밖에 이와 유사한 성질의 금액과 대손금은 총수입금액에서 빼지 아니한다.

③ 외상매출금을 결제하는 경우의 매출할인금액은 거래상대방과의 약정에 의한 지급기일(지급기일이 정하여져 있지 아니한 경우에는 지급한 날)이 속하는 과세기간의 총수입금액 계산에 있어서 이를 차감한다.

④ 거래상대방으로부터 받는 장려금 기타 이와 유사한 성질의 금액은 총수입금액에 이를 산입한다.

⑤ 관세환급금등 필요경비로 지출된 세액이 환입되었거나 환입될 경우에 그 금액은 총수입금액에 이를 산입한다.

⑥ 사업과 관련하여 무상으로 받은 자산의 가액과 채무의 면제 또는 소멸로 인하여 발생하는 부채의 감소액은 총수입금액에 이를 산입한다.

⑦ 확정급여형퇴직연금제도의 보험차익과 신탁계약의 이익 또는 분배금 또는 사업과 관련하여 해당 사업용 자산의 손실로 취득하는 보험차익은 그 소득의 성격에도 불구하고 총수입금액에 산입한다.

⑧ 위 외의 사업과 관련된 수입금액으로서 해당 사업자에게 귀속되었거나 귀속될 금액은 총수입금액에 산입한다.

⑨ 재고자산 또는 임목을 가사용으로 소비하였을 때의 가액에 해당하는 금액은 그 소비한 날이 속하는 과세기간의 사업소득금액을 계산할 때 총수입금액에 산입한다.

⑩ 부동산 또는 그 부동산상의 권리 등을 대여하고 보증금·전세금 또는 이와 유사한 성질의 금액을 받은 경우에는 대통령령으로 정하는 바에 따라 계산한 금액을 사업소득금액을 계산할 때에 총수입금액에 산입한다.

※ 주택을 대여하고 보증금등을 받은 경우에는 3주택(주거의 용도로 면적이 1호 또는 1세대당 85제곱미터 이하인 주택으로서 해당 과세기간의 기준시가가 3억원 이하인 주택은 2016년 12월 31일까지는 주택 수에 포함하지 아니한다.) 이상을 소유하고 해당 주택의 보증금등의 합계액이 3억원을 초과하는 경우를 말하며, 주택 수의 계산 그밖에 필요한 사항은 대통령령으로 정한다.

• 총수입금액 불산입(소법 26조)

소득세법은 총수입금액에 산입하지 아니할 금액에 대해서 열거하고 있다. 회계상으로 수입에 해당하나 세법상으로 총수입금액에 해당하지 않은 항목들이 주된 내용이다.

① 거주자가 소득세 또는 지방소득세 소득분을 환급받았거나 환급받을 금액 중 다른 세액에 충당한 금액

② 거주자가 무상으로 받은 자산의 가액과 채무의 면제 또는 소멸로 인한 부채의 감소액 중 이월결손금의 보전에 충당된 금액

③ 거주자의 사업소득금액을 계산할 때 이전 과세기간으로부터 이월된 소득금액

④ 농업, 임업, 어업, 광업 또는 제조업을 경영하는 거주자가 자기가 채굴, 포획, 양식, 수확 또는 채취한 농산물, 포획물, 축산물, 임산물, 수산물, 광산물, 토사석이나 자기가 생산한 제품을 자기가 생산하는 다른 제품의 원재료 또는 제조용 연료로 사용한 경우 그 사용된 부분에 상당하는 금액

⑤ 건설업을 경영하는 거주자가 자기가 생산한 물품을 자기가 도급받은 건설공사의 자재로 사용한 경우 그 사용된 부분에 상당하는 금액

⑥ 전기·가스·증기 및 수도사업을 경영하는 거주자가 자기가 생산한 전력·가스·증기 또는 수돗물을 자기가 경영하는 다른 사업의 동력·연료 또는 용수로 사용한 경우 그 사용한 부분에 상당하는 금액

⑦ 개별소비세 및 주세의 납세의무자인 거주자가 자기의 총수입금액으로 수입하였거나 수입할 금액에 따라 납부하였거나 납부할 개별소비세 및 주세는 해당 과세기간의 소득금액을 계산할 때 총수입금액에 산입하지 아니한다. 다만, 원재료, 연료, 그 밖의 물품을 매입·수입 또는 사용함에 따라 부담하는 세액은 그러하지 아니하다.

⑧ 국세환급가산금, 지방세환급가산금, 그 밖의 과오납금의 환급금에 대한 이자는 해당 과세기간의 소득금액을 계산할 때 총수입금액에 산입하지 아니한다.

⑨ 부가가치세의 매출세액은 해당 과세기간의 소득금액을 계산할 때 총수입금액에 산입하지 아니한다.

⑩ 조세특례제한법 제106조의2 제2항에 따라 석유판매업자가 환급받은 세액은 해당 과세기간의 소득금액을 계산할 때 총수입금액에 산입하지 아니한다.

2) 필요경비

• 필요경비

필요경비에 해당하는 항목도 소득세법은 그 예를 열거하고 있다. 필요경비 또한 총수입금액과 마찬가지로 당해 총수입금액에 대응하는 경비를 열거하여 포괄적으로 인정하고 있다.

• 필요경비계산

사업소득금액을 계산할 때 필요경비에 산입할 금액은 해당 과세기간의 총수입금액에 대응하는 비용으로서 일반적으로 용인되는 통상적인 것의 합계액으로 한다.(소법 27조)

• 사업소득 필요경비항목(소법 시행령 55조)

① 판매한 상품 또는 제품에 대한 원료의 매입가격과 그 부대비용

② 판매한 상품 또는 제품의 보관료, 포장비, 운반비, 판매장려금 및 판매수당 등 판매와 관련한 부대비용(판매장려금 및 판매수당의 경우 사전약정 없이 지급하는 경우를 포함)

③ 부동산의 양도 당시의 장부가액(건물건설업과 부동산 개발 및 공급업의 경우만 해당)

④ 임업, 양잠업, 가축 및 가금비의 경비

⑤ 종업원의 급여

⑥ 사업용 자산에 대한 비용 및 사업관련 제세공과금

⑦ 건설근로자의 고용개선 등에 관한 법률에 따라 공제계약사업주가 건설근로자퇴직공제회에 납부한 공제부금

⑧ 근로자퇴직급여 보장법에 따라 사용자가 부담하는 부담금

⑨ 국민건강보험법, 고용보험법 및 노인장기요양보험법에 의한 사용자 보험료나 부담금

⑩ 국민건강보험법 및 노인장기요양보험법에 의한 직장·지역가입자 본임부담 보험료

⑪ 단체순수보장성보험 및 단체환급부보장성보험의 보험료

⑫ 총수입금액을 얻기 위하여 직접 사용된 부채에 대한 지급이자, 감가상각비, 자산평가차손, 대손금

⑬ 거래수량 또는 거래금액에 따라 상대편에게 지급하는 장려금 등

⑭ 재해로 인하여 멸실된 것의 원가를 재해가 발생한 과세기간의 필요경비에 산입한 경우

⑮ 종업원을 위하여 직장체육비, 직장연예비, 무료진료권 등에 지출한 금액

⑯ 업무와 관련 해외시찰 · 훈련비

⑰ 초 · 중등교육법에 의하여 설치된 근로청소년을 위한 특별학급 또는 산업체부설 중 · 고등학교의 운영비, 영유아보육법에 의하여 설치된 직장어린이집의 운영비

⑱ 광물의 탐광을위한 지질조사 · 시추 또는 갱도의 굴진을 위하여 지출한 비용과 개발비

⑲ 광고선전을 목적으로 견본품 · 달력 등 이와 유사한 물품을 불특정다수인에게 기증하기 위해 지출한 비용[특정인에게 기증한 물품의 경우에는 연간 3만원 이내의 금액에 한정]

⑳ 영업자가 조직한 단체로 법인 또는 주무관청에 등록된 조합 또는 협회 회비

위의 경비와 유사한 성질의 것으로서 당해 총수입금액에 대응하는 경비

• 필요경비불산입(소법 33조)

필요경비불산입 항목도 법인세법과 마찬가지로 벌과금 등에 대한 경비 불인정, 소득세 계산상 소득세액의 경비 불산입, 사업과 관련성 불분명 등의 이유로 경비로 인정하지 않고 있다. 법인세법에서와 마찬가지로 소득세법에서도 조세수입의 확보 또는 정책적 측면에서 세무상 필요경비로 인정하지 않거나 일정범위에서 필요경비로 인정해주는 항목 중 소득세법에서 언급된 대손충당금, 퇴직급여충당금, 접대비 및 기부금 등에 대해서 적용된다. 이는 법인세법과 마찬가지이나 일부 차이점이 있다.

거주자가 해당 과세기간에 지급하였거나 지급할 금액 중 다음에 해당하는 것은 사업소득금액을 계산할 때 필요경비에 산입하지 아니한다.

① 소득세와 지방소득세 소득분
② 벌금 · 과료(통고처분에 따른 벌금 또는 과료에 해당하는 금액을 포함한다)와 과태료
③ 국세징수법 이나 그 밖에 조세에 관한 법률에 따른 가산금과 체납처분비
④ 조세에 관한 법률에 따른 징수의무의 불이행으로 인하여 납부하였거나 납부할 세액(가산세액을 포함한다)
⑤ 대통령령으로 정하는 가사의 경비와 이에 관련되는 경비
⑥ 각 과세기간에 계상한 감가상각자산의 감가상각비로서 대통령령으로 정하는 바에 따라 계산한 금액을 초과하는 금액
⑦ 법에 따른 자산을 제외한 자산의 평가차손
⑧ 반출하였으나 판매하지 아니한 제품에 대한 개별소비세 또는 주세의 미납액. 다만, 제품가액에 그 세액 상당액을 더한 경우는 제외한다.
⑨ 부가가치세의 매입세액. 다만, 부가가치세가 면제되거나 그 밖에 대통령령으로 정하는 경우의 세액과 부가가치세 간이과세자가 납부한 부가가치세액은 제외한다.
⑩ 차입금 중 대통령령으로 정하는 건설자금에 충당한 금액의 이자
⑪ 채권자가 불분명한 차입금의 이자
⑫ 법령에 따라 의무적으로 납부하는 것이 아닌 공과금이나 법령에 따른 의무의 불이행 또는 금지 · 제한 등의 위반에 대한 제재로서 부과되는 공과금

⑬ 각 과세기간에 지출한 경비 중 대통령령으로 정하는 바에 따라 직접 그 업무와 관련이 없다고 인정되는 금액

⑭ 선급비용

⑮ 업무와 관련하여 고의 또는 중대한 과실로 타인의 권리를 침해한 경우에 지급되는 손해배상금

4. 사업소득의 수입시기

○ 수입시기

수입시기에 대한 규정은 소득의 기간귀속을 결정하여 소득세 기간과세를 인정하는 역할을 한다. 소득세법에서는 각 과세기간 총수입금액 및 필요경비의 귀속연도를 총수입금액과 필요경비가 확정된 날이 속하는 과세기간으로 한다고 규정하고 있다.(소법 39조) 소득세법 시행령에서는 사업소득의 수입시기와 관련하여 다음과 같이 구체적으로 규정하고 있다.

○ 총수입금액의 형태별 수입시기(소법 시행령 48조)

1) 상품(건물건설업과 부동산 개발 및 공급업의 경우의 부동산을 제외한다) · 제품 또는 상품 등의 판매: 상품등을 인도한 날
2) 상품등의 시용판매: 상대방이 구입의 의사를 표시한 날. 다만, 일정기간내에 반송하거나 거절의 의사를 표시하지 아니하는 한 특약 또는 관습에 의하여 그 판매가 확정되는 경우에는 그 기간의 만료일로 한다.
3) 상품등의 위탁판매: 수탁자가 그 위탁품을 판매하는 날
4) 기획재정부령이 정하는 장기할부조건에 의한 상품등의 판매: 그 상품등을 인도한 날. 다만, 그 장기할부조건에 따라 수입하였거나 수입하기로 약정한 날이 속하는 과세기간에 당해 수입금액과 이에 대응하는 필요경비를 계상한 경우에는 그 장기할부조건에 따라 수입하였거나 수입하기로 약정된 날. 이 경우 인도일 이전에 수입하였거나 수입할 금액은 인도일에 수입한 것으로 보며, 장기할부기간중에 폐업

한 경우 그 폐업일 현재 총수입금액에 산입하지 아니한 금액과 이에 상응하는 비용은 폐업일이 속하는 과세기간의 총수입금액과 필요경비에 이를 산입한다.

5) 건설 · 제조 기타 용역(도급공사 및 예약매출을 포함하며 "건설등"이라 한다)의 제공: 용역의 제공을 완료한 날(목적물을 인도하는 경우에는 목적물을 인도한 날). 다만, 계약기간이 1년이상인 경우로서 기획재정부령이 정하는 경우에는 기획재정부령이 정하는 작업진행률을 기준으로 하여야 하며, 계약기간이 1년미만인 경우에도 기획재정부령이 정하는 경우에는 작업진행률을 기준으로 할 수 있다.

6) 무인판매기에 의한 판매: 당해 사업자가 무인판매기에서 현금을 인출하는 때

7) 인적용역의 제공: 용역대가를 지급받기로 한 날 또는 용역의 제공을 완료한 날 중 빠른 날. 다만, 연예인 및 직업운동선수 등이 계약기간 1년을 초과하는 일신전속계약에 대한 대가를 일시에 받는 경우에는 계약기간에 따라 해당 대가를 균등하게 안분한 금액을 각 과세기간 종료일에 수입한 것으로 하며, 월수의 계산은 해당 계약기간의 개시일이 속하는 달이 1개월 미만인 경우에는 1개월로 하고 해당 계약기간의 종료일이 속하는 달이 1개월 미만인 경우에는 이를 산입하지 아니한다.

8) 어음의 할인: 그 어음의 만기일. 다만, 만기전에 그 어음을 양도하는 때에는 그 양도일로 한다.

9) 장기할부조건 등에 의하여 자산을 판매하거나 양도함으로써 발생한 채권에 대하여 기업회계기준이 정하는 바에 따라 현재가치로 평가하여 현재가치할인차금을 계상한 경우 당해 현재가치할인차금상당액은 그 계상한 과세기간의 총수입금액에 산입하지 아니하며, 당해 채권의 회수기간동안 기업회계기준이 정하는 바에 따라 환입하였거나 환입할 금액은 이를 각 과세기간의 총수입금액에 산입한다.

10) 한국표준산업분류상의 금융보험업에서 발생하는 이자 및 할인액: 실제로 수입된 날

11) 자산을 임대하여 발생하는 소득의 경우에는 다음에 따른 날

- 계약 또는 관습에 따라 지급일이 정해진 것: 그 정해진 날
- 계약 또는 관습에 따라 지급일이 정해지지 아니한 것: 그 지급을 받은 날
- 임대차계약에 관한 쟁송(미불임대료의 청구에 관한 쟁송은 제외한다)에 대한 판결 · 화해 등으로 소유자 등이 받게 되어 있는 이미 지난 기간에 대응하는 임대료상당액(지연이자와 그 밖의 손해배상금을 포함한다): 판결 · 화해 등이 있은 날. 다

만, 임대료에 관한 쟁송의 경우에 그 임대료를 변제하기 위하여 공탁된 금액에 대해서는 가목에 따른 날로 한다.

12) 위 이외의 자산의 매매: 대금을 청산한 날. 다만, 대금을 청산하기 전에 소유권 등의 이전에 관한 등기 또는 등록을 하거나 해당 자산을 사용수익하는 경우에는 그 등기·등록일 또는 사용수익일로 한다.

○ **사업소득에 대한 과세방법(연말정산방식)**

일반적으로 사업소득은 종합소득에 포함되며 과세대상 기간의 사업소득에 대하여 익년 5월 31일까지 확정신고와 납부를 통해서 과세가 완료된다. 그러나 사업소득의 범위 중 일부 소득에 대해서는 연말정산을 하여 다른 종합소득이 없는 경우 확정신고 의무가 면제되는 경우도 있다.(보험모집인, 방문판매인, 음료배달업 등의 소득)

5. 부동산 임대업(소법 45조)

○ **부동산 임대소득의 차별적 과세**

소득세법상 사업소득의 범위에 열거되어 있는 소득 중 임대업에서 발생하는 소득(소법 19조)은 과거(2010년 이전) 부동산 임대소득으로 사업소득과 별도로 구분되어 종합소득 중의 하나로 분류되어 다른 소득과 합산하여 종합과세 되었다. 그러나 현재는 사업소득에 포함 되어 있다. 그러나 사업의 성격상 해당 부동산의 보유만으로 소득이 발생되므로 다른 소득과 달리 관리되어 지고 있다(부동산 임대업에서 발생한 결손금 및 이월결손금은 종합소득 과세표준을 계산할 때 공제하지 아니함).

○ **부동산임대업의 범위**

1) 부동산임대업의 범위(소법 45조)

- 부동산 또는 부동산상의 권리를 대여하는 사업. 다만 지역권 등 대통령령으로 정하는 권리를 대여하는 사업은 제외한다.

• 공장재단 또는 광업재단을 대여하는 사업
• 채굴에 관한 권리를 대여하는 사업으로서 대통령령으로 정하는 사업(전체를 대여하여야 하며 부분대여의 경우 분철료로 사업소득에 해당)

※ 공장재단은 토지·건물·기계·공구 등 전체를 포함하여 설정등기가 된 재산을 말한다.

2) 비과세 소득

사업소득의 비과세 항목 중 다음의 항목은 비과세에 해당한다.

• 논·밭을 작물 생산에 이용하게 함으로써 발생하는 소득(농사용 토지의 임대소득)
• 1개의 주택을 소유하는 자의 주택임대소득(제99조에 따른 기준시가가 9억원을 초과하는 주택 및 국외에 소재하는 주택의 임대소득은 제외한다). 이 경우 주택 수의 계산 및 주택임대소득의 산정 등 필요한 사항은 대통령령으로 정한다.[27]
• 주택의 임대소득의 경우 2이상의 주택을 소유하거나, 고가의 1주택을 소유한 경우의 월세는 과세를 하며, 해당 보증금 등의 간주임대료는 3주택이상의 소유자로 보증금 합계가 3억을 초과하는 부분 중 60%에 대해서 간주임대료를 총수입금액에 가산한다. 단, 국민주택으로 3억이하의 주택은 주택 수 계산에서 제외한다(2016년까지).

※ 월세는 2주택 이상 소유자, 고가 1주택의 소유의 경우, 간주임대료는 3주택 이상 소유자로 보증금 3억 초과분의 60%에 대해 과세를 한다.

○ 임대소득의 총수입금액(소법 25조)

총수입금액은 기본적으로 사업소득에 대한 경우와 동일하다. 특례사항만 살펴보면 다음과 같다.

27_ 주택과 주택부수토지는 상시주거용건물과 주택에 딸린 일정면적이내의 토지를 말한다. 주택과 사업용건물이 함께 설치된 경우 주택부분면적이 크면 전부주택으로 보며, 아닌 경우 사업용건물부분의 면적은 주택으로 보지 아니한다. 주택수의 산정에는 배우자의 소유주택도 포함되며, 보유주택수가 3주택(국민주택규모로 기준시가 3억 이하는 2013.12.31까지 주택수에 미포함)이상으로 전세보증금의 합계액이 3억원을 초과하는 경우 초과액의 60%에 대한 간주임대료를 임대수입에 가산하여 과세한다.

1) 총수입금액

• 간주임대료

거주자가 부동산 또는 그 부동산상의 권리 등을 대여하고 보증금등을 받은 경우에는 대통령령으로 정하는 바에 따라 계산한 금액을 사업소득금액을 계산할 때에 총수입금액에 산입한다.(소법 25조)

※ 주택의 임대보증금 등은 간주임대 대상에서 제외하였으나 일부의 경우 간주임대료를 임대수입에 가산하고 있다.

※ 간주임대료 등은 기업회계상 부채에 해당하나, 세법상으로 보증금에 정기예금이자율을 적용한 금액은 부가가치세 과세대상 및 종합소득세 총수입금액 및 법인세법상 익금에 해당하여 과세한다.

• 선세금

부동산을 임대하고 미리 받은 임대료(선불금)에 대해서는 계약기간의 월수에서 당해연도의 월수에 해당하는 금액을 총수입금액에 산입한다.

2) 필요경비

소득금액을 계산하기위해서 필요경비에 산입할 금액은 당해연도 총수입금액에 대응하는 비용으로 관련성이 있는 경비를 필요경비로 산입할 수 있다.

○ 주택임대소득에 대한 특례

2016년까지 주택임대에 대한 총수입금액이 2,000만원 이하는 비과세하며 2017년부터는 분리과세 선택가능하다.

문제 거주자 이방신씨는 영부산업(제조업)을 영위하고 있다. 다음의 자료를 토대로 각 물음에 답하시오.[세무회계 1급 65회 수정]

a. 영부산업의 손익계산서는 다음과 같다.

영 부 산 업 (원)

매출원가	70,000,000	매출액	132,500,000
감가상각비	10,000,000		
접대비	15,000,000		
제비용	3,000,000		
당기순이익	34,500,000		
	132,500,000		132,500,000

b. 영부산업의 접대비중 1,000만원은 가사관련 경비이다. 나머지 금액은 접대비 한도액을 초과하지 아니한다.

c. 제비용에는 이방신의 인건비 200만원이 포함되어 있다.

• 사업소득금액을 계산하시오.

답 당기순이익 34,500,000 + 가사경비 10,000,000 + 대표자급여 2,000,000
사업소득금액 46,500,000원

문제 다음 자료에 의한 사업소득금액을 계산하시오.[57회 세무회계 2급 수정]

1. 손익계산서상 당기순이익: 8,000만원
2. 손익계산서에 반영된 금액
   a. 대표자급여 3,000만원, b. 가사경비 500만원

답 80,000,000 + 30,000,000 + 5,000,000 = 115,000,000원

보충

■ 결산서상 당기순이익, 각사업연도 소득, 사업소득금액

기업회계상 당기순이익을 구하는 과정은 수익에서 비용을 차감한 금액하여 구한다. 회계상 순이익을 구하는 과정은 회계기준에 따라 발생주의원칙을 적용하여 수익은 가득 요건이나 측정가능성에 따른 실현주의로 인식하고 수익비용대응원칙에 따른 비용 배분을 통하여 이루어 진다.

한편 세법은 회계기준과 다른 목적으로 과세대상 소득을 파악한다. 세법에서도 마찬가지로 이익에 대해서 과세를 하는 것은 당연하나 법에 의해 강제적인 적용이 이루어지므로, 회계기준에서 정하는 바와는 차이가 있다. 이로 인해 회계기준에 따른 이익과 세법에 따른 이익은 차이가 난다.

세법에 따른 이익은 법인세법은 수익에서 비용을 차감하는 대신, 익금에서 손금을 차감하여 과세대상 소득인 각사업연도소득금액을 구하는 방식을 채택한다. 마찬가지로 소득세법에서도 과세대상소득인 사업소득금액은 총수입금액에서 필요경비 공제를 통해서 산출한다. 기업회계와 세법이 동일한 구조하에서 이익과 과세대상 소득을 산출하나 회계처리의 차이점이 존재한다.

한편, 대부분의 법인기업이나 개인기업은 이익을 산출할 때 기업회계기준에 따라서 산출하게된다. 그러나 과세대상 소득과는 차이가 존재하여 기업회계기준에 따라서 산출된 이익으로부터 세법상의 이익으로 전환하는 과정을 거친다. 이러한 전환과정을 세무조정이라고 하며, 개인기업 법인기업 모두 공히 이익산출과정이 기업회계기준에 의해서 이루어 졌다면 세무조정을 거쳐서 과세대상 소득을 산출한다. (한편 외국기업의 국내지점에서도 국내 계정과목분류방식과 외국 본점의 계정과목 분류방식의 차이로 조정을 하는 경우도 발생할 수 있다. 이는 모두 재무제표 등을 작성하는 과정에서 기준의 차이를 조정하는 사례이다.)

<table>
<tr><td rowspan="5">수익 - 비용
= 결산상 당기순이익</td><td rowspan="2">법인기업</td><td>익금산입</td><td rowspan="2">=</td><td>익금 - 손금</td></tr>
<tr><td>손금산입</td><td>각사업연도소득금액</td></tr>
<tr><td colspan="4"></td></tr>
<tr><td rowspan="2">개인기업</td><td>총수입금액산입</td><td rowspan="2">=</td><td>총수입금액 - 필요경비</td></tr>
<tr><td>필요경비산입</td><td>사업소득금액</td></tr>
</table>

한편 개별기업들은 회계처리를 세법이 인정하는 방식에 따라서 처리할 수도 있다. 이렇게 세법에 따른 회계처리를 하게 되면 수익에서 비용을 차감한 순손익은 세무상 과세대상 순손익과 동일하게 될 것이며, 이럴 경우 기업회계상 이익을 세무상 이익으로 전환하는 세무조정을 할 필요가 없게 된다. 대부분 소규모 기업의 경우 일반적으로 세법에 따른 회계처리를 하고 있는 실정이다. 현실적으로 소규모 기업의 경우 회사에 대한 이해관계자들이 규모가 자본시장에 상장되어 있는 기업에 비해서 매우 적다. 이는 소규모 기업이 기업회계기준에 따른 회계처리보다 세법에 따른 회계처리가 이루어지는 이유이기도 하다. 따라서 학습자는 기업회계기준(IFRS 포함)에 따른 회계처리와 세법에 따른 회계처리의 차이점을 숙지하는 것이 중요하다.

■ 소득세법상 주요 세무조정 항목에 대한 정리

▶ 접대비

- ㅇ 접대비는 통상 회사의 업무와 관련하여 거래처 등 특정대상에 무상으로 지출하는 금품이나 물품 등으로 정의된다.
- ㅇ 비교: 불특정 다수를 위한 광고선전비, 업무무관한 특정인을 위한 기부금과 구별된다.
- ㅇ 세법은 이러한 접대비에 대해서 일정한도를 규정하여 과다한 접대비 지출에 대해서 규제를 하고 있다.
- ㅇ 한도: 접대비의 한도는 법에서 정한 기준금액과 과세기간 수입금액의 일정률을 합한 금액내에서 필요경비로 인정하고 있다.
  - 기준금액: 1,200만원(중소기업 1,800만원)을 월할계산
  - 수입금액 일정율

수입금액	적용율
100억원 이하	20/10000
100억원 초과 500억 이하	2,000만원 + 100억 초과분 * 10/10000
500억원 초과	6천만원 + 500억 초과분 * 3/10000

○ 접대비의 종류별 한도

- 일반접대비: 위에서 정한 한도액의 범위내에서 필요경비로 인정받는다.
- 특수관계자간 거래 접대비: 일반접대비한도액 중 '수입금액' 적용율 한도액의 10%를 접대비한도액으로 한다.
- 문화접대비: 총 접대비중 1%를 초과하는 문화접대비 금액에 대해서는 접대비 한도액의 10%까지를 추가로 인정하여 손금산입(둘 중 작은금액을 추가로 인정)

○ 접대비의 사용: 접대비 지출은 1만원 이상인 경우 적격증빙(세금계산서 등)에 의한 지출만을 인정한다.

○ 접대비 세무조정

개인이 사업을 하는 경우에도 접대비가 발생할 수 있다. 그러나 접대비는 세법에서 규제하는 지출이므로 일정 범위내에서 필요경비로 인정된다. 접대비와 관련한 세무조정 순서는 다음과 같다. 증빙불비 및 신용카드미사용 접대비 부인, 한도액계산, 문화접대비 한도계산의 순서로 접대비에 대한 세무조정이 이루어진다.

▶ 감가상각

○ 감가상각은 일반적으로 자산의 원가배분 과정으로 이해된다. 세법은 감가상각과 관련하여 개인기업이 자의성을 배제하는 방향으로 규정하고 있다.

○ 감가상각의 경우 반드시 결산서에 반영을 해야 경비로 인정 받을 수 있다. 즉, 사업주인 개인이 결산시 반영여부에 따라 필요경비 산입이 결정된다.

○ 세법은 자산의 감가상각방법, 자산별 및 업종별 내용연수 등을 규정하여 개인기업의 자율적 산정을 규제하고 있다.

○ 세법의 규정으로 감가상각의 한도액만 규정하고 있어 기업의 입장에서 감가상각금액을 선택할 수 있는 임의상각을 원칙으로 하고 있다.

○ 의제상각: 감가상각의 임의상각 원칙에 따라 법인세 감면이나 면제시 해당 과세기간에 감가상각을 하지 않고 차후에 비용으로 감가상각을 할 수 있다. 따라서 감가상각을 한 것으로 간주하는 것을 말한다.(예: 각종 세액감면 시 발생)

○ 감가상각 시부인: 감가상각은 자산별로 시부인하며, 시인부족액(감가상각 한도액보다 회사계상 상각액이 적은 경우)은 소멸하고 상각부인액(감가상각 한도액보다

회사계상 상각액이 많은 경우)은 필요경비에 산입되지 아니한다. 전기의 상각부인액은 이후 시인부족액이 발생할 경우 추가로 손금추인이 가능하다.

○ 즉시상각의제: 일부 자산의 경우 감가상각없이 즉시 비용으로 처리하는 경우를 말한다.

(예: 대량보유가 아니며, 사업개시나 확장을 위한 자산이 아닌 경우로 100만원 이하의 금액을 취득하는 경우 곧바로 비용으로 처리하여도 무방하다.)

▶ 기부금

회사의 지출로 업무와 무관한 특정대상을 위해서 무상으로 제품 등으로 제공하는 것을 말한다. 세법에서는 기부금의 종류로 법정기부금 지정기부금 등만 일정한 범위내에서 회사의 비용으로 인정하고 있다. 기부금은 외부에 무상으로 제공하는 경우에 해당하므로 기부가 가능한 경우(과세소득금액이 존재하는 경우를 말함)에만 비용으로 인정하도록 규정하고 있다.

○ 법정기부금

법정기부금은 국방헌금 등이 해당하며, 한도는 과세대상 소득금액이 존재하는 경우에 기부금의 비용인정이 가능하다. 따라서 소득금액은 '해당소득금액' 이며 계산은 "세무조정 후 금액에 기부금을 더한 후 10년 이내 이월결손금을 뺀 금액"을 한도로 한다. 즉 기업의 순이익에서 세무상 차이를 조정한 후에 소득이 있는 경우에 기부금이 비용으로 인정되는 구조로 되어 있다.

• 종류

1. 국가나 지방자치단체에 무상으로 기증하는 금품
2. 국방헌금 등 위문금품
3. 천재지변으로 인한 이재민 구호품 등
4. 사립학교 등에 시설비·교육비·장학금 등

○ 지정기부금

지정기부금은 법정기부금이외의 기부금으로 그 내용은 불우이웃돕기 등이 해당된다.

지정기부금의 한도는 '해당소득금액'에서 법정기부금을 제외한(즉, 법정기부금의 비용인정후 남은금액) 금액에서 기부대상별로 30%(일반지정기부금), 10%(종교헌금)를 한도로 지정기부금의 비용 산입을 인정한다.

- 종류: 비영리 법인 등 지정기부금단체 등의 고유목적사업비로 지출하는 기부금 등

○ 이월공제 기부금

기부금은 '해당소득금액'이 존재하는 경우 비용으로 인정이 가능한 항목이다. 따라서 기부금이 소득금액을 초과하는 경우 해당금액은 차기로 이월하여 공제가 가능하다.

▶ 지급이자

지급이자의 경우 손금불산입에 대한 규정이 중요하며 법인세법과 일부 차이가 존재한다. 건설자금이자의 손금불산입, 초과인출금 관련 지급이자 손금불산입 등이 차이가 있다.

○ 건설자금이자

건설자금이자 자체는 기업회계기준에서 처리하는 것처럼 당기에 비용으로 처리할 항목이 아니라 건설중인자산으로 자본화를 거친 후 자산의 원가배분 과정을 통해서 비용화 한다. 건설자금이자에 해당하는 경우 건설시 준공일 까지 자본적 지출로 처리하여 해당 자산의 원본에 가산한다.

○ 초과인출금 지급이자

개인기업의 경우 주식회사처럼 자본금이 없다. 통상 회계상 자본금은 자산에서 부채를 차감한 금액으로 계산한다. 개인기업이 자산과 부채를 장부에 계상하는 경우 자산이 부채보다 적을 경우 개인이 해당 금액을 인출해 간 것으로 본다. 자산을 구성하는 계정 중 현금과 예금은 자산계정이다. 부채가 자산보다 많은 경우라는 것은 실질과 무관하게 자산을 인출해 간 것으로 본다. 초과 인출금은 부채액보다 자산이 적어, 적어진 금액은 개인사업자가 현금을 인출해 간 것으로 볼 때 발생한다. 따라서 부채로부터 발생하는 이자에 대해서는 비용으로 인정하지 않는다. 인출해간 현금과 예금 등은 부채의 상환에 먼저 사용되어야 하므로 이 경우 지급이자를 필요경비 불산입한다.

▶ 세금과공과금

세금과 공과금은 그 성격에 필요경비로 인정되는 경우와 필요경비 불산입 되는 경우로 나누어 볼 수 있다.

○ 필요경비 인정

각종 세금(재산세, 주민세 면허세 등) 과 공과금(국민연금·의료보험 부담금 등)과 협회 등에 납부하는 회비 등

○ 필요경비 불산입

개인 소득에 대한 소득세 납부액 및 동 소득할 주민세와 법위반으로 인한 벌금 등은 필요경비에 불산입 한다.

▶ 대손상각

사업자는 외상매출금, 받을어음, 대여금, 선급금 등 회수가 불가능하게 되는 사유가 발생하는 경우가 있다. 회수불능 사유에 따라서 이를 대손상각으로 처리하여 비용화 한다.

○ 대손사유별 신고조정 및 결산조정

대손상각하는 방법은 회수불능사유가 발생하는 겨우 반드시 손금에 산입하여야(신고조정) 비용으로 인정받는 경우와 회부불능사유 발생시 선택적으로 손금산입할 수 있으며 결산서에 반영되어야 비용으로 인정되는 경우가 있다. 신고조정의 회수불능사유는 법(상법, 어음법, 수표법, 민법 등)에 따른 소멸시효완성 이며 결산조정사유는 채무자의 파산 등과 부도발생일로 6개월이 지난 수표 등의 회수불능사유가 해당한다.

○ 대손충당금

대손이 발생하지 않았으나 수익비용 대응에 따라 기말 매출채권 등의 잔액에 따라 일정율을 비용으로 대손상각하고 부채계정에 대손충당금을 설정하여 이후 대손 발생시 대손충당금이라는 부채의 감소를 통해서 대손된 자산과 상각 처리한다.

기출문제

문제1 다음 중 소득세법상 연말정산이 가능한 사업소득자에 해당하지 않는 것은? [세무회계 2급 56회 기출]

① 독립된 자격으로 보험가입자의 모집 및 이에 부수되는 용역을 제공하고 그 실적에 따라 모집수당 등을 받는 자
② 방문판매 등에 관한 법률에 의하여 방문판매업자를 대신하여 방문판매업무를 수행하고 그 실적에 따라 판매수당 등을 받거나 후원방문판매조직에 판매원으로 가입하여 후원방문판매업을 수행하고 후원수당 등을 받는 자
③ 저술가 · 작곡가 등 일정한 자가 직업상 제공하는 인적용역
④ 독립된 자격으로 일반 소비자를 대상으로 사업장을 개설하지 않고 음료품을 배달하는 계약배달 판매 용역을 제공하고 판매실적에 따라 판매수당 등을 받는 자

답 ③

해설 [소득세법시행령 137조 과세표준확정신고의 예외]

1. 독립된 자격으로 보험가입자의 모집 및 이에 부수되는 용역을 제공하고 그 실적에 따라 모집수당 등을 받는 자
2. 「방문판매 등에 관한 법률」에 의하여 방문판매업자를 대신하여 방문판매업무를 수행하고 그 실적에 따라 판매수당 등을 받거나 후원방문판매조직에 판매원으로 가입하여 후원방문판매업을 수행하고 후원수당 등을 받는 자
3. 독립된 자격으로 일반 소비자를 대상으로 사업장을 개설하지 않고 음료품을 배달하는 계약배달 판매 용역을 제공하고 판매실적에 따라 판매수당 등을 받는 자

문제2 다음 중 소득세법상 비과세사업소득에 해당하지 않는 것은?[세무회계 2급 57회 기출]

① 논 · 밭을 작물 생산에 이용하게 함으로써 발생하는 소득
② 기준시가가 9억원 이상인 1개의 주택을 소유하는 자의 주택임대소득
③ 농민 등이 부업으로 경영하는 민박으로 연간 2천만원 이하의 농가부업소득
④ 농어촌지역(읍 · 면)에서의 연간 1,200만원 이하의 전통주의 제조에서 발생하는 소득

답 ②

해설 [소득세법 12조 비과세소득]

사업소득 중에서 비과세사업소득

가. 논 · 밭을 작물 생산에 이용하게 함으로써 발생하는 소득

나. 1개의 주택을 소유하는 자의 주택임대소득(기준시가가 9억원을 초과하는 주택 및 국외에 소재 주택의 임대소득은 제외) 또는 해당 과세기간에 총수입금액의 합계액이 2천만원 이하인 자의 주택임대소득(2016년 12월 31일까지 발생하는)

다. 대통령령으로 정하는 농가부업소득

라. 대통령령으로 정하는 전통주의 제조에서 발생하는 소득

마. 조림기간 5년 이상인 임지(林地)의 임목(林木)의 벌채 또는 양도로 발생하는 소득으로서 연 600만원 이하의 금액

바. 대통령령으로 정하는 작물재배업에서 발생하는 소득

문제3 다음 중 소득세법상 사업소득금액을 계산할 때 필요경비로 산입되지 않는 것은? [세무회계 2급 57회 기출]

① 업무와 관련없이 고의 또는 중대한 과실로 타인의 권리를 침해한 경우에 지급되는 손해배상금
② 총수입금액을 얻기 위하여 직접 사용된 부채에 대한 지급이자
③ 사업용 고정자산의 감가상각비
④ 직장가입자로서 부담하는 사용자 본인의 국민건강보험료

답 ①

해설 [소득세법 33조 필요경비 불산입]

중요 필요경비 불산입 항목

1. 소득세와 개인지방소득세
2. 벌금 · 과료와 과태료
3. 가산금과 체납처분비
4. 조세에 관한 법률에 따른 징수의무의 불이행으로 인하여 납부하였거나 납부할 세액(가산세액을 포함한다)
5. 가사(家事)의 경비와 이에 관련되는 경비
6. 각 과세기간에 계상한 감가상각자산의 감가상각비 한도 초과하는 금액
7. 채권자가 불분명한 차입금의 이자
8. 법령에 따라 의무적으로 납부하는 것이 아닌 공과금이나 법령에 따른 의무의 불이행 또는 금지 · 제한 등의 위반에 대한 제재로서 부과되는 공과금
9. 각 과세기간에 지출한 경비 중 직접 그 업무와 관련이 없다고 인정되는 금액
10. 업무와 관련하여 고의 또는 중대한 과실로 타인의 권리를 침해한 경우에 지급되는 손해배상금

문제4 다음 자료에 의하여 소득세법상 사업소득금액을 계산하면?[세무회계 2급 57회 기출]

> 1. 손익계산서상 당기순이익: 80,000,000원
> 2. 손익계산서에 반영되어 있는 금액
>   • 대표자급여: 40,000,000원 • 토지처분이익: 15,000,000원

① 80,000,000 ② 105,000,000 ③ 120,000,000 ④ 135,000,000

답 ② 105,000,000 = 80,000,000 + 40,000,000 − 15,000,000

문제5 소득세법상 사업소득 계산에 있어서 총수입금액에 산입되는 것이 아닌 것은? [세무회계 2급 58회 기출]

① 자산수증이익 · 채무면제이익 중 이월결손금의 보전에 충당된 금액
② 거래상대방으로부터 받은 장려금 기타 이와 유사한 성질의 금액
③ 관세환급금 등 필요경비로서 지출된 세액이 환입되었거나 환입될 금액
④ 사업과 관련하여 해당 사업용 자산의 손실로 인하여 취득하는 보험차익

답 ①

해설 [소득세법 26조 총수입금액 불산입]

중요 총수입금액 불산입항목

1. 거주자가 소득세 또는 개인지방소득세를 환급받았거나 환급받을 금액 중 다른 세액에 충당한 금액
2. 거주자가 무상(無償)으로 받은 자산의 가액과 채무의 면제 또는 소멸로 인한 부채의 감소액 중 이월결손금의 보전(補塡)에 충당된 금액
3. 거주자의 사업소득금액을 계산할 때 이전 과세기간으로부터 이월된 소득금액
4. 농업, 임업, 어업, 광업 또는 제조업을 경영하는 거주자가 자기가 생산한 제품을 자기가 생산하는 다른 제품의 원재료 또는 제조용 연료로 사용한 경우 그 사용된 부분에 상당하는 금액
5. 건설업을 경영하는 거주자가 자기가 생산한 물품을 자기가 도급받은 건설공사의 자재로 사용한 경우 그 사용된 부분에 상당하는 금액
6. 국세기본법 제52조에 따른 국세환급가산금, 지방세기본법 제77조에 따른 지방세환급가산금, 그 밖의 과오납금(過誤納金)의 환급금에 대한 이자
7. 부가가치세의 매출세액

문제6 소득세법상 사업소득의 필요경비 산입항목에 해당되는 것은?[세무회계 2급 58회 기출]

① 사업용 자산에 대한 수선비·관리비·유지비·임차료 등
② 벌금, 과료
③ 재고자산 등 이외의 자산의 평가차손
④ 공제대상 부가가치세 매입세액

답 ① 소득세법 제33조

문제7 소득세법상 사업소득의 수입시기이다. 바르게 짝지어지지 않은 것은?
[세무회계 2급 58회 기출]

① 상품(건물건설업과 부동산 개발 및 공급업의 경우의 부동산을 제외한) · 제품 또는 그 밖의 생산품(이하 "상품 등"이라 한다)의 판매: 그 상품 등을 인도한 날
② 상품 등의 시용판매: 상대방이 구입의 의사를 표시한 날. 다만, 일정기간 내에 반송하거나 거절의 의사를 표시하지 아니하는 한 특약 또는 관습에 의하여 그 판매가 확정되는 경우에는 그 기간의 만료일로 한다.
③ 상품 등의 위탁판매: 위탁자가 위탁품을 수탁자에게 인도하는 날
④ 무인판매기에 의한 판매: 당해 사업자가 무인판매기에서 현금을 인출하는 때

답 ③

해설 [소득세법 시행령 48조 사업소득의 수입시기]

1. 상품등의 판매: 그 상품등을 인도한 날
2. 상품등의 시용판매: 상대방이 구입의 의사를 표시한 날
3. 상품등의 위탁판매: 수탁자가 그 위탁품을 판매하는 날
4. 장기할부조건에 의한 상품등의 판매: 그 상품등을 인도한 날. 다만, 그 장기할부조건에 따라 수입하였거나 수입하기로 약정한 날이 속하는 과세기간에 당해 수입금액과 이에 대응하는 필요경비를 계상한 경우에는 그 장기할부조건에 따라 수입하였거나 수입하기로 약정된 날
5. 건설등의 제공: 용역의 제공을 완료한 날(목적물을 인도하는 경우에는 목적물을 인도한 날). 다만, 계약기간이 1년 이상인 경우로서 작업진행률을 기준으로 하여야 하며, 계약기간이 1년 미만인 경우는 작업진행률을 기준으로 할 수 있다.
6. 무인판매기에 의한 판매: 당해 사업자가 무인판매기에서 현금을 인출하는 때
7. 인적용역의 제공: 용역대가를 지급받기로 한 날 또는 용역의 제공을 완료한 날 중 빠른 날. 다만, 연예인 및 직업운동선수 등이 1년을 초과 일신전속계약에 대한 대가를 일시에 받는 경우에는 계약기간에 따라 안분한 금액을 각 과세기간 종료일에 수입한 것으로 하며, 월수의 계산은 개시일이 속하는 달이 1개월 미만인 경우에는 1개

월로 하고 계약기간의 종료일이 속하는 달이 1개월 미만인 경우에는 이를 산입하지 아니한다.

8. 어음의 할인: 그 어음의 만기일. 다만, 만기전에 그 어음을 양도하는 때에는 그 양도일로 한다.
9. 기타 자산의 매매: 대금을 청산한 날. 다만, 대금을 청산하기 전에 소유권 등의 이전에 관한 등기 또는 등록을 하거나 해당 자산을 사용수익하는 경우에는 그 등기 · 등록일 또는 사용수익일로 한다.

문제8 부동산임대업을 영위하는 사업소득자에 대한 불이익이 아닌 것은? [세무회계 2급 58회 기출]

① 결손금을 다른 소득과 통산할 수 없다.
② 결손금 이월공제는 할 수 있으나, 결손금 소급공제를 할 수 없다.
③ 토지 등 매매차익 예정신고의무가 있다.
④ 부가가치세법상 간이과세대상에서 배제될 수 있다.

답 ③ 부동산임대업자가 아닌 부동산매매업자에게 적용되는 규정이다. 토지 등 매매차익 예정신고납부는 부동산매매업자가 매도하는 토지 또는 건물에 대하여 적용한다. (소득세법 제45조, 제69조, 제85조의2, 부가가치세법 109조)

문제9 소득세법상 사업소득에 대한 설명이다. 옳지 않은 것은?[세무회계 2급 59회 기출]

① 사업용 고정자산을 양도함으로써 발생하는 차익은 사업소득금액 계산시 총수입금액에 산입하지 않는다.
② 사업소득금액 계산시 대표자 본인에 대한 급여는 필요경비로 인정된다.
③ 사업자금을 은행에 예금함으로써 발생된 이자는 사업소득금액 계산시 총수입금액에 산입하지 않는다.
④ 벌금 · 과료 · 과태료는 필요경비에 산입하지 않는다.

답 ② 대표자의 급여는 사업소득 계산시 필요경비 불산입임(소득세법 33)

문제10 소득세법에 의한 사업소득의 총수입금액을 계산하면?[세무회계 2급 60회 기출]

㉠ 총매출액: 3,000만원	㉡ 매출 환입액: 500만원	㉢ 매출 에누리: 300만원
㉣ 예금이자 수입: 150만원	㉤ 매출 할인액: 200만원	㉥ 매입 할인액: 350만원
㉦ 지급한 보조금: 50만원	㉧ 지급받은 장려금: 100만원	

① 2,000만원 ② 2,100만원 ③ 2,500만원 ④ 3,000만원

답 ② 3,000만원 – 500만원 – 300만원 – 200만원 + 100만원 = 2,100만원
(총매출액 – 매출 환입액 - 매출에누리 – 매출 할인액 + 지급받은 장려금)

문제11 다음은 소득세법상 사업소득의 필요경비불산입 항목이다. 이에 해당하지 않는 것은? [세무회계 2급 61회 기출]

① 소득세와 개인지방소득세 ② 거래수량 또는 거래금액에 따라 상대편에 지급하는 장려금
③ 가사관련경비 ④ 채권자가 불분명한 차입금이자

답 ②

해설 [소득세법 시행령 51조 총수입금액의 계산] 중요 총수입금액 내역

1. 부동산을 임대하고 받은 선세금(先貰金)에 대한 총수입금액은 그 선세금을 계약기간의 월수로 나눈 금액의 각 과세기간의 합계액으로 한다.

1의2. 환입된 물품의 가액과 매출에누리는 해당 과세기간의 총수입금액에 산입하지 아니한다. 다만, 거래수량 또는 거래금액에 따라 상대편에게 지급하는 장려금과 그 밖에 이와 유사한 성질의 금액과 대손금은 총수입금액에서 빼지 아니한다.

1의3. 외상매출금을 결제하는 경우의 매출할인금액은 거래상대방과의 약정에 의한 지급기일(지급기일이 정하여져 있지 아니한 경우에는 지급한 날)이 속하는 과세기간의 총수입금액 계산에 있어서 이를 차감한다.

2. 거래상대방으로부터 받는 장려금 기타 유사한 성질의 금액은 총수입금액에 산입한다.

3. 관세환급금등 필요경비로 지출된 세액이 환입되었거나 환입될 경우에 그 금액은 총수입금액에 이를 산입한다.

4. 사업과 관련하여 무상으로 받은 자산의 가액과 채무의 면제 또는 소멸로 인하여 발생하는 부채의 감소액은 총수입금액에 이를 산입한다.

4의2.
- 확정급여형퇴직연금제도의 보험차익과 신탁계약의 이익 또는 분배금
- 사업과 관련하여 해당 사업용 자산의 손실로 취득하는 보험차익

문제12 소득세법상 사업소득에 관한 설명이다. 옳은 것은?[세무회계 2급 61회 기출]

① 사업소득금액 계산시 대표자 본인에 대한 급여는 필요경비로 인정된다.
② 사업자금을 은행에 예치하여 발생하는 이자수익은 사업소득금액 계산시 총수입금액에 산입된다.
③ 사업에 사용하던 부동산을 양도할 때 발생하는 양도차익은 사업소득금액 계산시 총수입금액에 산입된다.
④ 부동산임대업 이외의 일반적인 사업에서 발생한 사업소득의 이월결손금은 해당 과세기간의 다른 종합소득에서 공제될 수 있다.

답 ④

해설 [소득세법 45조 결손금 및 이월결손금의 공제]

- 사업자가 비치 · 기록한 장부에 의하여 해당 과세기간의 사업소득금액을 계산할 때 발생한 결손금은 그 과세기간의 종합소득과세표준을 계산할 때 근로소득금액 · 연금소득금액 · 기타소득금액 · 이자소득금액 · 배당소득금액에서 순서대로 공제한다.
- 제1항에도 불구하고 다음 각 호의 어느 하나에 해당하는 사업(이하 "부동산임대업"이라 한다)에서 발생한 결손금은 종합소득 과세표준을 계산할 때 공제하지 아니한다. 다만, 주거용 건물 임대업의 경우에는 그러하지 아니하다.

문제13 소득세법상 일정한 경우 종합소득세와 양도소득세를 비교 과세하는 업종은? [세무회계 2급 61회 기출]

① 주택신축판매업 ② 부동산 매매업 ③ 부동산 중개업 ④ 부동산 임대업

답 ② 부동산 매매업은 종합소득세와 양도소득세를 비교하여 큰 금액으로 과세한다.

해설 [소득세법 64조 부동산매매업자에 대한 세액 계산의 특례]

- 부동산매매업을 경영하는 거주자로서 종합소득금액에 주택 또는 토지의 매매차익이 있는 자의 종합소득 산출세액은 다음 각 호의 세액 중 많은 것으로 한다.
  1. 종합소득 산출세액
  2. 다음 각 목에 따른 세액의 합계액
     가. 주택등매매차익에 양도소득세 세율을 적용하여 산출한 세액의 합계액
     나. 종합소득과세표준에서 주택등매매차익의 해당 과세기간 합계액을 공제한 금액을 과세표준으로 하고 이에 기본세율을 적용하여 산출한 세액

문제14 소득세법상 사업소득금액을 계산할 때 총수입금액에 산입되는 것은? [세무회계 2급 62회 기출]

① 사업과 무관한 채무면제이익
② 가사용으로 사용한 재고자산의 시가액
③ 소득세 환급액
④ 매출할인

답 ② 재고자산시가를 총수입금액에 산입한다.

해설 [소득세법 25조 총수입금액 계산의 특례]

- 거주자가 재고자산(在庫資産) 또는 임목을 가사용으로 소비하거나 종업원 또는 타인에게 지급한 경우에도 이를 소비하거나 지급하였을 때의 가액에 해당하는 금액은 그 소비하거나 지급한 날이 속하는 과세기간의 사업소득금액 또는 기타소득금액을 계산할 때 총수입금액에 산입한다.

문제15 다음 중 소득세법상 사업소득과 관련된 설명으로 옳지 않은 것은? [세무회계 2급 62회 기출]

① 사업소득금액 계산시 대표자 본인에 대한 급여는 필요경비로 인정되지 않는다.
② 사업용 고정자산을 양도함으로써 발생하는 차익은 사업소득금액 계산시 총수입금액에 산입하지 않는다.
③ 총수입금액을 얻기 위하여 직접 사용된 부채에 대한 지급이자는 필요경비에 산입한다.
④ 사업소득 중에서 원천징수대상이 되는 소득은 없다.

답 ④ 의료보건용역 및 인적용역 등은 원천징수대상임

해설 [소득세법 시행령 184조 원천징수대상 사업소득의 범위]

- 사업소득은 「부가가치세법」 의료보건용역 및 저술가 작곡가 등의 인적용역에 따른 용역의 공급에서 발생하는 소득을 말한다. 다만, 다음 각 호의 어느 하나에 해당하는 소득은 제외한다.
  1. 조제용역의 공급으로 발생하는 사업소득 중 의약품가격이 차지하는 비율에 상당하는 소득
  2. 인적용역중 '접대부·댄서' 등의 용역의 공급으로 발생하는 소득

문제16 다음 중 소득세법상 필요경비에 관한 설명으로 옳지 않은 것은? [세무회계 2급 63회 기출]

① 해당 사업에 직접 종사하고 있는 대표자 가족에 대한 급여는 필요경비에 산입한다.
② 매입한 상품이 재해로 인하여 멸실된 것의 원가를 재해가 발생한 연도의 소득금액계산에 있어서 필요경비에 산입한 경우 필요경비로 인정된다.
③ 시설개체 · 기술낙후로 인한 생선설비의 폐기 시 장부가액에서 1,000원을 공제한 금액을 필요경비에 산입한다.
④ 총 수입금액을 얻기 위하여 직접 사용된 부채에 대한 지급이자는 필요경비에 산입한다.

답 ③ 폐기 후 처분 시에는 장부가액과 처분가액의 차액을 필요경비에 산입하며, 보유 시에는 필요경비에 산입할 수 없다.

문제17 소득세법상 비과세소득에 대한 설명이다. 다음 중 비과세사업소득에 해당하지 않는 것은?[세무회계 2급 64회 기출]

① 축산 양어 등 연 3천만 원 이하의 농가부업소득
② 1개의 주택을 소유하는 자의 주택임대소득(기준시가가 9억원을 초과하는 주택 및 국외에 소재하는주택의 임대소득은 제외한다)
③ 논 · 밭을 작물 생산에 이용하게 함으로써 발생하는 소득
④ 조림기간 5년 이상인 임지의 임목의 벌채 또는 양도로 발생하는 소득으로서 연 600만원 이하의 소득금액

답 ① 축산 양어 등 연 2천만원 이하의 농가부업소득은 비과세임, 소득세법 12조, 소득세법시행령 8의2

문제18 소득세법상 사업소득의 계산에 있어 총수입금액에 불산입 되는 것이 아닌 것은?[세무회계 2급 64회 기출]

① 거주자가 소득세 또는 지방소득세 소득분을 환급받았거나 환급받을 금액 중 다른 세액에 충당한 금액
② 사업과 관련된 자산수증이익, 채무면제이익
③ 국세환급가산금, 지방세환급가산금 및 그 밖의 과오납금에 대한 이자
④ 부가가치세의 매출세액

답 ② 소득세법 26조, 소득세법시행령 51조③항

문제19 연예인이 직업인 김씨는 연예기획사와 2015년 7월 1일부터 2년간 전속계약을 체결하고, 전속계약금 4억원을 2015년 6월 30일에 일시에 받았다. 이 경우 소득세법상 2015년의 총수입금액은 얼마인가?[세무회계 2급 65회 기출]

① 0원 ② 1억원 ③ 2억원 ④ 4억원

답 ② 4억원 × 6개월/24개월 = 1억원

4절 근로소득

1. 근로소득(소법 20조)

○ 근로소득

근로소득이란 근로계약이나 고용관계 등에 의하여 비독립적 지위에서 근로를 제공하고 받는 모든 경제적 대가를 말한다. 소득세법에서 제시하는 근로소득은 다음과 같다.

- 근로를 제공함으로 받는 봉급 · 급료 · 보수 · 세비 · 임금 · 상여 · 수당과 이와 유사한 성질의 급여
- 법인의 주주총회 · 사원총회 또는 이에 준하는 의결기관의 결의에 따라 상여로 받는 소득(잉여금의 처분에 따른 것)
- 법인세법에 따라 상여로 처분된 금액(법인세 소득처분중 인정상여)
- 퇴직함으로써 받는 소득으로서 퇴직소득에 속하지 아니하는 소득(퇴직위로금 등)

2. 근로소득금액

○ 총급여액

근로소득금액은 근로를 제공하고 받은 소득금액의 합계액(비과세소득의 금액은 제외하며, 이를 "총급여액[28]"이라 한다)에서 소득세법상 근로소득공제를 적용한 금액으로 한다.

28_ 총급여액이란 근로의 제공으로 인하여 받은 봉급·급료, 보수, 세비, 임금, 상여, 수당과 이와 유사한 성질의 급여 총액을 말한다.

3. 근로소득범위

○ 근로소득범위(소령 38조)

근로소득의 범위에는 다음의 항목들을 포함한다.

1) 기밀비(판공비를 포함)·교제비 기타 이와 유사한 명목으로 받는 것으로서 업무를 위하여 사용된 것이 분명하지 아니한 급여
2) 종업원이 받는 공로금·위로금·개업축하금·학자금·장학금(종업원의 자녀가 학자금·장학금을 포함) 기타 이와 유사한 성질의 급여
3) 근로수당·가족수당·전시수당·물가수당·출납수당·직무수당 기타 이와 유사한 성질의 급여
4) 보험회사, 자본시장과 금융투자업에 관한 법률에 따른 투자매매업자 또는 투자중개업자 등의 종업원이 받는 집금(集金)수당과 보험가입자의 모집, 증권매매의 권유 또는 저축을 권장하여 받는 대가, 그 밖에 이와 유사한 성질의 급여
5) 급식수당·주택수당·피복수당 기타 이와 유사한 성질의 급여
6) 주택을 제공받음으로써 얻는 이익. 다만, 주주 또는 출자자가 아닌 임원(주권상장법인의 주주 중 소액주주[29]인 임원을 포함한다)과 임원이 아닌 종업원 및 국가·지방자치단체로부터 근로소득을 지급받는 사람이 기획재정부령으로 정하는 사택을 제공받는 경우를 제외한다.
7) 종업원이 주택(주택에 부수된 토지포함)의 구입·임차에 소요되는 자금을 저리 또는 무상으로 내여 받음으로써 얻는 이익
8) 기술수당·보건수당 및 연구수당, 그 밖에 이와 유사한 성질의 급여
9) 시간외근무수당·통근수당·개근수당·특별공로금 기타 이와 유사한 성질의 급여

29_ 소액주주는 다음에 해당하는 주주를 제외한 주주로 발행주식총액등의 100분의 1에 해당하는 금액과 3억원(액면가액의 합계액) 중 적은 금액 미만의 주식을 소유하는 주주

1. 발행주식총액등의 100분의 1 이상의 주식을 소유한 주주로서 그와 특수관계에 있는 주주와의 소유주식의 합계가 해당 법인의 주주 중 가장 많은 경우의 해당 주주
2. 특수관계에 있는 주주 다만, 소액주주에 해당하던 자가 법인의 증자로 소유주식의 액면가액이 3억원 이상이 되는 경우 그 증자일부터 증자일이 속하는 과세기간의 다음 연도 종료일까지는 소액주주로 본다. 다만, 소유주식의 액면가액의 합계가 증자후의 발행주식총액등의 100분의 1 이상이 되는 경우 그러하지 아니하다.

10) 여비의 명목으로 받는 연액 또는 월액의 급여

11) 벽지수당 · 해외근무수당 기타 이와 유사한 성질의 급여

12) 종업원이 계약자이거나 종업원 또는 그 배우자 기타의 가족을 수익자로 하는 보험 · 신탁 또는 공제와 관련하여 사용자가 부담하는 보험료 · 신탁부금 또는 공제부금. 다만, 다음의 보험료 등을 제외한다.

- 단체순수보장성보험: 종업원의 사망 · 상해 또는 질병을 보험금의 지급사유로 하고 종업원을 피보험자와 수익자로 하는 보험으로서 만기에 납입보험료를 환급하지 아니하는 보험
- 단체환급부보장성보험: 만기에 납입보험료를 초과하지 아니하는 범위 안에서 환급하는 보험의 보험료중 연 70만원 이하의 금액
- 임직원의 고의(중과실을 포함)외의 업무상 행위로 인한 손해의 배상청구를 보험금의 지급사유로 하고 임직원을 피보험자로 하는 보험의 보험료(임원손해배상보험)

13) 법인세법 시행령에 따라 손금에 산입되지 아니하고 지급받는 퇴직급여(임원퇴직금 한도 초과액)

14) 휴가비 기타 이와 유사한 성질의 급여

15) 계약기간 만료전 또는 만기에 종업원에게 귀속되는 단체환급부보장성보험의 환급금

16) 법인의 임원 또는 종업원이 당해 법인 또는 당해 법인과 특수관계에 있는 법인으로부터 부여받은 주식매수선택권을 당해 법인등에서 근무하는 기간중 행사함으로써 얻은 이익(주식매수선택권 행사 당시의 시가와 실제 매수가액과의 차액을 말하여, 퇴직후 행사시 기타소득으로 분류)

4. 비과세 근로소득(소법 12조)

○ 비과세 근로소득

소득세 부과에서 제외되는 소득세법에 정해놓은 근로소득은 다음과 같다. 그 종류는 다양하나 다음과 같은 유형으로 구분할 수 있다.

○ **비과세 근로소득의 대표적 유형**

비과세 근로소득은 실비변상적성질의 급여, 식대 등의 비과세, 생산직근로자 등의 연장근로수당, 해외근로소득 등으로 구분할 수 있다. 대부분의 경우 비과세 근로소득은 급여 지급시 급여명세서상에 포함되어 지급되나 총급여액 계산시 제외된다.

1) 대통령령으로 정하는 복무 중인 병(兵)이 받는 급여
2) 법률에 따라 동원된 사람이 그 동원 직장에서 받는 급여
3) 산업재해보상보험법에 따라 수급권자가 받는 요양급여, 휴업급여, 장해급여, 간병급여, 유족급여, 유족특별급여, 장해특별급여, 장의비 또는 근로의 제공으로 인한 부상 · 질병 · 사망과 관련하여 근로자나 그 유족이 받는 배상 · 보상 또는 위자(慰藉)의 성질이 있는 급여
4) 근로기준법 또는 선원법에 따라 근로자 · 선원 및 그 유족이 받는 요양보상금, 휴업보상금, 상병보상금(傷病補償金), 일시보상금, 장해보상금, 유족보상금, 행방불명보상금, 소지품 유실보상금, 장의비 및 장제비
5) 고용보험법에 따라 받는 실업급여, 육아휴직 급여, 육아기 근로시간 단축 급여, 출산전후휴가 급여등, 제대군인 지원에 관한 법률에 따라 받는 전직지원금, 국가공무원법 · 지방공무원법에 따른 공무원 또는 사립학교교직원 연금법 · 별정우체국법을 적용받는 사람이 관련 법령에 따라 받는 육아휴직수당
6) 국민연금법에 따라 받는 반환일시금(사망으로 받는것만 해당) 및 사망일시금. 공무원연금법, 군인연금법 등에 의해 받는 요양비 · 요양일시금 · 장해보상금 · 사망조위금 · 사망보상금 · 유족보상금 · 유족일시금 · 유족연금일시금 · 유족연금부가금 · 유족연금특별부가금 · 재해부조금 · 재해보상금 또는 신체 · 정신상의 장해 · 질병으로 인한 휴직기간에 받는 급여
7) 대통령령으로 정하는 학자금
8) 대통령령으로 정하는 실비변상적 성질의 급여[30]

30_ 실비변상적 성질의 급여는 다음과 같다.
1. 법령 · 조례에 의한 위원회 등의 보수를 받지 아니하는 위원 등이 받는 수당
2. 「선원법」에 의하여 받는 식료
3. 일직료 · 숙직료 또는 여비로서 실비변상정도의 금액(종업원이 소유차량을 직접 운전하여 사용자의 업무수행에 이용하고 규칙 등에 의하여 정하여진 지급기준에 따라 받는 금액 중 월 20만원 이내의 금액)

9) 외국정부 또는 대통령령으로 정하는 국제기관에서 근무하는 사람으로서 대통령령으로 정하는 사람이 받는 급여. 다만, 그 외국정부가 그 나라에서 근무하는 우리나라 공무원의 급여에 대하여 소득세를 과세하지 아니하는 경우만 해당한다.
10) 국가유공자 등 예우 및 지원에 관한 법률 또는 보훈보상대상자 지원에 관한 법률에 따라 받는 보훈급여금 · 학습보조비
11) 전직대통령 예우에 관한 법률에 따라 받는 연금
12) 작전임무를 수행하기 위하여 외국에 주둔 중인 군인 · 군무원이 받는 급여
13) 종군한 군인 · 군무원이 전사(전상으로 인한 사망포함)한 경우 그 전사한 날이 속하는 과세기간의 급여
14) 국외 또는 남북교류협력에 관한 법률에 따른 북한지역에서 근로를 제공하고 받는 대통령령으로 정하는 급여[31]
15) 국민건강보험법, 고용보험법 또는 노인장기요양보험법에 따라 국가, 지방자치단체 또는 사용자가 부담하는 보험료
16) 생산직 및 그 관련 직에 종사하는 근로자로서 급여 수준 및 직종 등을 고려하여 대통령령으로 정하는 근로자가 대통령령으로 정하는 연장근로 · 야간근로 또는 휴일근로를 하여 받는 급여[32]

---

4. 법령 · 조례에 의하여 제복을 착용하여야 하는 자가 받는 제복 · 제모 및 제화
5. 병원 · 시험실 · 금융회사 등 · 공장 · 광산에서 근무하는 사람 또는 특수한 작업이나 역무에 종사하는 사람이 받는 작업복이나 그 직장에서만 착용하는 피복(被服)
6. 특수분야에 종사하는 군인이나 경찰공무원이 받는 위험 수당 등
7. 선원의 승선수당, 경찰공무원이 받는 함정근무수당 · 항공수당 및 소방공무원이 받는 함정근무수당 · 항공수당 · 화재진화수당
8. 광산근로자가 받는 입갱수당 및 발파수당
9. 교원 등이 받는 연구보조비 또는 연구활동비 중 월 20만원 이내의 금액
10. 국가 또는 지방자치단체가 지급하는 육교사의 처우개선을 위하여 지급하는 근무환경개선비, 사립유치원 수석교사 · 교사의 인건비, 전공의(專攻醫)에게 지급하는 수련보조수당
11. 기자가 취재활동과 관련하여 받는 취재수당중 월 20만원 이내의 금액
12. 월 20만원 이내의 벽지수당
13. 근로자가 천재 · 지변 기타 재해로 인하여 받는 급여
14. 「수도권정비계획법」, 「국가균형발전 특별법」에 따른 공공기관의 소속 공무원이나 직원에게 한시적으로 지급하는 월 20만원 이내의 이전지원금

31_ 1. 국외 등에서 근로를 제공하고 받는 보수 중 월 100만원[원양어업 선박, 국외등을 항행하는 선박 또는 국외 등의 건설현장 등에서 근로의 경우에는 월 300만원] 이내의 금액
2. 공무원, 대한무역투자진흥공사 등등의 종사자가 국외 등에서 근무하고 받는 수당 중 해당 근로자가 국내에서 근무할 경우에 지급받을 금액상당액을 초과하여 받는 금액

32_ 생산직근로자가 받는 야간근로수당의 범위는 월정액급여 150만원 이하로, 직전 과세기간의 총급여액이 2천5백만원 이하인 근로자로서 이 경우 월정액급여총액에서 「근로기준법」에 따른 연장근

17) 대통령령으로 정하는 식사 또는 식사대[33]

18) 근로자 또는 그 배우자의 출산이나 6세 이하(과세기간 개시일을 기준으로 판단) 자녀의 보육 기관련하여 사용자로부터 받는 급여로서 월 10만원 이내의 금액

19) 국군포로의 송환 및 대우 등에 관한 법률에 따른 국군포로가 받는 보수 및 퇴직일시금

20) 교육기본법에 따라 받는 장학금 중 대학생이 근로를 대가로 지급받는 장학금(고등교육법의 규정에 따른 대학에 재학하는 대학생에 한한다)

5. 근로소득공제

○ 근로소득공제

근로소득의 경우 사업소득과 달리 필요경비가 존재하지 않아, 필요경비적 성격을 가지는 근로소득공제를 허용하고 있다. 따라서 모든 근로소득자가 공제가능하며, 신청이나 증빙이 필요 없으며, 월할계산하지 않는다. 소득세법상 근로소득공제금액은 다음과 같다.

○ 근로소득공제액

총급여액	근로소득공제액
0 ~ 500만원 이하	총급여액의 70%
500만원 초과 ~ 1500만원 이하	350만원 + 500만원 초과금액의 40%
1500만원 초과 ~ 4500만원 이하	750만원 + 1500만원 초과금액의 15%
4500만원 초과 ~ 1억원 이하	1200만원 + 4500만원 초과금액의 5%
1억원 초과	1475만원 + 1억원 초과금액의 2%

로 · 야간근로 또는 휴일근로를 하여 통상임금에 더하여 받는 급여 및 「선원법」에 따라 받는 생산수당을 뺀 급여를 말한다.

"대통령령으로 정하는 연장근로 · 야간근로 또는 휴일근로를 하여 받는 급여"란 다음의 어느 하나에 해당하는 금액을 말한다.

1. 「근로기준법」에 따른 연장근로 · 야간근로 또는 휴일근로를 하여 통상임금에 더하여 받는 급여 중 연 240만원 이하의 금액(광산근로자 및 일용근로자의 경우에는 해당 급여총액)
2. 제1항제2호에 규정하는 근로자가 「선원법」에 의하여 받는 생산수당(비율급으로 받는 경우에는 월 고정급을 초과하는 비율급)중 연 240만원 이내의 금액

33_ 1. 근로자가 사내급식 또는 이와 유사한 방법으로 제공받는 식사 기타 음식물
2. 식사 기타 음식물을 제공받지 아니하는 근로자가 받는 월 10만원 이하의 식사대

6. 근로소득의 수입시기(소법 시행령 49)

○ 근로소득 수입시기

근로소득의 수입시기는 다음과 같다.

1) 급여: 근로를 제공한 날
2) 잉여금처분에 의한 상여: 당해 법인의 잉여금처분결의일
3) 해당 사업연도의 소득금액을 법인이 신고하거나 세무서장이 결정 · 경정함에 따라 발생한 그 법인의 임원 또는 주주 · 사원, 그 밖의 출자자에 대한 상여(인정상여): 해당 사업연도중의 근로를 제공한 날. 이 경우 월평균금액을 계산한 것이 2년도에 걸친 때에는 각각 해당 사업연도 중 근로를 제공한 날로 한다.
4) 퇴직소득금액한도초과액 등 퇴직위로금이나 공로금 등: 지급받거나 지급받기로 한 날
5) 도급 기타 이와 유사한 계약에 의하여 급여를 받는 경우에 당해 과세기간의 과세표준확정신고기간 개시일전에 당해 급여가 확정되지 아니한 때에는 위의 규정에 불구하고 그 확정된 날에 수입한 것으로 본다. 다만, 그 확정된날 전에 실제로 받은금액은 그 받은날로 한다.

7. 근로소득의 연말정산[34](소법 47조)

○ 소득세 원천징수

근로소득의 경우 그 지급자(원천징수의무자)가 해당 과세기간의 다음 연도 2월분의 근로소득 또는 퇴직자가 퇴직하는 달의 근로소득을 지급할 때에는 다음 순서에 따라 계산한 소득세를 원천징수[35]한다.

34_ 중도퇴직한 경우 퇴직한달의 급여를 지급하는 때에 연말정산을 하고, 중도 퇴직자가 재취업을 한 경우에는 이전 근무지의 소득을 합산하여 연말정산을 할 수 있도록 근로소득원천징수영수증을 제출하여 연말정산을 하도록 한다.

35_ 회사는 급여지급시 간이세액조견표를 이용하여 근로소득에 대한 소득세를 원천징수하고 소득 지급일이 속하는 달의 다음달 10일까지 원천징수세액을 신고·납부한다.

1) 근로소득자의 해당 과세기간(퇴직자의 경우 퇴직하는 날까지의 기간)의 근로소득 금액에 그 근로소득자가 '근로소득자 소득공제신고서' 신고한 내용에 따라 종합소득공제를 적용하여 종합소득과세표준을 계산하고 기본세율을 적용하여 종합소득 산출세액을 계산한다.
2) 종합소득산출세액에서 해당 과세기간에 원천징수한 세액, 외국납부세액공제 및 근로소득세액공제에 따른 공제세액을 공제하여 소득세를 계산한다.
3) 과세기간에 원천징수한 세액, 외국납부세액공제 및 근로소득세액공제에 따른 공제세액의 합계액이 종합소득산출세액을 초과하는 경우에는 그 초과액을 그 근로소득자에게 환급하여야 한다. 단, 근로소득자 소득공제신고서에 따른 신고를 하지 아니한 근로소득자에 대하여 그 근로 소득자 본인에 대한 것과 표준공제만을 적용한다.

8. 일용근로자의 근로소득(소법 시행령 20)

○ 일용근로자란

근로를 제공한 날 또는 시간에 따라 근로대가를 계산하거나 근로를 제공한 날 또는 시간의 근로성과에 따라 급여를 계산하여 받는 사람을 말한다.

○ 일용근로자의 구분

1) 건설공사에 종사하는 자로서 동일한 고용주에게 계속하여 1년 이상 고용되어 있지 아니한 자
2) 하역작업에 종사하는 자(항만근로자를 포함한다)
3) 건설·하역근로자 외 업무에 종사하는 자로서 근로계약에 따라 동일한 고용주에게 3월 이상 계속하여 고용되어 있지 아니한 자

○ 일용근로자의 소득금액계산과 원천징수

일용근로자의 경우 일당지급액에서 일당 10만원의 소득을 공제한 후 일정세율(6%)을

적용하여 계산한 산출세액에서 55%를 근로소득세액공제를 하여 원천징수함으로 납세의무가 종결된다. 따라서 연말정산이 필요없으며 원천징수의무자는 분기별로 지급명세서를 익월 말일까지 제출하여야 한다.

문제 나열심씨는 제조업체인 ㈜강건에서 생산직사원으로 근무하고 있다. 총급여액과 근로소득금액은?[세무회계 1급 63회 수정]

1. 2015년 급여명세

2015년 급여명세	① 기본급 (월 2,500,000원 x 12월) = 30,000,000원 ② 식대보조금 (월 150,000원 x 12월) = 1,800,000원 ③ 연장근로수당 (월 200,000원 x 12월) = 2,400,000원 ④ 자녀학자보조금: 2,000,000원

2. 나열심의 2015년 급여는 2014년 급여와 동일하다.

• 총급여액은?

1) 총급여액: 기본급(30,000,000원) + 식대보조금(600,000원 = 월 50,000원 x 12월) + 연장근로수당(2,400,000원) + 자녀학자보조금(2,000,000원) = 3,620만원

• 근로소득금액은?

2) 근로소득금액: (36,200,000 - 15,000,000) × 15% + 7,500,000 = 10,680,000원

기출문제

문제1 다음 중 소득세법상 근로소득이 아닌 것은?[세무회계 2급 56회 기출]

① 근로를 제공함으로써 받는 봉급 · 급료 · 보수 · 세비 · 임금 · 상여 · 수당과 이와 유사한 성질의 급여
② 임원 아닌 종업원이 사택을 제공받아 얻는 이익
③ 법인의 주주총회 · 사원총회 또는 이에 준하는 의결기관의 결의에 따라 상여로 받는 소득
④ 근무기간 중에 종업원이 주식매수선택권 행사로 얻은 이익

답 ② 소득세법 제20조, 소득세법시행규칙 10①

해설 [소법 시행령 제38조 근로소득의 범위]
주택관련 근로소득범위

- 주택을 제공받음으로써 얻는 이익. 다만, 주주 또는 출자자가 아닌 임원(주권상장법인의 주주 중 소액주주인 임원을 포함한다)과 임원이 아닌 종업원(비영리법인 또는 개인의 종업원을 포함한다) 및 국가 · 지방자치단체로부터 근로소득을 지급받는 사람이 기획재정부령으로 정하는 사택을 제공받는 경우를 제외한다.
- 종업원이 주택(주택에 부수된 토지를 포함한다)의 구입 · 임차에 소요되는 자금을 저리 또는 무상으로 대여 받음으로써 얻는 이익

문제2 다음 중 소득세법상 비과세 근로소득이 아닌 것은?[세무회계 2급 57회 기출]

① 일직료, 숙직료 또는 여비로서 실비변상 정도의 지급액
② 육아휴직 급여
③ 대학생이 대학교에서 근로를 대가로 지급받는 장학금
④ 월정액급여 2백만원 이하인 사무직근로자가 연장근로를 하여 통상임금에 더하여 받는 급여 중 연 2,400만원 이하의 금액

답 ④

해설 [소득세법 12조 비과세소득]
근로소득과 퇴직소득 중 중요 비과세항목

- 근로소득과 퇴직소득 중 다음 각 목의 어느 하나에 해당하는 소득
  가. 대통령령으로 정하는 복무 중인 병(兵)이 받는 급여
  나. 「산업재해보상보험법」, 「근로기준법」, 「선원법」, 「고용보험법」, 「국민연금법」, 「공

무원연금법」, 「군인연금법」, 「사립학교교직원 연금법」, 「별정우체국법」 등 각종 법률에 따라 받는 위자료, 요양, 육아휴직급여 등등 성질의 급여

다. 대통령령으로 정하는 학자금

라. 대통령령으로 정하는 실비변상적(實費辨償的) 성질의 급여

마. 외국정부 또는 대통령령으로 정하는 국제기관에서 근무하는 사람으로서 대통령령으로 정하는 사람이 받는 급여(그 외국정부와 상호 비과세인 경우만 해당)

바. 국외 또는 「남북교류협력에 관한 법률」에 따른 북한지역에서 근로를 제공하고 받는 대통령령으로 정하는 급여

사. 생산직 및 그 관련 직에 종사하는 근로자로서 급여 수준 및 직종 등을 고려하여 대통령령으로 정하는 근로자가 대통령령으로 정하는 연장근로 · 야간근로 또는 휴일근로를 하여 받는 급여

아. 대통령령으로 정하는 식사 또는 식사대

자. 근로자 또는 그 배우자의 출산이나 6세 이하(해당 과세기간 개시일을 기준으로 판단한다) 자녀의 보육과 관련하여 사용자로부터 받는 급여로서 월 10만원 이내의 금액

차. 「교육기본법」 제28조제1항에 따라 받는 장학금 중 대학생이 근로를 대가로 지급받는 장학금(「고등교육법」 제2조제1호부터 제4호까지의 규정에 따른 대학에 재학하는 대학생에 한한다)

문제3 다음 중 소득세법상 일용근로자에 대한 설명으로 옳지 않은 것은? [세무회계 2급 58회 기출]

① 근로소득세액공제는 한도 없이 산출세액의 55%로 한다.
② 동일한 고용주에게 3개월 미만 고용되어 있는 자(건설공사는 1년 미만, 하역작업은 제한 없음)를 말한다.
③ 일용근로자는 원천징수로써 납세의무가 종결된다.
④ 종합소득공제는 인적공제 중 본인에 대한 기본공제만 적용한다.

답 ④ 일용근로소득은 종합소득과세표준에 포함되지 아니하므로 종합소득공제를 적용받을 수 없다.

해설 [소법 시행령 20조 일용근로자의 범위]

■ "대통령령으로 정하는 일용근로자"란 근로를 제공한 날 또는 시간에 따라 근로대가를 계산하거나 근로를 제공한 날 또는 시간의 근로성과에 따라 급여를 계산하여 받는 사람으로서 다음에 규정된 사람을 말한다.

1. 건설공사에 종사하는 자로서 다음 각목의 자를 제외한 자
   가. 동일한 고용주에게 계속하여 1년 이상 고용된 자
   나. 다음의 업무에 종사하기 위하여 통상 동일한 고용주에게 계속하여 고용되는 자
      (1) 작업준비를 하고 노무에 종사하는 자를 직접 지휘 · 감독하는 업무

(2) 작업현장에서 필요한 기술적인 업무, 사무 · 타자 · 취사 · 경비 등의 업무
(3) 건설기계의 운전 또는 정비업무
2. 하역작업에 종사하는 자(항만근로자를 포함한다)로서 다음 각목의 자를 제외한 자
가. 통상 근로를 제공한 날에 근로대가를 받지 아니하고 정기적으로 근로대가를 받는 자
나. 다음의 업무에 종사하기 위하여 통상 동일한 고용주에게 계속하여 고용되는 자
(1) 작업준비를 하고 노무에 종사하는 자를 직접 지휘 · 감독하는 업무
(2) 주된 기계의 운전 또는 정비업무
3. 제1호 또는 제2호외의 업무에 종사하는 자로서 근로계약에 따라 동일한 고용주에게 3월 이상 계속하여 고용되어 있지 아니한 자

문제4 소득세법상 근로소득의 수입시기에 대한 것이다. 바르게 짝지어지지 않은 것은? [세무회계 2급 59회 기출]

① 급여: 근로를 제공한 날
② 잉여금처분에 의한 상여: 잉여금처분에 의한 상여를 지급 받는 날
③ 해당 사업연도의 소득금액을 법인이 신고하거나 세무서장이 결정·경정함에 따라 발생한 그 법인의 임원 또는 주주·사원, 그 밖의 출자자에 대한 상여: 해당 사업연도 중의 근로를 제공한 날
④ 임원의 퇴직소득 중 소득세법에 따른 퇴직소득 한도초과로 근로소득으로 보는 금액: 지급받거나 지급받기로 한 날

답 ② 잉여금처분에 의한 상여는 당해 법인의 잉여금처분결의일임

해설 [소득세법 시행령 49조 근로소득의 수입시기]

■ 근로소득의 수입시기는 다음 각 호에 따른 날로 한다.
1. 급여: 근로를 제공한 날
2. 잉여금처분에 의한 상여: 당해 법인의 잉여금처분결의일
3. 해당 사업연도의 소득금액을 법인이 신고하거나 세무서장이 결정 · 경정함에 따라 발생한 그 법인의 임원 또는 주주 · 사원, 그 밖의 출자자에 대한 상여는 해당 사업연도 중의 근로를 제공한 날. 이 경우 월평균금액을 계산한 것이 2년도에 걸친 때에는 각각 해당 사업연도 중 근로를 제공한 날로 한다.

문제5 소득세법상 근로소득금액 계산시 근로소득으로 보는 것은?[세무회계 2급 60회 기출]

① 우리사주조합원(소액주주에 한함)이 취득한 주식의 시가와 취득가액의 차액
② 근로자에게 지급한 경조금 중 사회 통념상 타당하다고 인정되는 범위 안의 금액
③ 법인세법에 따라 임원퇴직급여 한도초과액에 해당되어 손금불산입으로 세무조정된 금액
④ 세법상 일정 요건을 갖춘 창업법인, 주권상장법인, 협회등록법인 등이 주식매수선택권(신주인수권 포함)을 부여받아 이를 행사함으로써 얻은 이익 중 연간 3천만원 한도 내의 금액

답 ③

해설 [소득세법 시행령 38조 근로소득의 범위] 주식관련 근로소득범위

- 법인의 임원 또는 종업원이 당해 법인 또는 당해 법인과 「법인세법 시행령」 제87조의 규정에 의한 특수관계에 있는 법인(이하 이 호에서 "당해 법인등"이라 한다)으로부터 부여받은 주식매수선택권을 당해 법인등에서 근무하는 기간중 행사함으로써 얻은 이익(주식매수선택권 행사 당시의 시가와 실제 매수가액과의 차액을 말하며, 주식에는 신주인수권을 포함한다)

문제6 일당 180,000원을 받은 일용근로자가 1일간 근무하였다면 소득세법상 원천징수해야 할 소득세(단, 지방소득세는 제외)는 얼마인가?[세무회계 2급 61회 기출]

① 2,160원 ② 2,880원 ③ 4,800원 ④ 6,400원

답 ① $(180,000 - 100,000) \times 6\% \times (1 - 55\%) = 2,160$원

문제7 다음 중 소득세법상 근로소득으로 과세되는 것은?[세무회계 2급 62회 기출]

① 단체순수보장성보험의 보험료 중 연 70만원 이하의 금액
② 업무와 관련하여 회사의 지급기준에 따라 수령한 교육비
③ 근로자가 자녀의 출산으로 인하여 사용자로부터 지급받은 월 10만원 이하의 금액
④ 종업원의 주택의 구입에 소요되는 자금을 저리로 대여 받음으로써 얻은 이익

답 ④ 소득세법 38조 – 참조

문제8 다음 중 소득세법상 근로소득으로 과세되지 않는 것은?[세무회계 2급 63회 기출]

① 퇴직급여 중 법인세법상 임원퇴직급여 한도초과액
② 법인의 종업원이 그 법인으로부터 부여받은 주식매수선택권을 그 법인 등에서 근무하는 기간 중 행사함으로써 얻은 이익
③ 종업원이 사택을 제공받음으로써 얻는 이익
④ 법인세법에 의하여 상여로 소득처분된 금액

답 ③ 종업원에 대한 사택제공이익은 근로소득포함 안됨(소득세법시행령 38①)

문제9 다음은 거주자가 2015년도에 받은 소득내역이다. 소득세법상 소득세가 비과세되는 것은?[세무회계 2급 63회 기출]

① 국내에 1가구 1주택을 소유한 거주자가 해외주택을 임대하고 받는 임대료 2천만원
② 근로자가 제공받은 월 10만원의 식대(식사 및 기타 음식물을 제공받지 않음)
③ 주권상장법인의 대주주인 임원이 사택을 제공받음으로써 얻은 이익 3천만원
④ 국민건강보험에 따라 사용자가 부담할 보험료에 대한 회사대납분 5백만원

답 ② 10만원 이하는 비과세

문제10 소득세법상 실비변상적 급여로 비과세 근로소득에 해당하는 것이 아닌 것은?[세무회계 2급 65회 기출]

① 위원회등에서 보수를 지급받는 위원이 별도로 받는 수당
② 선원법에 의하여 받는 식료
③ 광산근로자가 받는 입갱수당 및 발파수당
④ 법령 · 조례에 의하여 제복을 착용하여야 하는 자가 받는 제복 · 제모 및 제화

답 ① 소득세법 12, 소득세법시행령 12

문제11 다음 중 소득세법상 퇴직소득과 근로소득의 구분에 대한 설명으로 옳지 않은 것은?[세무회계 2급 65회 기출]

① 국민연금법에 따라 받는 일시금은 퇴직소득으로 구분한다.
② 법인의 퇴직급여규정이 정관에 규정된 경우, 임원에게 지급한 퇴직급여 중 정관에 규정한 금액을 초과하여 지급하는 금액은 근로소득으로 구분한다.
③ 법인의 퇴직급여규정이 정관 등에 규정되지 않은 경우, 임원에게 지급한 퇴직급여는 전액 근로소득으로 구분한다.
④ 공적연금 관련법에 따라 받는 일시금 퇴직소득을 지급하는 자가, 퇴직소득의 일부 또는 전부를 지연하여 지급하면서 지연지급에 대한 이자를 함께 지급하는 경우, 해당 이자는 퇴직소득으로 구분한다.

답 ③ 임원의 퇴직급여규정이 정관에 규정되지 않은 경우, 법인세법상 법정산식 한도까지만 퇴직소득으로 보고, 이를 초과하여 지급한 퇴직급여는 근로소득으로 구분한다.

5절 연금소득

1. 연금소득

○ 연금의 구분

연금제도는 개인의 노후 생활을 보장하기 위한 사회보장제도로 국민연금 등의 공적연금 관련법에 따라 받는 공적연금[36]과 연금계좌 또는 퇴직연금계좌 등에서 연금형태로 수령하는 공적연금이외의 연금으로 구분된다(소법 20조의 3).

○ 연금소득

연금으로부터 발생하는 연금소득은 소득법 개정으로 2002년 이후 불입하게 되는 공적연금과 2001년 이후부터 불입하는 개인연금저축 그리고 퇴직연금·연금저축 등이 과세대상으로 종합소득에 합산하여 과세하도록 하고 있다.

2. 연금소득의 범위(소법 20조의 3)

○ 과세대상 연금소득

1) 공적연금 관련법에 따라 받는 각종 연금

공적연금소득은 2002년 1월 1일 이후에 납입된 연금 기여금 및 사용자 부담금(국가 또는 지방자치단체의 부담금을 포함)을 기초로 하거나 2002년 1월 1일 이후 근로의 제공을 기초로 하여 받는 연금소득으로 한다.
[이전납입분에 해당하는 연금의 수령시 소득세를 과세하지 않으므로 수령한 연금 중 2002년 이후 분 해당비율만 과세를 한다.]

36_ 공적연금에는 '국민연금법'에 따른 각종연금, '공무원연금법, 군인연금법, 사립학교교직원연금법 또는 별정우체국법'에 따라 받는 연금 등이 있다.

2) 다음에 해당하는 금액을 "연금계좌"에서 연금형태로 인출하는 경우의 그 연금

- 제146조제2항(즉, 연금계좌에 적립)에 따라 원천징수되지 아니한 퇴직소득
- 제51조의3제1항제2호[37]에 따라 연금보험료의 소득공제를 받은 금액
- 연금계좌의 운용실적에 따라 증가된 금액
- 그 밖에 연금계좌에 이체 또는 입금되어 해당 금액에 대한 소득세가 이연(移延)된 소득으로서 대통령령으로 정하는 소득

3) 위의 소득과 유사하고 연금 형태로 받는 것으로서 대통령령으로 정하는 소득

3. 연금소득의 과세

○ 연금소득 과세방법

매년 불입된 공적연금이나 공적연금이외의 연금은 당해년도 거주자의 종합소득계산시 전부 또는 일부분 소득공제를 받는다. 따라서 공적연금의 경우 전액 소득공제를 받고 나중에 연금을 수령하는 시기에 연금소득으로 과세를 하게 된다.

○ 기타소득이나 퇴직소득으로 과세되는 경우

연금방식이 아닌 일시금으로 수령을 하는 경우 퇴직금에 준하여 퇴직소득으로 과세하게 된다. 공적연금이외의 연금은 연간 일정한도의 내에서 소득공제[38]를 받으며, 연금의 수령시 종합소득공제를 받은 부분과 신탁이익에 해당하는 운용수익 해당하는 연금소득은 과세를 하며, 일시금으로 수령시에는 기타소득(연금저축)이나 퇴직소득(퇴직연금)으로 과세한다.

37_ 거주자가 연금계좌에 납입하는 금액으로서 다음 각 목의 어느 하나에 해당하지 **아니하는** 금액
가. 제146조제2항에 따라 소득세가 원천징수되지 아니한 퇴직소득 등 과세가 이연된 소득
나. 연금계좌에서 다른 연금계좌로 계약을 이전함으로써 납입되는 금액

38_ 연금저축의 경우 공제한도를 400만원으로하는 연금저축납부액과 근로자부담금납부액의 합이다.

4. 연금소득금액

○ 총연금액(총수입금액, 소법 시행령 40조, 40조의 2)

총연금액은 연금소득에서 비과세연금소득 및 분리과세연금소득을 제외한 금액을 대상으로 종합과세한다(과세대상연금소득).

과세대상 연금소득은 각 연금별 산식에 따라서 산출한다.

[국민연금 등 소득계산]

$$\text{과세기간연금수령액} \times \frac{\text{과세기준일 이후 납입기간의 환산소득 누계액}}{\text{총 납입기간의 환산소득 누계액}}$$

[위 외 공적연금소득]

$$\text{과세기간연금수령액} \times \frac{\text{과세기준일 이후 기여금납입월수}}{\text{총 기여금 납입월수}}$$

○ 비과세되는 연금소득

1) 공적연금 관련법에 따라 받는 유족연금, 장애연금, 장해연금, 상이연금, 연계노령유족연금 또는 연계퇴직유족연금
2) 산업재해보상보험법에 따라 받는 각종 연금
3) 국군포로의 송환 및 대우 등에 관한 법률에 따른 국군포로가 받는 연금

○ 연금소득공제

연금소득공제(분리과세되는 연금을 제외하고 아래 산식을 적용하며, 공제한도는 900만원)

총급여액	근로소득공제액
0 ~ 350만원 이하	총연금액
350만원 초과 ~ 700만원 이하	350만원 + 350만원 초과금액의 40%
700만원 초과 ~ 1400만원 이하	490만원 + 700만원 초과금액의 20%
1400만원 초과	630만원 + 1400만원 초과금액의 10%

○ **연금소득금액**

연금소득금액은 총연금액(연금소득에서 제외되는 소득과 비과세소득의 금액은 제외)에서 연금소득공제를 적용한 금액으로 한다.

5. 연금소득의 과세방법

거주자가 받은 연금소득에 대해서는 원천징수, 연말정산, 종합과세, 그리고 분리과세의 규정이 적용된다.

○ **연금소득 원천징수**

• 원천징수

연금소득을 지급하는 자는 그 지급시 소득세를 원천징수하여 익월 10일까지 납부한다. 공적연금소득의 경우 연금소득간이세율표에 따라서 원천징수하며, 사적연금소득의 경우 총 연금 지급액에 일정한 비율(5%, 4% - 종신형 70세 이후 수령시, 3% - 퇴직연금 80세 이후 수령시)을 원천징수한다.

○ **연금소득 종합과세**

• 종합과세

연금소득은 원칙적으로 종합과세대상 소득에 해당한다. 따라서 종합소득과세표준에 합산하여 과세를 한다.

다만, 공적연금은 매월 원천징수와 익년 1월 연금지급시 연말정산한다. 다른 소득이 있는 경우 다른소득과 합산하여 종합소득세 확정신고를 하여야 한다.

사적연금은 지급자가 일정비율을 원천징수하고 종합소득세 확정신고를 하는 것이 원칙이다(단, 총연금액이 연 1,200만원 이하인 경우 선택적으로 분리과세 또는 종합과세를 선택할 수 있다.).

문제 소득세법상 연금소득에 해당하지 않는 것은?[세무회계 2급 64회 기출]

① 국민연금법에 의하여 지급받는 반환일시금
② 공무원연금법에 의하여 지급받는 각종 연금
③ 국민연금법에 의하여 지급받는 각종 연금
④ 근로자퇴직급여 보장법에 따라 지급받는 연금

답 ① 국민연금법에 의하여 지급받는 반환일시금은 퇴직소득임

해설 [소득세법 22조 퇴직소득]
1. 공적연금 관련법에 따라 받는 일시금
2. 사용자 부담금을 기초로 하여 현실적인 퇴직을 원인으로 지급받는 소득

6절 기타소득

1. 기타소득

○ 기타소득

기타소득은 이자소득 · 배당소득 · 사업소득 · 근로소득 · 연금소득 · 퇴직소득 및 양도소득 외의 소득으로 소득세법에 열거되어 있는 소득을 말한다. 주로 일시적이나 우발적으로 발생하는 소득이라는 점에서 계속 · 반복적 성격을 가지는 사업소득과 구별된다(소법 21조).

○ 상금 등 당첨 관련 기타소득(소법 21조)

1) 상금, 현상금, 포상금, 보로금 또는 이에 준하는 금품
2) 복권, 경품권, 그 밖의 추첨권에 당첨되어 받는 금품
3) 사행행위 등 규제 및 처벌특례법에서 규정하는 행위(적법 또는 불법 여부는 고려하지 아니한다)에 참가하여 얻은 재산상의 이익
4) 한국마사회법에 따른 승마투표권, 경륜 · 경정법에 따른 승자투표권, 전통소싸움경기에 관한 법률에 따른 소싸움경기투표권 및 국민체육진흥법에 따른 체육진흥투표권의 구매자가 받는 환급금(발생 원인이 되는 행위의 적법 또는 불법 여부는 고려하지 아니한다)
5) 슬롯머신(비디오게임을 포함한다) 및 투전기(投錢機), 그 밖에 이와 유사한 기구를 이용하는 행위에 참가하여 받는 당첨금품 · 배당금품 또는 이에 준하는 금품

○ 대가와 관련한 기타소득(소법 21조)

1) 저작자 또는 실연자(實演者) · 음반제작자 · 방송사업자 외의 자가 저작권 또는 저작인접권의 양도 또는 사용의 대가로 받는 금품
2) 다음의 자산 또는 권리의 양도 · 대여 또는 사용의 대가로 받는 금품
   • 영화필름, 라디오 · 텔레비전방송용 테이프 또는 필름

• 그 밖에 위와 유사한 것으로서 대통령령으로 정하는 것

3) 광업권 · 어업권 · 산업재산권 · 산업정보, 산업상 비밀, 상표권 · 영업권(대통령령으로 정하는 점포임차권을 포함한다), 토사석(土砂石)의 채취허가에 따른 권리, 지하수의 개발 · 이용권, 그밖에 이와 유사한 자산이나 권리를 양도하거나 대여하고 그 대가로 받는 금품

4) 물품(유가증권을 포함한다) 또는 장소를 일시적으로 대여하고 사용료로서 받는 금품

5) 지역권 · 지상권(지하 또는 공중에 설정된 권리를 포함한다)을 설정하거나 대여하고 받는 금품

6) 서화(書畵) · 골동품의 양도로 발생하는 소득

○ 사업성 없는 일시적 우발적 성격의 기타소득(소법 21조)

1) 계약의 위약 또는 해약으로 인하여 받는 위약금과 배상금

2) 유실물의 습득 또는 매장물의 발견으로 인하여 보상금을 받거나 새로 소유권을 취득하는 경우 그 보상금 또는 자산

3) 소유자가 없는 물건의 점유로 소유권을 취득하는 자산

4) 거주자 · 비거주자 또는 법인의 대통령령으로 정하는 특수관계인이 그 특수관계로 인하여 그 거주자 · 비거주자 또는 법인으로부터 받는 경제적 이익으로서 급여 · 배당 또는 증여로 보지 아니하는 금품

5) 문예 · 학술 · 미술 · 음악 또는 사진에 속하는 창작품에 대한 원작자로서 받는 소득으로 원고료. 저작권사용료인 인세, 미술 · 음악 또는 사진에 속하는 창작품에 대하여 받는 대가

6) 재산권에 관한 알선 수수료

7) 사례금

8) 소기업 · 소상공인 공제부금의 해지일시금

9) 다음의 어느 하나에 해당하는 인적용역(위 문예창착품 등의 원고료, 인세 등 제외)을 일시적으로 제공하고 받는 대가
   - 고용관계 없이 다수인에게 강연을 하고 강연료 등 대가를 받는 용역
   - 라디오 · 텔레비전방송 등을 통하여 해설 · 계몽 또는 연기의 심사 등을 하고 보수 또는 이와 유사한 성질의 대가를 받는 용역

- 변호사, 공인회계사, 세무사, 건축사, 측량사, 변리사, 그 밖에 전문적 지식 또는 특별한 기능을 가진 자가 그 지식 또는 기능을 활용하여 보수 또는 그 밖의 대가를 받고 제공하는 용역
- 그 밖에 고용관계 없이 수당 또는 이와 유사한 성질의 대가를 받고 제공하는 용역

10) 법인세법에 따라 기타소득으로 처분된 소득
11) 연금외 수령한 소득
12) 퇴직 전에 부여받은 주식매수선택권을 퇴직 후에 행사하거나 고용관계 없이 주식매수선택권을 부여받아 이를 행사함으로써 얻는 이익
13) 뇌물
14) 알선수재 및 배임수재에 의하여 받는 금품

2. 비과세 기타소득

○ **비과세 기타소득(소법 12조)**

1) 국가유공자 등 예우 및 지원에 관한 법률 또는 보훈보상대상자 지원에 관한 법률에 따라 받는 보훈급여금 · 학습보조비 및 북한이탈주민의 보호 및 정착지원에 관한 법률에 따라 받는 정착금 · 보로금(報勞金)과 그 밖의 금품
2) 국가보안법에 따라 받는 상금과 보로금
3) 상훈법에 따른 훈장과 관련하여 받는 부상(副賞)이나 그 밖의 상금과 부상
4) 발명진흥법에 따른 직무발명으로 받는 다음의 보상금
   - 종업원이 발명진흥법에 따라 사용자로부터 받는 보상금
   - 대학의 교직원이 소속 대학에 설치된 산업교육진흥 및 산학연협력촉진에 관한 법률에 따른 산학협력단으로부터 받는 보상금
5) 국군포로의 송환 및 대우 등에 관한 법률에 따라 국군포로가 받는 위로지원금과 그밖의 금품
6) 문화재보호법에 따라 국가지정문화재로 지정된 서화 · 골동품의 양도로 발생하는 소득
7) 서화 · 골동품을 박물관 또는 미술관에 양도함으로써 발생하는 소득

3. 기타소득금액의 계산

○ 기타소득금액 계산

기타소득금액의 계산은 사업소득금액의 계산과 구조가 유사하다. 기타소득금액은 당해 과세기간의 총수입금액에서 필요경비를 공제한 금액으로 한다.

[총수입금액 − 필요경비 = 기타소득금액]

○ 총수입금액과 필요경비

기타소득의 필요경비는 인정하지 않거나, 실제발생경비, 80% 필요경비인정 또는 90%의 필요경비를 인정하는 방식으로 한다(소법 37, 소령 87).

기타소득금액을 계산할 때 필요경비에 산입할 금액은 다음에 따른다.

1) 실제경비: 승마투표권, 승자투표권, 소싸움경기투표권, 체육진흥투표권의 구매자가 받는 환급금에 대하여는 그 구매자가 구입 적중된 투표권의 단위투표금액을 필요경비로 한다.
2) 실제경비: 슬롯머신 등의 당첨금품등에 대하여는 그 당첨금품등의 당첨 당시에 슬롯머신 등에 투입한 금액을 필요경비로 한다.
3) 그 외의 경우에는 해당 과세기간의 총수입금액에 대응하는 비용으로서 일반적으로 용인되는 통상적인 것의 합계액을 필요경비에 산입한다.
4) 80% 필요경비인정 등: 기타소득 중 거주자가 받은 금액의 100분의 80에 상당하는 금액을 필요경비로 하거나, 실제 소요된 필요경비가 100분의 80에 상당하는 금액을 초과하면 그 초과하는 금액도 필요경비에 산입하는 경우는 다음과 같다.
   - 공익법인의 설립·운영에 관한 법률의 적용을 받는 공익법인이 승인을 받아 시상하는 상금 및 부상과 다수가 순위 경쟁하는 대회에서 입상자가 받는 상금 및 부상

- 위약금과 배상금 중 주택입주 지체상금
- 광업권 · 어업권 · 산업재산권 · 산업정보, 산업상 비밀, 상표권 · 영업권(대통령령으로 정하는 점포 임차권포함), 토사석(土砂石)의 채취허가에 따른 권리, 지하수의 개발 · 이용권, 그밖에 이와 유사한 자산이나 권리를 양도하거나 대여하고 그 대가로 받는 금품
- 지역권 · 지상권(지하 또는 공중에 설정된 권리포함)을 설정하거나 대여하고 받는 금품
- 문예 · 학술 · 미술 · 음악 또는 사진에 속하는 창작품에 대한 원작자로서 받는 소득으로 원고료, 저작권사용료인 인세, 미술 · 음악 또는 사진에 속하는 창작품에 대하여 받는대가
- 다음의 인적용역을 일시적으로 제공하고 받는 대가

① 고용관계 없이 다수인에게 강연을 하고 강연료 등 대가를 받는 용역
② 라디오 · 텔레비전방송 등을 통하여 해설 · 계몽 또는 연기의 심사 등을 하고 보수 또는 이와 유사한 성질의 대가를 받는 용역
③ 변호사, 공인회계사, 세무사, 건축사, 측량사, 변리사, 그 밖에 전문적 지식 또는 특별한 기능을 가진 자가 그 지식 또는 기능을 활용하여 보수 또는 그 밖의 대가를 받고 제공하는 용역
④ 그밖에 고용관계 없이 수당 또는 이와 유사한 성질의 대가를 받고 제공하는 용역

5) 서화(書畵) · 골동품의 양도로 발생하는 소득에 대해서는 거주자가 받은 금액의 100분의 80(서화 · 골동품의 보유기간이 10년 이상인 경우에는 100분의 90)에 상당하는 금액을 필요경비로 한다. 다만, 실제 소요된 필요경비가 100분의 80(서화 · 골동품의 보유기간이 10년 이상인 경우에는 100분의 90)에 상당하는 금액을 초과하면 그 초과하는 금액도 필요경비에 산입한다.

문제 다음은 ㈜서울에 근무하고 있는 종업원 거주자 A씨의 2015년 소득관련 자료이다. 이를 이용하여 거주자 A씨의 2015년도 종합소득에 합산할 기타소득금액을 계산하되, 계산과정을 자세히 명시하시오. 단, 제시된 금액은 원천징수하기 전의 금액이고, 원천징수는 적법하게 이루어졌으며, 별도로 언급한 것 이외의 것은 필요경비가 확인되지 않는다. [세무회계1급 64회]

1. 강사료와 출연료의 내역은 다음과 같다.
   (1) 사내직원교육을 실시하고 ㈜서울로부터 받은 강사료: 500,000원
   (2) C대학에서 특별강연을 하고 받은 강연료: 700,000원
   (3) 텔레비전에 출연하여 해설을 하고 받은 보수: 200,000원
2. 발명진흥법에 따른 직무발명으로 사용자로부터 받은 보상금 3,000,000원이 있다.
3. 특수관계에 있는 ㈜연금복권의 법인세신고시 A씨에게 기타소득으로 처분된 내용은 다음과 같다.
   (1) ㈜연금복권의 제9기 사업연도의 법인세신고시 처분된 금액(결산확정일 : 2015.3.20.): 2,500,000원
   (2) ㈜연금복권의 제10기 사업연도의 법인세신고시 처분된 금액(결산확정일 : 2016.3.20.): 3,000,000원
4. 권리의 양도 및 대여로 인한 소득은 다음과 같다.
   (1) 증여받은 저작권의 양도소득: 2,700,000원
   (2) 상표권의 양도로 인한 대가: 3,500,000원
   (3) 지상권을 양도하고 받은 대가: 4,000,000원
   (4) 사업용고정자산인 건물과 함께 영업권을 양도하고 받은 대가: 10,000,000원(건물은 별도)
5. 2013년부터 납입한 연금저축계좌를 2015년에 해약하여 해지일시금으로 10,000,000원을 연금외 수령(의료목적이나 기타 부득이한 사유에 의한 인출은 아님)하였는데 연금계좌에 납입한 금액은 9,000,000원이며 이 중 연금계좌세액공제를 받은 금액은 3,500,000원이다.
6. 2014년에 가입하여 2015년에 임의 해지한 소기업 · 소상공인 공제부금의 중도해지에 따른 환급액은 6,000,000원 이고 불입액 총액은 5,200,000이며 소기업 · 소상공인 공제부금에 대한 소득공제를 받은 금액은 2,000,000원이다.

답

- 사내직원교육 강사료: 근로소득
- 특별강연료: 700,000×(1－80%) = 140,000원
- 텔레비전출연료: 200,000×(1－80%) = 40,000원 → 과세최저한
- 직무발명보상금: 비과세
- 인정기타소득: 2,500,000원
- 저작권양도: 2,700,000원
- 상표권양도: 3,500,000원×(1－80%) = 700,000원
- 지상권 및 사업용고정자산과 함께 양도하는 영업권은 양도소득

- 연금외 수령은 분리과세
- 소기업공제부금: 6,000,000 − (5,200,000 − 2,000,000) = 2,800,000원
- 종합소득합산 기타소득금액:
140,000 + 2,500,000 + 2,700,000 + 700,000 + 2,800,000 = 8,840,000

4. 기타소득의 수입시기

○ 기타소득 수입시기(소법 시행령 50조)

1) 광업권 · 어업권 등 권리의 대여에 따른 기타소득(자산 또는 권리를 대여한 경우의 기타소득은 제외한다)은 그 대금을 청산한 날, 자산을 인도한 날 또는 사용 · 수익일 중 빠른 날. 다만, 대금을 청산하기 전에 자산을 인도 또는 사용 · 수익하였으나 대금이 확정되지 아니한 경우에는 그 대금 지급일로 한다.
2) 위약금과 배상금에 따른 기타소득 중 계약금이 위약금 · 배상금으로 대체되는 경우의 기타소득은 계약의 위약 또는 해약이 확정된 날
3) 법인세법의 소득처분에 따른 기타소득: 그 법인의 해당 사업연도의 결산확정일
4) 연금외 수령한 소득으로 기타소득으로 분류되는 경우 연금외 수령한 날
5) 그 밖의 기타소득 그 지급을 받은 날

5. 기타소득의 과세방법

○ 분리과세와 종합과세

기타소득금액은 원칙적으로 종합과세대상 소득에 포함되어 종합소득과세표준에 합산된다.

다만, 일부 기타소득에 대해서는 원천징수에 의한 분리과세로 납세의무를 종결하거나, 거주자인 납세의무자의 선택에 의하여 종합과세 할 수 있다.

○ **분리과세기타소득(소법 14조3)**

무조건 분리과세 대상이 되는 소득은 다음과 같다.

1) 서화(書畵) · 골동품의 양도로 발생하는 기타소득
2) 복권 및 복권기금법 제2조에 따른 복권 당첨금
3) 승마투표권, 슬롯머신등을 이용하는 행위에 참가하여 받는 당첨금품 · 배당금품

○ **선택적 분리과세**

기타소득금액이 300만원 이하인 경우 납세자의 선택에 의하여 종합소득과세표준에 합산하지 않을 수 있다. 그러나 기타소득금액이 300만원을 초과하는 경우 무조건 종합소득에 합산과세하여야 한다.

○ **원천징수 분리과세**

기타소득을 지급하는 자는 일반적인 경우 기타소득금액(총수입금액 - 필요경비)에 20%에 해당하는 금액을 원천징수하여야 한다. 다만, 분리과세되는 복권당첨소득중 3억원을 초과하는 경우 그 초과분은 30%의 세율이 적용된다.

기출문제

문제1 다음 중 소득세법상 총수입금액의 80%를 필요경비로 인정 받을 수 있는 것이 아닌 것은?[세무회계 2급 58회 기출]

① 원작자의 원고료 ② 주택입주지체상금
③ 영업권의 양도 및 대여로 발생하는 소득 ④ 알선수수료

답 ④ 실제 발생한 필요경비만 인정

해설 [소법 시행령 87조 기타소득의 필요경비계산]

■ 다음의 어느 하나에 해당하는 기타소득에 대해서는 거주자가 받은 금액의 100분의 80에 상당하는 금액을 필요경비로 한다. 다만, 실제 소요된 필요경비가 100분의 80에 상당하는 금액을 초과하면 그 초과하는 금액도 필요경비에 산입한다.

가. 상금, 현상금, 포상금, 보로금 또는 이에 준하는 금품 중 「공익법인의 설립· 운영에 관한 법률」의 적용을 받는 공익법인이 주무관청의 승인을 받아 시상하는 상금 및 부상과 다수가 순위 경쟁하는 대회에서 입상자가 받는 상금 및 부상

나. '광업권· 어업권· 산업재산권· 산업정보, 산업상 비밀, 상표권· 영업권(대통령령으로 정하는 점포 임차권을 포함한다), 토사석(土砂石)의 채취허가에 따른 권리, 지하수의 개발 · 이용권, 그 밖에 이와 유사한 자산이나 권리를 양도하거나 대여하고 그 대가로 받는 금품', '지역권· 지상권(지하 또는 공중에 설정된 권리를 포함한다)을 설정하거나 대여하고 받는 금품', '문예· 학술· 미술· 음악 또는 사진에 속하는 창작품'(「신문 등의 자유와 기능보장에 관한 법률」에 따른 정기간행물에 게재하는 삽화 및 만화와 우리나라의 창작품 또는 고전을 외국어로 번역하거나 국역하는 것을 포함한다)에 대한 원작자로서 받는 소득으로서 다음의 어느 하나에 해당하는 것

- 원고료
- 저작권사용료인 인세(印稅)
- 미술·음악 또는 사진에 속하는 창작품에 대하여 받는 대가 및 제19호의 기타소득

다. 위약금과 배상금 중 주택입주 지체상금

라. 종교 관련 종사자로서의 활동과 관련하여 받는 금품

문제2 소득세법상 기타소득 중 비과세 기타소득에 해당하지 않는 것은?
[세무회계 2급 59회 기출]

① 국가유공자 등 예우 및 지원에 관한 법률 또는 보훈보상대상자 지원에 관한 법률에 따라 받는 보훈급여금·학습보조비 및 북한이탈주민의 보호 및 정착지원에 관한 법률에 따라 받는 정착금·보로금과 그 밖의 금품
② 국가보안법에 따라 받는 상금과 보로금
③ 상훈법에 따른 훈장과 관련하여 받는 부상
④ 공익법인의 설립·운영에 관한 법률의 적용을 받는 공익법인이 주무관청의 승인을 얻어 시상하는 상금 및 부상

답 ④

해설 [소득세법 12조 비과세소득]

■ 기타소득 중 다음 각 목의 어느 하나에 해당하는 소득

가. 「국가유공자 등 예우 및 지원에 관한 법률」 또는 「보훈보상대상자 지원에 관한 법률」에 따라 받는 보훈급여금·학습보조비 및 「북한이탈주민의 보호 및 정착지원에 관한 법률」에 따라 받는 정착금·보로금(報勞金)과 그 밖의 금품
나. 「국가보안법」에 따라 받는 상금과 보로금
다. 「상훈법」에 따른 훈장과 관련하여 받는 부상(副賞)이나 그 밖에 대통령령으로 정하는 상금과 부상
라. 「발명진흥법」 제2조제2호에 따른 직무발명으로 받는 다음의 보상금
  1. 종업원이 「발명진흥법」에 따라 사용자로부터 받는 보상금
  2. 대학의 교직원이 소속 대학에 설치된 「산업교육진흥 및 산학연협력촉진에 관한 법률」에 따른 산학협력단으로부터 받는 보상금
마. 「국군포로의 송환 및 대우 등에 관한 법률」에 따라 국군포로가 받는 위로지원금과 그 밖의 금품
바. 「문화재보호법」에 따라 국가지정문화재로 지정된 서화·골동품의 양도로 발생하는 소득
사. 서화·골동품을 박물관 또는 미술관에 양도함으로써 발생하는 소득

문제3 소득세법상 총수입금액의 최소한 80% 상당액을 필요경비로 인정받을 수 없는 기타소득은 무엇인가?[세무회계 2급 61회 기출]

① 일시적인 문예창작소득　② 고용관계 없이 제공하는 인적용역의 대가로 받은 수당
③ 보유기간 10년 미만인 서화의 양도소득　④ 재산권에 관한 알선수수료

답 ④

해설 ■ 기타소득 중 거주자가 받은 금액의 100분의 80에 상당하는 금액을 필요경비로 하거나, 실제 소요된 필요경비가 100분의 80에 상당하는 금액을 초과하면 그 초과하는 금액도 필요경비에 산입하는 경우는 다음과 같다.

- 공익법인이 승인을 받아 시상하는 상금 및 부상 등
- 위약금과 배상금 중 주택입주 지체상금
- 광업권 · 어업권 · 산업재산권 · 산업정보, 산업상 비밀, 상표권 · 영업권, 토사석(土砂石)의 채취허가에 따른 권리, 지하수의 개발 · 이용권, 등 유사한 자산이나 권리를 양도하거나 대여하고 그 대가로 받는 금품
- 지역권 · 지상권(지하 또는 공중에 설정된 권리포함)을 설정하거나 대여하고 받는 금품
- 문예 · 학술 · 미술 · 음악 또는 사진에 속하는 창작품에 대한 원작자로서 받는 소득으로서 원고료, 인세, 미술 · 음악 또는 사진에 속하는 창작품에 대하여 받는 대가
- 다음의 인적용역을 일시적으로 제공하고 받는 대가(위 창작품 등 기타소득제외)
  가. 고용관계 없이 다수인에게 강연을 하고 강연료 등 대가를 받는 용역
  나. 라디오 · 텔레비전방송 등을 통하여 해설 · 계몽 또는 연기의 심사 등을 하고 보수 또는 이와 유사한 성질의 대가를 받는 용역
  다. 변호사, 공인회계사, 세무사, 건축사, 측량사, 변리사, 그 밖에 전문적 지식 또는 특별한 기능을 가진 자가 그 지식 또는 기능을 활용하여 보수 또는 그 밖의 대가를 받고 제공하는 용역

문제4 다음의 각 소득에 대한 소득세법상의 소득구분이 틀린 것은?[세무회계 2급 62회 기출]

① 알선수재 및 배임수재에 따라 받은 금품: 기타소득
② 사업용 고정자산과 함께 양도하는 영업권: 기타소득
③ 사업과 관련하여 해당 사업용 자산의 손실로 취득하는 보험차익: 사업소득
④ 연금저축에 가입하고 연금형태로 지급받는 소득: 연금소득

답 ② 사업용 고정자산과 함께 양도하는 영업권: 양도소득

해설 [소법 시행령 41조 기타소득의 범위 등]

- 영업권에는 행정관청으로부터 인가 · 허가 · 면허 등을 받음으로써 얻는 경제적 이익을 포함하되, 사업용 고정자산(법 제94조제1항제1호 및 제2호의 자산을 말한다)과 함께 양도되는 영업권은 포함되지 아니한다.

문제5 다음 중 소득세법상 기타소득이 아닌 것은?[세무회계 2급 63회 기출]

① 로또 등 복권당첨금
② 지역권 · 지상권을 설정 또는 대여하고 받는 금품
③ 계약의 해약에 따라 받는 위약금과 배상금
④ 교통사고로 인한 육체적 · 정신적 피해와 관련하여 받은 손해배상금

답 ④

문제6 다음 중 소득세법에 관한 설명으로 가장 옳은 것은?[세무회계 2급 64회 기출]

① 공적연금 관련 일시금 지연지급에 대한 이자를 함께 지급하는 경우 해당 이자는 이자소득으로 과세한다.
② 계약의 위약으로 인한 손해배상금수령액은 기타소득으로 본다.
③ 지역권 지상권을 설정 또는 대여하고 받는 금품을 사업소득으로 본다.
④ 전세권 대여로 발생하는 소득은 기타소득으로 과세한다.

답 ② • 공적연금관련 일시금 지연이자: 퇴직소득
• 지역권 지상권을 설정 또는 대여하고 받는 금품: 기타소득
• 전세권의 대여로 발생하는 소득: 사업소득

문제7 소득세법상 기타소득에 대한 설명 중 잘못된 것은?[세무회계 2급 64회 기출]

① 광업권 등의 자산 또는 권리를 대여하는 경우에는 기타소득으로 과세된다.
② 저작자 외의 자가 저작권의 양도의 대가로 받는 금품은 총수입금액의 80%를 필요경비로 인정한다.
③ 고용관계 없는 자가 다수인에게 강연을 하고 받는 강연료 등은 총수입금액의 80%를 필요경비로 인정한다.
④ 복권 등 추첨권에 의하여 받는 당첨금품은 기타소득으로 과세된다.

답 ② 저작자 외의 자가 저작권 양도의 대가로 받는 금품은 80% 필요경비로 인정하지 않는다.(소득세법 37조, 소득세법시행령 87조)

문제8 다음 중 납세자가 분리과세 또는 종합과세를 선택할 수 있는 소득에 해당하는 것은? [세무회계 2급 65회 기출]

① 소득금액이 300만원 이하이면서 원천징수된 기타소득. 다만, 뇌물, 알선수재 및 배임수재에 의하여 받는 금품은 제외
② 공장재단 또는 광업재단을 대여하는 사업에서 발생한 사업소득
③ 직장공제회 초과반환금인 이자소득
④ 원천징수대상이 아닌 국외에서 받은 배당소득

답 ① 소득금액이 300만원 이하이면서 원천징수된 기타소득은 분리과세 또는 종합과세를 선택할 수 있다. 다만, 뇌물, 알선수재 및 배임수제에 의하여 받는 금품은 제외

해설 [소득세법 14조 과세표준의 계산]

다음에 해당하는 기타소득(분리과세기타소득)

- 기타소득으로 기타소득금액이 300만원 이하이면서 원천징수된 소득(해당 소득이 있는 거주자가 종합소득과세표준을 계산할 때 이를 합산하려는 경우는 제외한다)

문제9 소득세법상 원천징수를 하여야 하는 기타소득에 해당하는 것은? [세무회계 2급 65회 기출]

① 뇌물
② 복권당첨금
③ 계약의 위약으로 인해 위약금으로 대체되는 계약금
④ 알선수재 또는 배임수재에 따라 받은 금품

답 ② 복권당첨금은 20% 원천징수 대상임(3억 이상은 초과분에 대해서 30%).

해설 [소득세법 129조 원천징수세율]

- 기타소득에 대해서는 다음에 규정하는 세율

가. 기타소득 중 「복권 및 복권기금법」 제2조에 따른 복권 당첨금에 해당하는 소득금액이 3억원을 초과하는 경우 그 초과하는 분에 대해서는 100분의 30

나. 총연금액을 그 소득의 성격에도 불구하고 연금외 수령한 소득에 따른 기타소득에 대해서는 100분의 15

다. 그 밖의 기타소득에 대해서는 100분의 20

3장 소득금액계산의 특례

○ **총수입금액(법 40조)**

종합소득을 구성할 각 소득에 대한 총수입금액(총급여액과 총연금액을 포함)은 해당 과세기간에 수입하였거나 수입할 금액의 합계액으로 한다. 이때 금전 외의 것을 수입할 때에는 그 수입금액을 그 거래 당시의 가액에 의하여 계산한다.[39]

1절 공동사업합산과세

1. 소득금액의 계산

39_ 1. 제조 · 생산 또는 판매업자로부터 물품을 인도받은 때에는 그 판매가액.
2. 제조 · 생산 또는 판매업자가 아닌 자로부터 물품을 인도 받은 때에는 시가.
3. 법인으로부터 이익배당 받은 주식은 액면가액.

○ **공동사업**

사업소득이 발생하는 사업을 공동으로 경영하고 그 손익을 분배하는 공동사업[40]의 경우에는 해당 사업을 경영하는 장소를 1거주자로 보아 공동사업장별로 그 소득금액을 계산한다(공동사업의 경우 사업을 하기위해 과세관청에 사업자등록시 해당 공동사업에 대한 내역을 제출한다. 내역은 일반적인 계약사항과 출자비율 등을 기재한다.(소법 43조)

○ **공동사업소득의 분배**

공동사업에서 발생한 소득금액(사업을 경영하는 장소를 1거주자로 보아 계산한 소득금액)은 해당 공동사업을 경영하는 각 거주자간에 약정된 손익분배비율(약정된 손익분배비율이 없는 경우에는 지분비율))에 의하여 분배되었거나 분배될 소득금액에 따라 각 공동사업자별로 분배한다.

2. 공동사업합산과세(소법 시행령 100조)

○ **거주자별 과세**

거주자의 사업소득에 대한 과세는 원칙적으로 분배되었거나 분배될 소득금액에 따라 각기 사업자별로 분배한다. 그러나 소득세법상 과세표준에 적용되는 세율은 거주자별로 누진세율이 적용됨에 따라 동일소득에 대해 둘 이상의 거주자의 소득으로 분할할 경우 조세부담이 낮아질 수 있다.

○ **공동사업 합산과세**

거주자 1인과 그의 특수관계인이 공동사업자에 포함되어 있는 경우로서 손익분배비율을 거짓으로 정하는 등 사유가 있는 경우[41]에는 그 손익분배비율이 큰 공동사업자의 소득

40_ 출자공동사업자는 경영에 참여하지 아니하고 출자만 하는 경우를 말하며 공동사업에 포함된다.
41_ 1. 공동사업자 제출한 신고서와 첨부서류에 기재한 사업의 종류, 소득금액내역, 지분비율, 약정된 손익분배비율 및 공동사업자간의 관계 등이 사실과 현저하게 다른 경우 2. 공동사업자의 경영참가,

금액으로 본다. 이 경우 손익분배비율이 같은 경우 다음의 순서에 따른다.

1) 공동사업소득 외의 종합소득금액이 많은 자
2) 공동사업소득 외의 종합소득금액이 같은 경우 직전 과세기간의 종합소득금액이 많은 자
3) 직전 과세기간의 종합소득금액이 같은 경우에는 해당 사업에 대한 종합소득과세표준을 신고한 자. 다만, 공동사업자 모두가 해당 사업에 대한 종합소득과세표준을 신고하였거나 신고하지 아니한 경우에는 납세지 관할세무서장이 정하는 자로 한다.

2절 결손금 및 이월결손금

○ **결손금**

종합소득을 구성하는 소득 중에서 이자소득·배당소득은 필요경비가 없으며, 근로소득. 연금소득은 각 소득마다 소득공제를 한다. 또한 기타소득의 경우 결손금 및 이월결손금에 대한 내용이 소득세법에 없다. 따라서 결손금은 사업소득에 있어서 총수입금액보다 필요경비가 더 큰 경우에 발생하게 된다.[42]

1. 결손금 공제

○ **결손금 공제(소법 45조)**

일반적으로 기업의 경우 기간별로 해당 사업연도의 수익에서 비용을 차감한 후의 당기

거래관계, 손익분배비율 및 자산·부채 등의 재무상태 등을 감안할 때 조세를 회피하기 위하여 공동으로 사업을 경영하는 것이 확인되는 경우(시행령 100조).

42_ 분류과세원칙에 따라서 양도소득에서 발생한 결손금은 양도소득내에서 공제가 가능하다.

순이익 또는 당기순손실을 계산하여 기간손익을 보고한다. 소득세는 거주자의 소득 증가분에 대해서 과세를 하므로 결손금은 자산의 감소를 의미하며, 자산의 감소분이 회복된 이후 소득증가 부분에 대해서 과세를 한다. 따라서 소득세법은 결손금이 존재하는 경우 순이익이 발생한 경우에도 이를 제외한 소득의 증가분에 대해서 과세를 하도록 하고 있다. 즉 이익이 발생해도 결손금을 공제한 이후의 이익에 대해서 과세한다.

○ **결손금공제 순위**

사업소득에서 발생한 결손금은 그 과세기간의 종합소득과세표준을 계산할 때 다른 사업에서 발생한 사업소득으로부터 먼저 공제한 후(사업소득 끼리), 이후 근로소득금액 · 연금소득금액 · 기타소득금액 · 이자소득금액 · 배당소득금액에서 순서대로 공제한다(소득세 수평통산). 그리고 남은 금액은 다음연도로 이월시킨다(소득세 수직통산).

○ **결손금 소급공제**

종합소득을 구성하는 다른 소득에서 공제를 하고 남은 금액은 이월결손금으로 차후 과세기간에 공제(소득세 수직통산)를 하나 중소기업에 해당하는 경우 사업소득 결손금이 있는 경우 소급공제가 가능하다.(조특법 시행령 2조)

○ **결손금 소급공제 요건과 세액**

소급공제를 받기 위해서는 중소기업이 운영하는 사업소득에서 발생한 결손금이며, 직전기 사업소득의 결정세액이 있으며, 법정신고기한내 적법한 소득세 신고를 한 경우에 한한다.

소급공제세액은 직전과세기간 종합소득산출세액에서 결손금에 해당하는 사업소득을 공제한 후의 종합소득에 대한 산출세액 비율로 한다.

2. 부동산임대업의 경우 결손금공제

○ 부동산 임대업

부동산 임대와 관련된 소득은 종합소득을 구성하는 다른 소득과 소득의 형성 방식이 다르다(불로소득). 단순한 자산의 보유로 인해서 발행하는 소득에 해당하므로 다르게 취급한다.

○ 결손금 수직통산

부동산임대업[43]에서 발생한 결손금은 종합소득 과세표준을 계산할 때 공제하지 아니한다. 즉, 부동산임대업의 결손금은 다른 소득과 통산(소득세 수평통산)하지 아니하나 이월공제는 가능하다(소득세 수직통산). 한편 2014년 이후 귀속 소득세의 경우 중 주택임대에 따른 결손금은 다른 종합소득에서도 공제가 가능하다(소법 45조2항).

3. 이월결손금 공제

○ 결손금 이월공제

부동산임대업에서 발생한 결손금과 그 외 사업에서 발생하여 공제하고 남은 결손금은 해당 년도 이후로 넘겨서 공제할 수 있다(수직통산).

○ 이월공제 기간과 공제순서

이월결손금이 발생한 과세기간의 종료일부터 10년 이내에 끝나는 과세기간의 소득금액을 계산할 때 먼저 발생한 과세기간의 이월결손금부터 사업소득금액, 근로소득금액, 연금소득금액, 기타소득금액, 이자소득금액 및 배당소득금액에서 순서대로 공제한다.

43_ 1. 부동산 또는 부동산상의 권리를 대여하는 사업. 다만 지역권 등 대통령령으로 정하는 권리를 대여하는 사업은 제외한다. 2. 공장재단 또는 광업재단을 대여하는 사업 3. 채굴에 관한 권리를 대여하는 사업으로서 광업권자·조광권자 또는 덕대가 채굴시설과 함께 광산을 대여하는 사업(소득세법 45조).

3절 부당행위계산의 부인

납세지 관할 세무서장 또는 지방국세청장은 공동사업에서 발생한 소득 중 출자공동사업에 대한 배당소득, 사업소득 또는 기타소득이 있는 거주자의 행위 또는 계산이 그 거주자와 특수관계인[44]과의 거래로 인하여 그 소득에 대한 조세 부담을 부당하게 감소시킨 것으로 인정되는 경우에는 그 거주자의 행위 또는 계산과 관계없이 해당 과세기간의 소득금액을 계산할 수 있다.

44_ 국세기본법 시행령에 따른 특수관계인으로 친족, 경제적관계, 경영지배관계 등이 있는 경우를 말한다. 구체적으로 시가와 거래가액의 차액이 3억원 이상이거나, 시가의 5%에 상당하는 금액 이상인 경우에 한해 적용한다.

기출문제

문제1 소득세법상 결손금공제에 관한 설명으로 옳지 않은 것은?[세무회계 2급 56회 기출]

① 사업소득(부동산임대업 제외)의 결손금은 다른 소득금액과 통산하고 통산 후 남은 결손금은 다음연도로 이월시킨다.
② 2012년 발생한 이월결손금은 발생연도 종료일부터 10년 내에 종료하는 과세기간의 소득금액 계산시 먼저 발생한 것부터 순차로 공제한다.
③ 부동산임대업 이외의 사업에서 발생한 결손금은 해당 과세기간의 근로소득금액, 연금소득금액, 기타소득금액, 배당소득금액, 이자소득금액의 순서로 종합소득금액에서 공제한다.
④ 부동산임대업에서 발생한 결손금은 다른 소득금액에서 공제하지 아니하고 이월하여 10년간 부동산임대업에서 발생한 소득금액에서 공제한다.

답 ③ 부동산임대업소득금액, 근로소득금액, 연금소득금액, 기타소득금액, 이자소득금액, 배당소득금액 순서로 공제한다.

해설 [소득세법 45조 결손금 및 이월결손금의 공제]

- 사업자가 비치·기록한 장부에 의하여 해당 과세기간의 사업소득금액을 계산할 때 발생한 결손금은 그 과세기간의 종합소득과세표준을 계산할 때 근로소득금액·연금소득금액·기타소득금액·이자소득금액·배당소득금액에서 순서대로 공제한다.
- "부동산임대업"에서 발생한 결손금은 종합소득 과세표준을 계산할 때 공제하지 아니한다. 다만, 주거용 건물 임대업의 경우에는 그러하지 아니하다.
- 부동산임대업에서 발생한 결손금과 제1항 및 제2항 단서에 따라 공제하고 남은 결손금(이하 "이월결손금"이라 한다)은 해당 이월결손금이 발생한 과세기간의 종료일부터 10년 이내에 끝나는 과세기간의 소득금액을 계산할 때 먼저 발생한 과세기간의 이월결손금부터 순서대로 다음 각 호의 구분에 따라 공제한다.

1. 이월결손금은 사업소득금액, 근로소득금액, 연금소득금액, 기타소득금액, 이자소득금액 및 배당소득금액에서 순서대로 공제한다.
2. 부동산임대업에서 발생한 이월결손금은 부동산임대업의 소득금액에서 공제한다.

문제2 소득세법상 공동사업과세에 관한 설명으로 틀린 것은?[세무회계 2급 57회 기출]

① 특수관계인간 공동사업에서 발생한 소득금액은 해당 공동사업을 경영하는 각 거주자간에 약정된 손익분배비율이 허위인 경우에도 각 공동사업자 별로 분배한다.
② 가산세로서 공동사업자에 관련되는 세액은 공동사업자의 손익분배비율에 따라 배분한다.
③ 공동사업장에 대해서는 해당 공동사업자을 1사업자로 보아 사업자는 소득금액을 계산할 수 있

도록 증거서류 등을 갖추어 두어야 한다.
④ 공동사업자에 발생한 소득금액에 대해서 원천징수된 세액은 각 공동사업자의 손익분배비율에 따라 배분한다.

답 ① 특수관계인간 손익분배비율을 허위로 정하는 경우 해당 특수관계인의 소득금액은 그 손익분배비율이 큰 공동사업자의 소득금액으로 본다.

해설 [소득세법 43조 공동사업에 대한 소득금액 계산의 특례]

- "출자공동사업자"의 경우에는 해당 사업을 경영하는 "공동사업장"를 1거주자로 보아 공동사업장별로 그 소득금액을 계산한다.
- 약정된 손익분배비율에 의하여 분배되었거나 분배될 소득금액에 따라 각 공동사업자별로 분배한다.
- 거주자 1인과 그의 대통령령으로 정하는 특수관계인이 공동사업자에 포함되어 있는 경우로서 손익분배비율을 거짓으로 정하는 등 대통령령으로 정하는 사유가 있는 경우 그 손익분배비율이 큰 공동사업자의 소득금액으로 본다.

문제13 다음 중 소득세법상 결손금에 대한 설명으로서 옳지 않은 것은?
[세무회계 2급 59회 기출]

① 결손금소급공제 환급신청은 당해 거주자가 확정신고기한 내에 결손금이 발생한 과세기간과 그 직전 과세기간의 소득에 대한 소득세의 과세표준 및 세액을 각각 신고한 경우에만 적용한다.
② 소급공제되는 결손금은 중소기업을 영위하는 거주자의 부동산임대업을 제외한 일반사업소득의 이월결손금에 한한다.
③ 납세지 관할 세무서장이 소득세의 환급신청을 받은 경우에는 지체없이 환급세액을 결정하여 국세기본법상 국세환급금 규정에 따라 환급하여야 한다.
④ 양도소득의 결손금은 양도소득 자체 내에서 통산하며 다른 소득과는 통산하지 않고, 이월되어 양도소득금액에서만 10년간 공제된다.

답 ④ 양도소득의 결손금은 양도소득 내에서만 부동산과 주식의 호별로 통산하며, 양도소득 이외의 다른 소득과는 통산하지 않는다. 통산 후 남은 결손금은 이월되지 않고 소멸한다.

해설 [소득세법 102조 양도소득금액의 구분 계산 등]

① 양도소득금액은 각 호의 소득별로 구분하여 계산한다. 이 경우 소득금액을 계산할 때 발생하는 결손금은 다른 호의 소득금액과 합산하지 아니한다.
② 양도소득금액을 계산할 때 양도차손이 발생한 자산이 있는 경우에는 각 호별로 해당 자산 외의 다른 자산에서 발생한 양도소득금액에서 그 양도차손을 공제한다. 이 경우 공제방법은 양도소득금액의 세율 등을 고려하여 정한다.

문제4 소득세법상 해당 과세기간의 사업소득에서 발생한 결손금을 타 소득에서 공제시 순서가 맞는 것은?[세무회계 2급 62회 기출]

① 근로소득금액 – 연금소득금액 – 기타소득금액 – 이자소득금액 – 배당소득금액
② 연금소득금액 – 이자소득금액 – 배당소득금액 – 근로소득금액 – 기타소득금액
③ 이자소득금액 – 배당소득금액 – 근로소득금액 – 연금소득금액 – 기타소득금액
④ 기타소득금액 – 연금소득금액 – 근로소득금액 – 배당소득금액 – 이자소득금액

답 ① 소득세법 45①, ②

4장 종합소득세 과세표준

1절 개요

○ **종합소득금액산출**

지금까지 소득세 계산을 위한 거주자인 개인의 소득유형중 종합소득을 구성하는 각각의 소득의 소득금액 산출에 대해서 살펴보았다. 각각의 소득금액은 종합소득을 구성하는 각 소득의 총수입금액에서 필요경비를 차감하여 결정이 된다. 그리고 각각의 소득금액을 합하여 종합소득금액이 산출된다.

○ 소득세 산출세액 계산구조[45]

- **종합소득금액**
  - 개인별 이자소득·배당소득·사업소득
  - 근로소득·연금소득·기타소득 합계액
- **△ 소득공제**
  - 인적공제
    - 기본공제: 본인, 배우자, 부양가족
    - 추가공제: 경로우대, 장애자, 부녀자, 한부모가족
  - 특별소득공제
  - 주택담보노후연금이자 비용공제
  - 연금보험료공제
  - 조특별상소득공제
    - 개인연금저축
    - 중소기업창업투자 조합출자
    - 신용카드 등 사용금액
    - 소기업·소상공인 공제부금
    - 주택마련저축
    - 우리사주조합 출자에 대한 소득공제
    - 우리사주조합 기부금
    - 목돈 안드는 전세 이자상환액
    - 장기집합투자증권저축
    - 고용유지중소기업 근로자 소득공제
- **종합소득과세표준**
  - × 세율(6~38%)
- **산출세액**
  - △ 세액공제·감면
    - 배당세액공제
    - 기장세액공제
    - 외국납부세액공제
    - 재해손실세액공제
    - 근로소득세액공제
    - 자녀세액공제
    - 연금계좌세액공제
    - 특별세액공제
    - (보험료, 의료비, 교육비, 기부금)
    - 납세조합공제 등
- **결정세액**
  - \+ 가산세
  - △ 기납부 세액
- **납부할 세액**

문제 근로자 이방지는 자기소유건물을 임대하고 있다. 다음의 자료를 근거로 종합소득과세표준을 계산하시오.[59화 세무회계 2급 수정]

1. 근로소득금액: 3,000만원
2. 부동산 임대소득: 2,000만원
3. 종합소득공제: 700만원

답 종합소득과세표준 4,300만원

45_ 2014 세금절약가이드1, p.153.

2절 종합소득공제

○ **종합소득 과세표준**

거주자의 소득세를 계산하기 위해서 필요한 과세표준을 산출은 이자소득금액, 배당소득금액, 사업소득금액, 근로소득금액, 연금소득금액 및 기타소득금액의 합계액인 "종합소득금액"에서 "종합소득공제"를 적용한 금액을 과세표준으로 한다.

○ **종합소득공제**

종합소득공제는 기본공제(소법 50조), 추가공제(소법 51조) 그리고 특별공제로 구분된다.
기본공제와 추가공제를 인적공제[46]라고도 한다. 또한 소득세법 외에 조세특례제한법에서도 소득공제를 규정하고 있어 종합소득공제를 적용한다.

1. 기본공제(소법 50조)

○ **기본공제요건과 금액**

종합소득이 있는 거주자(자연인만 해당한다)에 대해서는 기본공제 대상자에 해당하는 사람의 수에 1명당 연 150만원을 곱하여 계산한 금액을 그 거주자의 해당 과세기간의 종합소득금액에서 공제한다.

○ **기본공제 대상자**

1) 해당 거주자
2) 거주자의 배우자로 연간 소득금액이 없거나 합계액이 100만원 이하인 사람

46_ 인적공제의 합계액이 종합소득금액을 초과하는 경우 그 초과하는 공제액은 없는 것으로 한다.

3) 거주자(그 배우자를 포함)와 생계를 같이 하는 다음의 어느 하나에 해당하는 부양가족(장애인에 해당되는 경우에는 나이의 제한이 없음)으로서 연간 소득금액의 합계액이 100만원 이하인 사람

- 직계존속으로서 60세 이상인 사람
- 직계비속과 동거 입양자로서 20세 이하인 사람. 이 경우 해당 직계비속 또는 입양자와 그 배우자가 장애인에 해당하는 경우에는 그 배우자를 포함한다.
- 형제자매로서 20세 이하 또는 60세 이상인 사람
- 국민기초생활 보장법에 따른 수급권자
- 아동복지법에 따른 위탁아동

기본공제 대상자에 대한 구분은 소득 귀속연도 말일(12.31)을 기준으로 하며, 사망이나 장애자가 치료가 된 경우는 그 전일을 기준으로 한다(따라서 사망자도 기본공제 대상이 가능).

다만, 기본공제대상 거주자의 배우자 또는 부양가족이 다른 거주자의 부양가족에 해당되는 경우에는 어느 한 거주자의 종합소득금액에서만 공제한다.

2. 추가공제(소법 51조)

○ 추가공제

기본공제대상자가 특정한 요건에 해당하는 경우에는 기본공제 외에 정해진 금액을 추가로 공제한다. 추가공제 대상과 관련하여 아래의 3과 4에 모두 해당되는 경우에는 4를 적용한다.

○ 추가공제 대상과 금액

1) 70세 이상인 "경로우대자"의 경우 1명당 연 100만원
2) 장애인인 경우 1명당 연 200만원
3) 해당 거주자(본인)가 배우자가 없는 여성으로서 부양가족이 있는 세대주이거나 배우

자가 있는 여성인 경우 연 50만원(종합소득금액이 3천만원 이하인 거주자로 한정)

4) 해당 거주자(본인)가 배우자가 없는 사람으로서 기본공제대상자인 직계비속 또는 입양자가 있는 경우 연 100만원

문제 근로자 이방지의 인적공제(기본공제와 추가공제) 합계액을 구하시오.

가족현황 1. 본인은 만 46세이며 총급여액은 5,000만원이다.
2. 배우자는 만 45세이며 양도소득금액이 50만원이다.
3. 자녀는 21세로 장애인이다.
4. 노모는 75세로 아무런 소득이 없다.

답 기본공제 150 × 4 = 600만원, 추가공제 300만원(경로우대, 장애인공제)

3. 연금보험료공제

종합소득이 있는 거주자가 공적연금 관련법에 따른 기여금 또는 개인부담금(즉, 연금보험료)를 납입한 경우에는 해당 과세기간에 납입한 연금보험료를 공제한다.

4. 주택담보노후연금 이자비용공제

연금소득이 있는 거주자가 주택담보노후연금을 받은 경우에는 그 받은 연금에 대해서 해당 과세기간에 발생한 이자비용 상당액을 공제하여 주는 바 "주택담보노후연금 이자비용공제"라 한다. 이 경우 공제할 이자 상당액이 200만원을 초과하는 경우에는 200만원을 공제하고, 연금소득금액을 초과하는 경우 그 초과금액은 없는 것으로 한다.

5. 특별소득공제(소법 52조)

1) 근로소득이 있는 거주자(일용근로자는 제외)가 해당 과세기간에 국민건강보험법, 고용보험법 또는 노인장기요양보험법에 따라 근로자가 부담하는 보험료를 지급한 경우 그 금액을 해당 과세기간의 근로소득금액에서 공제한다.

2) 과세기간 종료일 현재(주택을 소유하지 아니한 세대) 세대주로서 근로소득이 있는 거주자가 대통령령으로 정하는 일정 규모 이하의 주택을 임차하기 위하여 다음의 금액을 지급하는 경우, a의 경우는 그 금액의 100분의 40에 해당하는 금액을(300만원까지), b의 경우는 연 500만원(상환기간이나 금리지급방식에 따라 한도액 차이가 존재)까지 해당 과세기간의 근로소득금액에서 공제한다.

a. 주택임차자금 차입금의 원리금 상환액(소득세법 52조), 청약저축 또는 주택청약종합저축(조특법 87조)

b. 장기주택저당차입금 이자분에 대한 공제

주택관련 소득공제의 한도는 임차금 원리금상환액과 월세액 공제액과 합하여 500만원(차입금 금리 및 거치방식 등에 따라 한도 존재)을 한도로 공제한다.

6. 조세특례제한법에 의한 소득공제

소득세법이외에도 조세특례제한법에서 허용하는 주요 소득공제는 아래와 같다.

- 신용카드 등 사용금액에 대한 소득공제(조특법 126의2의 2항)[47]
- 소기업 소상공인 공제부금에 대한 소득공제(조특법 86의3)[48]

47_ 신용카드 등의 연간 사용금액 합계액이 당해 과세연도 총급여액의 25%(축소예정)를 초과하여 사용한 경우 사용금액의 일정비율(15%)에 해당하는 금액을 일정 한도내에서 소득공제받을 수 있다.

48_ 중소기업협동조합법에 따른 소기업·소상공인 공제회에 가입하여 납부하는 부금은 300만원의 한도내에서 소득공제 가능하다.

• 우리사주조합에 대한 출자금의 소득공제(조특법 88의4 1항)[49]

7. 종합소득공제의 특례

○ 종합소득공제 배제(소법 54조)

종합소득공제의 배제는 분리과세이자소득, 분리과세배당소득, 분리과세연금소득과 분리과세기타소득만이 있는 자에 대해서는 종합소득공제를 적용하지 아니한다. 즉 단순히 금융소득이 일정금액을 넘어 해당 소득만으로 종합과세 대상이 되는 경우 소득공제를 배제한다.

○ 서류 미제출의 경우(소법 54조)

또한 과세표준확정신고를 하여야 할 자가 해당 서류를 제출하지 아니한 경우에는 기본공제 중 거주자 본인에 대한 분(分)과 표준공제만을 공제한다. 다만, 과세표준확정신고 여부와 관계없이 그 서류를 나중에 제출한 경우에는 그러하지 아니하다.

○ 공동사업에 대한 소득공제 특례(소법 54조의 2)

연금보험료공제, 기부금공제 또는 「조세특례제한법」에 따른 소득공제를 적용하는 경우 소득금액이 주된 공동사업자의 소득금액에 합산과세되는 특수관계인이 지출 · 납입 · 투자 · 출자 등을 한 금액이 있으면 주된 공동사업자의 소득에 합산과세되는 소득금액의 한도에서 주된 공동사업자가 지출 · 납입 · 투자 · 출자 등을 한 금액으로 보아 주된 공동사업자의 합산과세되는 종합소득금액을 계산할 때에 소득공제를 받을 수 있다(즉 특수관계자의 지출분이 주된 공동사업자와 합산과세시 종합소득공제가 가능).

49_ 당해연도 출자금액이며 한도는 400만원이다.

기출문제

문제1 다음 중 소득세법상 기본공제 대상자(본인의 소득공제 금액이 최대가 되도록 함)는 몇 명인가?[세무회계 2급 56회 기출]

㉠ 본인: 근로소득자 ㉡ 배우자: 근로소득금액이 120만원 있음 ㉢ 아들: 만 23세 장애인이며 방송출연으로 사업소득금액 90만원 있음 ㉣ 딸: 금년 만 20세 대학생, 소득이 없음 ㉤ 누이: 생계를 같이하며 금년에 만 60세이며 소득이 없음

① 1명 ② 2명 ③ 3명 ④ 4명

답 ④ 배우자는 연간 소득금액이 100만원을 초과하기 때문에 기본공제 대상자가 아니며, 나머지 가족은 모두 공제대상이다.

문제2 다음 중 소득세법상 예외없이 근로소득자에게만 적용되는 소득공제 항목은? [세무회계 2급 56회 기출]

① 기부금 공제 ② 의료비 공제 ③ 교육비 공제 ④ 신용카드 등 사용금액에 대한 공제

답 ④ 성실신고사업자는 의료비 공제 및 교육비 공제가 허용됨 (조특법 122조의3, 조특법 126조의2)

문제3 다음은 소득세법상 기본공제 대상자에 대한 설명이다. 옳지 않은 것은? [세무회계 2급 57회 기출]

① 부양가족이 장애인인 경우 나이 및 소득금액의 제한을 받지 않는다.
② 소득자 본인은 항상 기본공제대상이다.
③ 배우자는 거주자와 생계를 같이하지 아니하는 경우에도 공제기본요건을 충족하면 기본공제를 적용받을 수 있다.
④ 종합소득이 있는 거주자에 대해서는 기본공제 대상자에 해당하는 자의 수에 1명당 연150만원을 곱하여 계산한 금액을 종합소득금액에서 공제한다.

답 ① 부양가족이 장애인인 경우 나이의 제한은 받지 아니하나 소득금액의 제한은 받는다.

문제4 소득세법상 인적공제 중 기본공제 1명당 공제금액은?[세무회계 2급 58회 기출]

① 100만원 ② 120만원 ③ 150만원 ④ 200만원

답 ③ 150만원

문제5 소득세법상 종합소득이 있는 거주자에 대한 기본공제에 대한 설명으로 틀린 것은? [세무회계 2급 60회 기출]

① 해당 거주자 본인은 무조건 기본공제 대상자이다.
② 연간 소득금액이 100만원 이하인 거주자의 배우자는 기본공제 대상이다.
③ 기본공제는 10인을 초과하여 적용할 수 없다.
④ 기본공제 대상자는 1명당 연 150만원을 곱하여 계산한 금액을 그 거주자의 해당 과세기간의 종합소득금액에서 공제한다.

답 ③ 기본공제 대상자의 수에 제한은 없다.

해설 [소득세법 50조 기본공제]

- 종합소득이 있는 거주자(자연인만 해당한다)에 대해서는 다음 각 호의 어느 하나에 해당하는 사람의 수에 1명당 연 150만원을 곱하여 계산한 금액을 그 거주자의 해당 과세기간의 종합소득금액에서 공제한다.

문제6 소득세법상 한부모 소득공제에 대한 설명으로 옳지 않은 것은? [세무회계 2급 61회 기출]

① 배우자가 없는 거주자로서 기본공제대상자인 직계비속이 있는 경우 적용
② 공제 금액은 연 100만원임
③ 장애인공제와 중복 적용 가능
④ 부녀자 공제와 중복 적용 가능

답 ④ 부녀자 공제와 중복 적용 안됨

해설 [소득세법 51조 추가공제]

- 기본공제대상이 되는 사람이 다음에 해당하는 경우에는 거주자의 해당 과세기간 종합소득금액에서 기본공제 외에 추가로 공제한다. 다만, 부녀자 세대주공제와 한부모소득공제 모두 해당되는 경우에는 '한부모소득공제'를 적용한다.

문제7 소득세법상 종합소득공제에 대한 설명 중 잘못된 것은?[세무회계 2급 62회 기출]

① 경로우대공제를 받기 위한 최소한의 연령은 70세이다.
② 종합소득이 있는 거주자와 생계를 같이하면서 소득이 없는 장애인 아들은 연령에 관계없이 그 거주자의 기본공제대상자가 된다.
③ 기본공제대상자가 아닌 자는 추가공제대상자가 될 수 없다.
④ 거주자 갑의 배우자가 양도소득금액만 2백만원이 있는 경우 종합소득금액이 2천만원인 갑은 배우자공제를 받을 수 있다.

답 ④ 연간소득금액이 100만원을 초과하므로 공제대상자가 아님

문제8 다음 자료에 의하여 근로자 오세효씨의 2015년 인적공제 합계액을 구하면 얼마인가? [세무회계 2급 64회 기출]

구 분	연 령	장애인 여부	비 고
본 인	45세		총급여액: 60,000,000원
아 내	38세		근로소득 총급여액: 300만원
자 녀	1세	장애인	해당과세기간에 출생

① 4,000,000원 ② 4,500,000원 ③ 5,500,000원 ④ 6,500,000원

답 ④

해설 ㉠ 기본공제: 1,500,000 × 3 = 4,500,000원
아내 근로소득은 총급여액 300만원에 근로소득기본공제 210만원을 차감하면 근로소득금액이 90만원이다. 따라서 아내의 소득금액은 100만원 이하이므로 기본공제대상이다.
㉡ 추가공제: 2,000,000원(장애인 공제)
㉢ 인적공제 합계: 6,500,000원

문제9 다음 중 소득세법상 종합소득공제 중 인적공제에 관한 설명 중 틀린 것은? [세무회계 2급 65회 기출]

① 배우자 및 직계비속은 항상 생계를 같이하는 부양가족으로 본다.
② 직계비속이 해당 과세기간 중 20세가 된 경우에는 기본공제대상이 될 수 없다.
③ 한부모소득공제와 부녀자공제에 모두 해당되는 경우에는 한부모소득공제만 적용할 수 있다.
④ 해당 과세기간 중 장애가 치유되어 해당 과세기간에는 장애인이 아닌 경우에도 추가공제(장애인공제)를 적용받을 수 있다.

답 ② 직계비속이 해당 과세기간 중 20세가 된 경우에는 기본공제대상이 될 수 있다.

5장 종합소득세 산출세액의 계산

1절 세율과 종합소득산출세액

1. 종합소득 산출세액

거주자의 종합소득에 대한 소득세는 해당 연도의 종합소득과세표준에 다음의 세율(초과누진세율)을 적용하여 계산한 금액을 그 세액으로 한다.

○ 세율

종합소득과세표준	세율
1천200만원 이하	과세표준의 100분의 6
1천200만원 초과 4천600만원 이하	72만원 + (1천200만원을 초과금액의 100분의 15)
4천600만원 초과 8천800만원 이하	582만원 + (4천600만원을 초과금액의 100분의 24)
8천800만원 초과 1억5천만원 이하	1천590만원 + (8천800만원을 초과금액의 100분의 35)
1.5억원 초과	3,760만원 + (1.5억원을 초과금액의 100분의 38)

○ 종합소득세 결정세액 계산과정

종합소득 과세표준 × 기본세율(6%~38%)
=
종합소득 산출세액
(－)
세액감면
세액공제
=
결정세액
(+) 가산세
총결정세액

2. 금융소득과세시 세액계산의 특례(소법 62조)

○ 제도의 의의

금융소득의 경우 적용되는 세율은 분리과세 대상인 경우 14%의 세율로 분리과세 되나, 일정금액이상의 금융소득의 경우 종합과세 대상이 된다. 소득세법상 기본세율은 최소 6%부터 누진세율을 적용하게 되므로 종합소득 과세대상이 되는 금융소득의 경우 분리과세 대상에 적용되는 경우보다 세부담이 적어진다. 이러한 불합리를 비교과세를 통해서 해결한다.

○ 비교과세제도

거주자의 종합소득과세표준에 포함된 이자소득 등이 종합과세기준금액(2천만원)을 초과하는 경우에는 그 거주자의 종합소득 산출세액은 다음의 1의 금액 중 큰 금액으로 하고, 종합과세기준금액을 초과하지 않는 경우에는 2의 금액으로 한다.

세액을 산출하는 방식은 금융소득을 다른 종합소득과 합산하여 과세하는 방식과 금융소득을 다른 종합소득과 분리하여 과세하는 방식으로 세액계산을 한다.

1) 금융소득에 대한 산출세액계산은 크게 종합과세기준금액(2천만원)을 초과하는 경우 아래의 둘 중의 큰 금액

- 합산과세방식: 2천만원 * 14% + (다른 종합소득 + 기준초과 금융소득) * 기본세율
- 분리과세방식: 금융소득 * (14%, 25%) + 다른종합소득 * 기본세율(6%~38%)

2) 국내에서 원천징수되지 않은 금융소득, 출자공동사업자의 분배금과 국외에서 지급받은 원천징수되지 않은 금융소득이 있는 경우(분리과세방식 적용)

- 원천징수안된 금융소득 * (14%, 25%) + 다른종합소득 * 기본세율
(출자공동사업자의 배당소득에 원천징수세율 14%, 나머지는 기본세율적용으로 나온 값과 금융소득의 나머지는 기본세율적용으로 나온 값의 비교세액을 적용한다.)

2절 세액공제와 세액감면

1. 세액공제

1.1 소득세법상 세액공제(소법 59조 2~4)

○ 세액공제

소득세법상 세액공제는 배당세액공제 기장세액공제 외국납부세액공제 재해손실세액공제 근로소득세액공제 자녀세액공제 연금계좌세액공제가 특별세액공제가 있다.

○ 세액공제 내용

소득세법에서 특별세액공제는 근로소득자를 대상으로 소득자가 본인 및 부양가족 등을 위해서 지급한 보험료, 의료비, 교육비, 기부금에 대한 지출에 대해서 일정한도의 금액에 대해서 12%에서 15%에 해당하는 금액을 세액공제 한다. 근로소득이 있는 거주자로 특별

세액공제 신청을 하지 아니한 경우나 사업자 등에 대해서는 일정금액을 세액공제한다.

1) 자녀세액공제

종합소득이 있는 거주자의 기본공제대상자에 해당하는 자녀(입양자 및 위탁아동을 포함한다)가 있는 경우 세액공제 대상금액을 종합소득산출세액에서 공제한다.

• 세액공제 대상금액

구분	내용
2인 이하	자녀 1명당 15만원
3인 이상인 경우	30만원 + 초과 자녀수 1명당 30만원
6세 이하가 2명 이상인 경우	둘째부터 1명당 15만원 세액공제
출생세액공제	1명당 30만원

2) 연금계좌세액공제

- 종합소득이 있는 거주자가 연금계좌에 납입한 금액 중 100분의 12에 해당하는 금액을 해당 과세기간의 종합소득산출세액에서 공제한다.
- 한도액: 연금계좌 납입액이 연 400만원을 초과하는 경우에는 그 초과금액은 없는 것으로 한다.

3) 특별세액공제(근로소득에 한함)

먼저 특별세액공제의 한도는 근로소득에 대한 종합소득산출세액을 초과하는 경우 없는 것으로 한다.

3.1) 보험료 세액공제

- 공제대상: 근로소득이 있는 거주자(일용근로자는 제외)가 해당 과세기간에 만기에 환급되는 금액이 납입보험료를 초과하지 아니하는 보험의 보험계약에 따라 지급하는 다음 각 호의 보험료를 지급한 경우

① 기본공제대상자 중 장애인을 피보험자 또는 수익자로 하는 장애인전용보험으로서 대통령령으로 정하는 장애인전용보장성보험료

② 기본공제대상자를 피보험자로 하는 대통령령으로 정하는 보험료(위 장애인전용보장성보험료는 제외한다)

- 세액공제액과 한도: 그 금액의 100분의 12에 해당하는 금액을 해당 과세기간의 종합소득산출세액에서 공제한다. (장애인보장성보험에 대해서는 15%에 해당하는 금액을 공제, 2015년 4월 개정)다만, 다음 각 호의 보험료별로 그 합계액이 각각 연 100만원을 초과하는 경우 그 초과하는 금액은 각각 없는 것으로 한다.

문제 근로소득자 이방지는 자동차종합보험으로 80만원 그리고 아들 이서구의 어린이 보험 90만원을 삼성생명에 납부하였다. 보험료 세액공제액은?

답 12만원

3.2) 의료비 세액공제

- 공제대상: 근로소득이 있는 거주자가 기본공제대상자(나이 및 소득의 제한을 받지 아니한다)를 위하여 해당 과세기간에 대통령령으로 정하는 의료비를 지급한 경우 (부양가족은 배우자, 직계존비속, 형제자매, 배우자의 부양가족을 포함)

- 세액공제 한도액: 다음의 금액의 100분의 15에 해당하는 금액을 해당 과세기간의 종합소득산출세액에서 공제한다.

① 아래②의 대상자를 제외한 기본공제대상자를 위하여 지급한 의료비로서 총급여액에 100분의 3을 곱하여 계산한 금액을 초과하는 금액. 다만, 그 금액이 연 700만원을 초과하는 경우에는 연 700만원으로 한다.

② 해당 거주자, 과세기간 종료일 현재 65세 이상인 사람과 장애인을 위하여 지급한 의료비. 다만, 위1의 의료비가 총급여액에 100분의 3을 곱하여 계산한 금액에 미달하는 경우에는 그 미달하는 금액을 뺀다.

문제 총급여가 4,000만원인 근로소득자 이방지는 본인의 수술로 인한 의료비 750만원, 배우자 김방글의 의료비 150만원을 지출하였다. 의료비 공제대상액은 얼마인가?

답 본인, 65세 이상, 장애인 제외 의료비 → 150만원 − 4000만원 × 3% = 30만원
본인 등 의료비에서 총급여 3% 미달액을 제외한 금액 → 750만원 + 30만원 = 780만원

3.3) 교육비 세액공제

- 공제대상: 근로소득이 있는 거주자가 그 거주자와 기본공제대상자(나이의 제한을 받지 아니하되, 장애인이나 발달장애 관련 기관에 대해서는 과세기간 종료일 현재 18세 미만인 사람만 해당한다)를 위하여 해당 과세기간에 대통령령으로 정하는 교육비를 지급한 경우

- 세액공제 한도액: 다음 금액의 100분의 15에 해당하는 금액을 해당 과세기간의 종합소득 산출세액에서 공제한다. 다만, 소득세 또는 증여세가 비과세되는 대통령령으로 정하는 교육비는 공제하지 아니한다.

① 기본공제대상자인 배우자·직계비속·형제자매·입양자 및 위탁아동을 위하여 지급한 다음의 교육비를 합산한 금액. 다만, 대학원에 지급하는 교육비는 제외하며, 대학생인 경우에는 1명당 연 900만원, 초등학교 취학 전 아동과 초·중·고등학생인 경우에는 1명당 연 300만원을 한도로 한다.

구분	내용
학교	• 유아교육법, 초·중등교육법, 고등교육법 및 특별법에 등에 따라 설립된 학교 • 평생교육시설, 학점인정 및 독학에 의한 학위취득 관련 교육과정
국외교육기관	• 자비유학자격이 있는 사람이나 부양의무자와 국외에서 동거한 기간이 1년 이상인 사람의 국외교육기관 지급 교육비
어린이집 등	• 취학 전 아동을 위하여 영유아보육법에 따른 어린이집, 학원의 설립·운영 및 과외교습에 관한 법률에 따른 학원 또는 대통령령으로 정하는 체육시설에 지급한 교육비(학원 및 체육시설의 경우에는 대통령령으로 정하는 금액만 해당)

② 해당 거주자 본인을 위하여 지급한 다음의 교육비를 합산한 금액

- '①'의 규정에 해당하는 교육비
- 대학(전공대학, 원격대학 및 학위취득과정을 포함한다) 또는 대학원의 1학기 이상에 해당하는 교육과정과 고등교육법 제36조에 따른 시간제 과정에 지급하는 교육비
- 근로자직업능력 개발법 제2조에 따른 직업능력개발훈련시설에서 실시하는 직업능력개발훈련을 위하여 지급한 수강료. 다만, 대통령령으로 정하는 지원금 등을 받는 경우에는 이를 뺀 금액으로 한다.

③ 기본공제대상자인 장애인(소득의 제한을 받지 아니한다)을 위하여 사회복지시설(국외포함) 및 비영리법인(국외포함), 장애인의 기능향상과 행동발달을 위한 발달재활서비스를 제공기관에 지급하는 특수교육비

문제 근로소득자 이방지는 본인의 대학원 등록금 600만원과 초등학생 아들 이서구의 교육비 250만원을 납부하였다. 교육비 세액공제액은 얼마인가?

답 850만원 × 15% = 1,275,000원

3.4) 기부금 세액공제

- 공제대상: 거주자(사업소득만 있는 자는 필요경비로 공제가 가능)가 해당 과세기간에 지급한 기부금[제50조제1항제2호 및 제3호에 해당하는 사람(다른 거주자의 기본공제를 적용받은 사람은 제외한다)이 지급한 기부금을 포함한다]이 있는 경우
- 세액공제 한도액: 다음의 기부금(법정기부금 및 지정기부금)을 합한 금액에서 사업소득금액을 계산할 때 필요경비에 산입한 기부금을 뺀 금액의 100분의 15(3천만원을 초과하는 경우 그 초과분에 대해서는 100분의 25)에 해당하는 금액을 해당 과세기간의 합산과세되는 종합소득산출세액(사업소득 또는 원천징수세율을 적용받는 이자소득 및 배당소득에 대한 산출세액은 제외)에서 공제한다. 이 경우 법정기부금과 지정기부금이 함께 있으면 법정기부금을 먼저 공제한다.

① 법정기부금

② 지정기부금(종교단체기부금이 있는 경우 한도액은 구분한다.)

구분	한도액
종교단체에 기부한 금액이 있는 경우	[종합소득금액에서 법정기부금을 뺀 금액(소득금액)] × 100분의 10 + MIN[소득금액의 100분의 20, 종교단체 외에 지급한 금액]
종교단체 기부금이 없는 경우	소득금액의 100분의 30

문제 대학교원인 김판돌은 재작학교에 발전기금으로 매월 20만원씩 10개월을 기부하였다. 또한 모교인 고구려대학교 발전기금으로 50만원을 납부하였다. 기부금 세액공제액은 얼마인가?

답 250만원 × 15% = 375,000원

4) 배당세액공제(소법 56조)

- 배당세액공제대상: 거주자의 종합소득금액에 배당가산액(Grossup)이 배당소득금액이 합산되어 있는 경우에는 해당 과세기간의 총수입금액에 합산 금액을 종합소득 산출세액에서 공제한다. 이 경우 배당세액공제의 대상이 되는 배당소득금액은 종합소득과세표준에 포함된 배당소득금액으로서 이자소득 등의 종합과세기준금액을 초과하는 것으로 한다.
- 세액공제 한도액: 배당세액공제의 한도는 배당소득금액에 가산된 배당가산액(Grossup)을 공제할 수 있으며, 한도액은 종합소득산출세액에서 비교산출세액을 차감한 금액으로 한다.

5) 외국납부세액공제(소법 57조)

- 외국납부세액공제 의의

거주자의 종합소득금액 또는 퇴직소득금액에 국외원천소득이 합산되어 있는 경우[50]에

50_ 외국정부가 개인의 소득에 대해 과세한 세액이 있는 경우와 거주자의 수입금액에 '수입배당금액'이

그 국외원천소득에 대하여 외국에서 외국소득세액을 납부하였거나 납부할 것이 있을 때에는 이중과세의 조정을 통해서 세액공제나 소득공제의 방법 중 선택할 수 있다.

• 이중과세조정

다음의 방법 중 하나를 선택하여 이중과세의 조정을 적용받을 수 있다.[51]

① 세액공제: 해당 과세기간의 종합소득 산출세액 또는 퇴직소득 산출세액에 국외원천소득이 차지하는 비율을 곱하여 산출한 금액을 공제한도로 외국소득세액을 해당 과세기간의 종합소득 산출세액 또는 퇴직소득 산출세액에서 공제하는 방법을 적용할 수 있다.[52]
② 필요경비산입: 국외원천소득에 대하여 납부하였거나 납부할 외국소득세액을 해당 과세기간의 소득금액 계산상 필요경비에 산입하는 방법

6) 기장세액공제(소법 56조의 2)

간편장부대상자가 과세표준확정신고를 할 때 복식부기에 따라 기장하여 소득금액을 계산하고 간편장부소득금액계산서 등의 서류를 제출하는 경우에는 해당 장부에 의하여 계산한 사업소득금액이 종합소득금액에서 차지하는 비율을 종합소득 산출세액에 곱하여 계산한 금액의 100분의 20에 해당하는 금액을 종합소득 산출세액에서 공제한다. 다만, 공제세액이 100만원을 초과하는 경우에는 100만원을 공제한다.

7) 재해손실세액공제(소법 58조)

사업자가 해당 과세기간에 "재해로 자산총액"의 100분의 20 이상에 해당하는 자산을 상실하여 납세가 곤란하다고 인정되는 경우에는 다음의 소득세액에 그 "자산상실비율"을 곱하여 계산한 금액(상실된 자산의 가액을 한도로 한다)을 그 세액에서 공제한다.

포함되어 있는 경우 외국법인의 해당 법인세중 거주자분의 납부세액이 있다.

51_ 산출세액공제와 필요경비산입의 두가지 방법이 있다.

52_ 이 경우 외국소득세액이 공제한도를 초과하는 경우 그 초과하는 금액은 해당 과세기간의 다음 과세기간부터 5년 이내에 이월하여 공제받을 수 있다.

• 재해 발생일 현재 부과되지 아니한 소득세와 부과된 소득세로서 미납된 소득세액(가산금을 포함한다)
• 재해 발생일이 속하는 과세기간의 소득에 대한 소득세액

8) 근로소득세액공제(소법 59조)

• 근로소득세액공제

근로소득이 있는 거주자에 대해서는 그 근로소득에 대한 종합소득산출세액에서 다음의 금액을 공제한다. 다만, 공제세액이 50만원을 초과하는 경우에 그 초과하는 금액은 없는 것으로 한다.

• 세액공제 한도액

근로소득에 대한 종합소득산출세액(개정)	공제액
130만원 이하	산출세액의 100분의 55
130만원 초과	71만5천원 + (130만원을 초과하는 금액의 100분의 30)

다만, 근로소득세액공제액의 경우 구간별 한도액을 설정하였다. 구간별 한도는 공제세액이 다음 구분에 따른 금액을 초과하는 경우에 그 초과하는 금액은 없는 것으로 한다.

구분	세액공제액
총급여액이 3천 300만원 이하인 경우	74만원
총급여액이 7,000만원 이하인 경우	74만원 - [(총급여액 - 3천300만원) × 0.008]. 다만, 금액이 66만원보다 적은 경우에는 66만원으로 한다.
총급여액이 7천만원을 초과하는 경우	66만원 - [(총급여액 - 7천만원) × 1/2]. 다만, 이 금액이 50만원보다 적은 경우에는 50만원으로 한다

1.2 조세특례제한법상 세액공제[53]

○ **월세세액공제(조특법 95의 2)**

총급여액 7,000만원 이하인 근로자 및 종합소득금액 6천만원 이하인 성실사업자의 월세 지급액에 10%를 세액공제하는 것으로 한도는 750만원이다. 이는 과거 소득공제항목에서 세액공제로 전환된 항목에 속한다.

○ **중소기업투자세액공제**

○ **임시투자 세액공제**

○ **고용창출투자세액공제**

2. 세액감면

2.1 소득세법상 세액감면(소법 59조의 5)

○ **내용**

종합소득금액 중 다음의 어느 하나의 소득이 있을 때에는 종합소득 산출세액에서 그 세액에 해당 근로소득금액 또는 사업소득금액이 종합소득금액에서 차지하는 비율을 곱하여 계산한 금액 상당액을 감면한다.

1) 정부 간의 협약에 따라 우리나라에 파견된 외국인이 그 양쪽 또는 한쪽 당사국의 정부로부터 받는 급여

53_ 조세특례제한법에서는 중소기업에 대한 많은 세제지원을 하므로 실무상 종합소득 중 사업소득의 경우 중소기업의 해당 여부를 고려하여 중소기업에 대한 세액공제여부를 참고하여야 한다. 중소기업투자세액공제(조특법 5조), 기업의 어음제도개선을 위한 세액공제(조특법 7의2) 등이 있다.

2) 거주자 중 대한민국의 국적을 가지지 아니한 자가 선박과 항공기의 외국항행사업으로부터 얻는 소득. 다만, 그 거주자의 국적지국(國籍地國)에서 대한민국 국민이 운용하는 선박과 항공기에 대해서도 동일한 면제를 하는 경우만 해당한다.

2.2 조세특례제한법상 세액감면[54]

○ **중소기업특별세액감면(조특법 7조)**

법 요건을 만족하는 업종에 대해서 지역별(수도권 및 수도권외), 그리고 중기업과 소기업별로 5%~30%의 세액을 감면하여 주는 제도이다.

○ **창업중소기업등에 대한 세액감면(조특법 6조)**

수도권 과밀억제권역 외의 지역에서 창업한 중소기업에 대해서 특정업종(주로 제조업)에서 최초소득이 발생한 날이 속하는 과세연도와 이후 3년 이내 종료하는 가세연도까지 발생한 소득에 대해서 50% 감면하는 제도이다.

3. 세액계산의 특례

○ **직장공제회 초과반환금에 대한 세액계산의 특례(소법 63조)**

직장공제회 초과반환금에 대해서는 그 금액에서 다음의 금액을 순서대로 공제한 금액을 납입연수(1년 미만인 경우에는 1년으로 한다. 이하 같다)로 나눈 금액에 기본세율을 적용하여 계산한 세액에 납입연수를 곱한 금액을 그 산출세액으로 한다.

1) 직장공제회 초과반환금의 100분의 40에 해당하는 금액
2) 납입연수에 따라 정한 다음의 금액

54_ 중소기업에 대한 특별세액감면(조특법 7조), 창업중소기업 등에 대한 세액감면(조특법 6조) 등이 있다.

3) 공제액

납입연수	공제액
5년 이하	30만원 × 납입연수
5년 초과 10년 이하	150만원 + 50만원 × (납입연수 - 5년)
10년 초과 20년 이하	400만원 + 80만원 × (납입연수 - 10년)
20년 초과	1천200만원 + 120만원 × (납입연수 - 20년)

○ 부동산매매업자에 대한 세액계산 특례(소법 64조)

부동산매매업을 경영하는 거주자로서 종합소득금액에 "주택등매매차익"이 있는 자의 종합소득 산출세액은 다음의 세액 중 많은 것으로 한다(종합소득세와 양도소득세 비교세액계산).

1) 종합소득 산출세액

2) 다음 각 목에 따른 세액의 합계액

- 주택등매매차익에 양도소득세율에 따른 세율을 적용하여 산출한 세액의 합계액
- 종합소득과세표준에서 주택등매매차익의 해당 과세기간 합계액을 공제한 금액을 과세표준으로 하고 이에 기본세율을 적용하여 산출한 세액

○ 감면 및 세액공제의 적용순위

소득세의 감면 및 공제에 관한 규정이 동시에 적용되는 경우 적용순서는 먼저, 해당과세기간의 소득에 대한 소득세의 감면, 둘째로 이월공제가 인정되지 않는 소득공제, 마지막으로 이월공제가 인정되는 세액공제이 순서로 공제한다.

기출문제

문제1 다음 중 소득세법상 법정기부금에 해당되지 않는 것은?[세무회계 2급 57회 기출]

① 국방헌금과 위문금품
② 특별재난지역을 복구하기 위하여 자원봉사한 경우 그 용역의 가액
③ 사립학교가 운영하는 병원에 시설비 · 교육비 · 연구비로 지출하는 금액
④ 사회복지법인에 지출하는 기부금

답 ④

해설 [소득세법 34 기부금의 필요경비 불산입]
1. 「법인세법」 제24조제2항에 따른 기부금
 ▪ 국가나 지방자치단체에 무상으로 기증하는 금품의 가액
 ▪ 국방헌금과 국군장병 위문금품의 가액
 ▪ 천재지변으로 생기는 이재민을 위한 구호금품의 가액
 ▪ 기관(병원은 제외)에 시설비 · 교육비 · 장학금 또는 연구비로 지출하는 기부금
2. 「재난 및 안전관리 기본법」에 따른 특별재난지역을 복구하기 위하여 자원봉사를 한 경우 그 용역의 가액

문제2 다음 중 소득세법상 세액공제에 대한 설명으로 옳지 않은 것은?[세무회계 2급 57회 기출]

① 외국납부세액공제는 이중과세조정을 목적으로 한다.
② 근로소득세액공제의 한도액은 100만원이다.
③ 간편장부대상자가 복식부기에 의해 기장하는 경우 기장세액공제는 기장된 소득에 대한 산출세액의 20%를 공제하며 그 한도액은 100만원이다.
④ 재해손실세액공제는 재해로 사업용 자산총액의 20% 이상을 상실한 경우 적용한다.

답 ②

문제3 소득세법상 세액공제 중 공제한도를 초과하는 공제액을 다음 과세기간 이후로 이월하여 공제 받을 수 있는 것은?[세무회계 2급 59회 기출]

① 자녀세액공제　② 재해손실세액공제　③ 근로소득세액공제　④ 외국납부세액공제

답　④ 외국납부세액공제는 5년간 이월공제 가능하다(소득세법 57조).

문제4　소득세법상 근로소득이 없는 자도 받을 수 있는 세액공제는?[세무회계 2급 60회 기출]

① 기부금 세액공제　② 의료비 세액공제　③ 교육비 세액공제　④ 보장성보험료 세액공제

답　①

문제5　다음 중 소득세법상 종합소득산출세액에 대한 세액감면과 세액공제시의 적용순위를 바르게 나타낸 것은?[세무회계 2급 63회 기출]

① 세액감면 – 이월공제가 인정되지 않는 세액공제 – 이월공제가 인정되는 세액공제
② 세액감면 – 이월공제가 인정되는 세액공제 – 이월공제가 인정되지 않는 세액공제
③ 이월공제가 인정되지 않는 세액공제 – 이월공제가 인정되는 세액공제 – 세액감면
④ 이월공제가 인정되는 세액공제 – 이월공제가 인정되지 않는 세액공제 – 세액감면

답　①

해설　[소득세법 60조 세액감면 및 세액공제 시 적용순위 등]

- 소득세의 감면에 관한 규정과 세액공제에 관한 규정이 동시에 적용되는 경우 그 적용순위는 다음의 순서로 한다.

1. 해당 과세기간의 소득에 대한 소득세의 감면
2. 이월공제가 인정되지 아니하는 세액공제
3. 이월공제가 인정되는 세액공제. 이 경우 해당 과세기간 중에 발생한 세액공제액과 이전 과세기간에서 이월된 미공제액이 함께 있을 때에는 이월된 미공제액을 먼저 공제한다.

문제6　다음 중 소득세법상 특별세액공제에 관한 설명으로 옳지 않은 것은?[세무회계 2급 64회 기출]

① 미용 · 성형수술을 위한 비용 및 건강증진을 위한 의약품 구입비용은 의료비 세액공제의 공제대상이 되지 않는다.

② 교육비 세액공제의 공제대상 교육비에는 초 · 중등교육법에 따른 학교에서 실시하는 방과후 학교 수업료는 포함되나 교재구입비는 포함되지 않는다.
③ 보험료 세액공제를 계산함에 있어 장애인전용보장성보험의 보험계약에 의하여 보험자에게 지급하는 보험료의 합계액이 연 100만원을 초과하는 경우에는 그 초과하는 금액은 없는 것으로 본다.
④ 기본공제대상인 직계존속(장애인)을 위한 법령에 정한 장애인특수교육비는 그 연령 또는 소득금액에 관계없이 교육비 세액공제의 공제대상이 된다.

답 ② 학교에 대한 급식비와 교과서대 방과 후 학교수강료 교재구입비는 교육비세액공제 대상임.

문제7 다음 중 소득세법상 무조건 종합과세 되는 금융소득에 해당하는 것은? [세무회계 2급 64회 기출]

① 비실명금융소득 ② 직장공제회초과반환금 ③ 출자공동사업자의 배당소득
④ 민사집행법에 의하여 법원에 납부한 경락대금에서 발생한 이자소득

답 ③ 국내에서 원천징수 되지 않는 소득은 무조건 종합과세대상임.

문제8 소득세법상 세액감면 및 세액공제 시 적용순위에 관하여 옳은 것은? [세무회계 2급 기출]

Ⓐ 해당 과세기간의 소득에 대한 소득세의 감면
Ⓑ 이월공제가 인정되지 아니하는 세액공제
Ⓒ 이월공제가 인정되는 세액공제. 이 경우 해당 과세기간 중에 발생한 세액공제액과 이전 과세기간에서 이월된 미공제액이 함께 있을 때에는 이월된 미공제액을 먼저 공제한다.

① Ⓐ-Ⓑ-Ⓒ ② Ⓑ-Ⓐ-Ⓒ ③ Ⓒ-Ⓐ-Ⓑ ④ Ⓐ-Ⓒ-Ⓑ

답 ① 〈소득세법 60조〉

문제9 소득세법상 세액공제와 그 적용대상자를 짝지은 것이다. 옳지 않은 것은? [세무회계 2급 65회 기출]

① 기장세액공제 - 간편장부대상자
② 전자계산서 발급 세액공제 - 면세사업자 등
③ 재해손실세액공제 - 근로소득자
④ 외국납부세액공제 - 국외원천소득자

답 ③ 재해손실세액공제는 사업소득자가 그 대상임(소득세법 58①, 60③).

6장 종합소득세 신고와 납부

1절 원천징수

○ **원천징수대상소득과 원천징수의무자**

1. 원천징수대상

국내에서 거주자나 비거주자에게 다음의 어느 하나에 해당하는 소득을 지급하는 자는 소득세를 원천징수하여야 한다.

1) 이자소득
2) 배당소득
3) 원천징수대상 사업소득
4) 근로소득
5) 연금소득
6) 기타소득[55]
7) 퇴직소득

8) 대통령령으로 정하는 봉사료

2. 원천징수의무자

원천징수 대상 소득을 지급하는 자, 원천징수를 하여야 할 자를 대리하거나 그 위임을 받은 자, 금융회사 등, 자본시장과 금융투자업에 관한 법률에 따른 신탁업자 등등을 말한다.

3. 원천징수세액의 납부

원천징수의무자는 원천징수한 소득세를 그 징수일이 속하는 달의 다음 달 10일까지 원천징수 관할 세무서, 한국은행 또는 체신관서에 납부하여야 한다. 다만, 상시고용인원 수 및 업종 등을 고려하여 그 징수일이 속하는 반기의 마지막 달의 다음 달 10일까지 납부할 수 있다.

2절 예정신고와 납부

1. 중간예납(소법 65조)

○ 중간예납 고지

납세지 관할 세무서장은 종합소득이 있는 거주자[56]에 대하여 1월 1일부터 6월 30일까지

55_ 계약금이 위약금·배상금으로 대체되는 경우의 위약금 과 배상금 등 일부 기타소득은 제외한다.

56_ 중간예납제외의 경우(시행령 123조) 1. 이자소득·배당소득·근로소득·연금소득 또는 기타소득 2. 사업소득 중 속기·타자 등 한국표준산업분류에 따른 사무지원 서비스업에서 발생하는 소득 3. 사업소득 중 수시 부과하는 소득 4. 기타 기획재정부령이 정하는 소득 5. 과세기간 개시일현재 사업자가 아닌자로 신규로 사업개시한자.

의 기간을 중간예납기간으로 하여 직전 과세기간의 종합소득에 대한 소득세로서 납부하였거나 납부하여야 할 세액(중간예납기준액)의 2분의 1에 해당하는 금액(중간예납세액)을 납부하여야 할 세액으로 결정하여 11월 30일까지 그 세액을 징수하여야 한다. 이 경우 납세지 관할 세무서장은 중간예납세액을 납부하여야 할 거주자에게 11월 1일부터 11월 15일까지의 기간에 중간예납세액의 납세고지서를 발급하여야 한다.

○ **중간예납추계**

1) 종합소득이 있는 거주자가 중간예납기간의 종료일 현재 그 중간예납기간 종료일까지의 종합소득금액에 대한 소득세액(이하 "중간예납추계액"[57]이라 한다)이 중간예납기준액의 100분의 30에 미달하는 경우에는 11월 1일부터 11월 30일까지의 기간에 대통령령으로 정하는 바에 따라 중간예납추계액을 중간예납세액으로 하여 납세지 관할 세무서장에게 신고할 수 있다. 이 경우 중간예납세액의 고지 결정은 없었던 것으로 본다.

2) 중간예납기준액이 없는 거주자가 해당 과세기간의 중간예납기간 중 종합소득이 있는 경우에는 11월 1일부터 11월 30일까지의 기간에 대통령령으로 정하는 바에 따라 중간예납추계액을 중간예납세액으로 하여 납세지 관할 세무서장에게 신고하여야 한다.

2. 토지 등 매매차익의 예정신고와 납부(소법 69조)

1) 부동산매매업자는 "토지등"의 매매차익과 그 세액을 매매일이 속하는 달의 말일부터 2개월이 되는 날까지 납세지 관할 세무서장에게 신고하여야 한다. 토지등의 매매차익이 없거나 매매차손이 발생하였을 때에도 또한 같다.

57_ (소득세법 65조) 1. 종합소 득과세표준 = (중간예납기간의 종합소득금액 × 2) - 이월결손금 - 종합소득공제

2. 종합소득 산출세액 = 종합소득 과세표준 × 기본세율

3. 중간예납추계액 = 종합소득산출세액 / 2 - (감면세액 · 세액공제액, 토지등 매매차익 예정신고 산출세액, 수시부과세액 및 원천징수세액)

2) 부동산매매업자의 토지등의 매매차익에 대한 산출세액은 그 매매가액에서 필요경비를 공제한 금액에 양도소득세율을 곱하여 계산한 금액으로 한다. 다만, 토지등의 보유기간이 2년 미만인 경우에는 기본세율을 곱하여 계산한 금액으로 한다.

3절 확정신고 및 납부

1. 종합소득 과세표준확정신고

○ **소득세 확정신고**

해당 과세기간의 종합소득금액이 있는 거주자(종합소득과세표준이 없거나 결손금이 있는 거주자를 포함한다)는 그 종합소득 과세표준을 그 과세기간의 다음 연도 5월 1일부터 5월 31일까지 대통령령으로 정하는 바에 따라 납세지 관할 세무서장에게 신고하여야 한다.

2. 확정신고시 제출서류

○ **확정신고시 제출서류(소법 70조)**

종합소득 과세표준확정신고를 할 때에는 그 신고서에 다음의 서류를 첨부하여 납세지 관할 세무서장에게 제출하여야 한다. 이 경우 복식부기의무자가 재무제표 등에 따른 서류를 제출하지 아니한 경우에는 종합소득 과세표준확정신고를 하지 아니한 것으로 본다.

제출서류	내용
공제대상 증빙서류	인적공제, 연금보험료공제, 주택담보노후연금 이자비용공제 및 특별공제대상임을 증명하는 서류로서 대통령령으로 정하는 것
종합소득금액 계산 산출서류	총수입금액과 필요경비의 계산에 필요한 서류로서 대통령령으로 정하는 것
재무제표 등	사업소득금액을 장부와 증명서류에 의하여 계산한 경우에는 기업회계기준을 준용하여 작성한 재무제표 및 조정계산서(간편장부대상자의 경우 간편장부소득금액 계산서)
영수증수취명세서	사업자가 사업과 관련하여 다른 사업자(법인을 포함한다)로부터 재화 또는 용역을 공급받고 적격증빙 외의 것으로 증명을 받은 경우
추계소득금액계산서	사업소득금액을 법에 따라 비치·기록한 장부와 증명서류에 의하여 계산하지 아니한 경우

3. 성실신고확인서의 제출(소법 70조의2)

○ 성실신고제도

1) 의의

성실한 납세를 위하여 필요하다고 인정되어 수입금액이 업종별로 일정 규모 이상의 사업자(이하 "성실신고확인대상사업자"라 한다)는 종합소득과세표준 확정신고를 할 때에 비치·기록된 장부와 증명서류에 의하여 계산한 사업소득금액의 적정성을 세무사 등이 대통령령으로 정하는 바에 따라 확인하고 작성한 확인서(이하 "성실신고확인서"라 한다)를 납세지 관할 세무서장에게 제출하여야 한다.

2) 기간

성실신고확인대상사업자가 성실신고확인서를 제출하는 경우에는 종합소득과세표준 확정신고를 그 과세기간의 다음 연도 5월 1일부터 6월 30일까지 하여야 한다.

4. 과세표준확정신고의 특례

○ 사망

사망의 경우: 거주자가 사망한 경우 그 상속인은 그 상속 개시일이 속하는 달의 말일부터 6개월이 되는 날(이 기간 중 상속인이 출국하는 경우에는 출국일 전날)까지 사망일이 속하는 과세기간에 대한 그 거주자의 과세표준을 신고하여야 한다. 다만, 상속인이 승계한 연금계좌의 소득금액에 대해서는 그러하지 아니하다.[58]

○ 국외출국

출국의 경우: 과세표준확정신고를 하여야 할 거주자가 출국하는 경우에는 출국일이 속하는 과세기간의 과세표준을 출국일 전날까지 신고하여야 한다.[59]

5. 확정신고납부

거주자는 해당 과세기간의 과세표준에 대한 종합소득 산출세액 또는 퇴직소득 산출세액에서 감면세액과 세액공제액을 공제한 금액을 과세표준확정신고기한까지 납세지 관할 세무서, 한국은행 또는 체신관서에 납부하여야 한다. 확정신고납부를 할 때에는 다음 각 호의 세액을 공제하여 납부한다.

1) 중간예납세액
2) 토지등 매매차익예정신고 산출세액 또는 그 결정 · 경정한 세액
3) 수시부과세액
4) 원천징수세액
5) 납세조합의 징수세액과 그 공제액

58_ (소득세법 74조) 1월 1일과 5월 31일 사이에 사망한 거주자가 사망일이 속하는 과세기간의 직전 과세기간에 대한 과세표준확정신고를 하지 아니한 경우에도 이를 준용한다.

59_ (소득세법 74조) 거주자가 1월 1일과 5월 31일 사이에 출국하는 경우 출국일이 속하는 과세기간의 직전 과세기간에 대한 과세표준확정신고에 관하여도 준용한다.

기출문제

문제1 다음은 소득세법상 중간예납에 대한 설명이다. 옳지 않은 것은? [세무회계 2급 56회 기출]

① 중간예납기간은 1월 1일부터 6월 30일까지이다.
② 중간예납기준액은 원칙적으로 전년도 납부실적을 기준으로 한다.
③ 종합소득이 있는 거주자는 모두 중간예납의무가 있다.
④ 중간예납 추계액의 조사결정은 실지조사결정이나 추계조사결정에 의한다.

답 ③ 신규사업자, 사업소득 외의 소득만 있는 자 등은 중갑예납의무가 없다. 따라서 종합소득이 있는 거주자라 하여 중간예납의무가 있는 것은 아니다.

해설 [소득세법 65조 중간예납]

- 납세지 관할 세무서장은 종합소득이 있는 거주자(대통령령으로 정하는 소득만이 있는 자와 해당 과세기간의 개시일 현재 사업자가 아닌 자로서 그 과세기간 중 신규로 사업을 시작한 자는 제외한다. 이하 이 조에서 같다)에 대하여 1월 1일부터 6월 30일까지의 기간을 중간예납기간으로 하여 직전 과세기간의 종합소득에 대한 소득세로서 납부하였거나 납부하여야 할 세액(이하 "중간예납기준액"이라 한다)의 2분의 1에 해당하는 금액(이하 "중간예납세액"이라 하고, 1천원 미만의 단수가 있을 때에는 그 단수금액은 버린다)을 납부하여야 할 세액으로 결정하여 11월 30일까지 그 세액을 징수하여야 한다.

문제2 다음 중 소득세법규정에 대한 설명으로 옳지 않은 것은?[세무회계 2급 57회 기출]

① 퇴직소득 및 양도소득이 있는 거주자는 중간예납의무가 없다.
② 소득세법상 결손금 소급공제는 법인세법과 달리 사업장 단위로 적용한다.
③ 중간예납세액이 20만원 미만인 경우에는 중간예납세액을 징수하지 아니한다.
④ 소득금액을 추계조사결정하는 경우 전문직사업자가 신규사업자인 경우에는 단순경비율을 적용받을 수 있다.

답 ④ 전문직사업자가 신규사업자인 경우에도 수입금액에 관계없이 단순경비율 적용을 배제한다.

문제3 다음의 거주자 중 소득세법상 반드시 과세표준 확정신고를 하여야 하는 자는? [세무회계 2급 60회 기출]

① 근로소득과 원고료로 받은 200만원의 기타소득만 있는 자
② 분리과세 대상인 배당소득과 퇴직소득만 있는 자
③ 일용근로소득만 있는 자
④ 근로소득과 연말정산되는 사업소득만 있는 자

답 ④ 원천징수되는 소득이라 하더라도 종합소득금액에 포함되는 둘 이상의 소득이 있는 경우에는 확정신고를 하여야 한다.

해설 [소득세법 73조 과세표준확정신고의 예외]

- 다음의 어느 하나에 해당하는 거주자는 해당 소득에 대하여 과세표준확정신고를 하지 아니할 수 있다.
  1. 근로소득만 있는 자
  2. 퇴직소득만 있는 자
  3. 공적연금소득만 있는 자
  4. 분리과세이자소득, 분리과세배당소득, 분리과세연금소득 및 분리과세기타소득만 있는 자
- 2명 이상으로부터 받는 다음의 어느 하나에 해당하는 소득이 있는 자(일용근로자는 제외한다)에 대해서는 제1항을 적용하지 아니한다.
  1. 근로소득
  2. 공적연금소득
  3. 퇴직소득
  4. 종교인소득

문제4 소득세법상 종합소득 과세표준에 포함된 소득에 대하여 확정신고 이전에 납부한 기납부세액은 자진납부세액 계산시 차감된다. 그 종류가 아닌 것은?[세무회계 2급 61회 기출]

① 수시부과세액 ② 중간예납세액 ③ 감면세액 ④ 원천징수세액

답 ③

7장 양도소득세

1절 양도

"양도"란 자산에 대한 등기 또는 등록과 관계없이 매도, 교환, 법인에 대한 현물출자 등으로 인하여 그 자산이 유상으로 사실상 이전되는 것을 말한다.[60] 이 경우 부담부증여에 있어서 증여자의 채무를 수증자가 인수하는 경우에는 증여가액 중 그 채무액에 상당하는 부분은 그 자산이 유상으로 사실상 이전되는 것으로 본다.

○ **양도로 보는 경우**

1) 매매 교환, 현물출자 등으로 이전
2) 토지수용법에 의한 수용 · 공매 · 경매 등과 협의매수(공익사업을 위한 토지 등의 보상에 관한 법률)
3) 대물변제
4) 공동사업에 현물출자(공동사업은 사실상 조합으로 보고 이에 출자한 것을 말한다.)

60_ 부담부증여란 수증자가 증여자의 채무를 부담하기로 하는 증여계약을 말한다. 따라서 채무액을 제외한 순수한 증여분만 증여로 본다는 의미이다.

1. 양도소득세의 납세의무자

○ 납세의무자

양도소득세의 납세의무자는 소득세법에 따른 납세의무자이다. 따라서 거주자 또는 비거주자로 국내원천소득(국내 소재 소득세법상 열거된 자산양도소득)이 있는 개인이 납세의무자이다. 여기서 개인은 거주자와 비거주로 구분이 가능하다.

1) 공동소유자산의 양도의 경우

공동소유자산의 양도로 인하여 발생한 양도소득은 각 거주자의 지분별 소득금액에 대하여 각 거주자별로 신고 납부한다. 다만, 연대납세의무는 없다.

2) 양도소득 연대납세의무(소득세법 2조4항)

조세를 부당히 감소시킬 목적으로 특수관계자에 증여(부당행위계산)한 후 증여일로 5년 이내에 다시 양도하는 경우 직접 양도한 것으로 보아 증여자와 수증자는 연대하여 납세할 의무를 진다.

2. 양도자산의 취득시기와 양도시기

○ 양도 또는 취득의 시기(소득세법 98조)

자산양도의 경우 일반적인 거래에서 계약일과 중도금지급일 잔금청산일등을 거치게 된다. 따라서 양도 또는 취득시기는 양도소득의 귀속시기, 각종 공제 및 세율의 적용 등에 대한 기준이 된다. 소득세법에서는 자산의 양도차익을 계산할 때 그 취득시기 및 양도시기는 대금을 청산한 날이 분명하지 아니한 경우를 제외하고는 대금청산일로 한다. 다만, 대금청산전에 소유권이전등기를 한 경우 등기 접수일로 한다.

※ 대금청산일이 불분명한 경우 잔금약정일, 2002.1.1 이후 분부터는 등기접수일로 한다.

○ **기타 취득시기**

장기할부조건부 매매: 소유권이전등기 접수일. 인도일, 사용수익일중 빠른날
상속 증여로 취득한 자산: 상속개시일, 증여받은날

○ **취득시기의제**

부동산, 부동산에 관한 권리, 기타자산 등으로 1984.12.31 이전에 취득한 자산은 1985. 1.1에 취득한 것으로 본다.

2절 양도소득세 과세대상

○ **양도소득**

양도소득은 해당 과세기간에 발생한 다음의 소득으로 한다.(소법 94조)

1) 토지 또는 건물(건물에 부속된 시설물과 구축물을 포함)의 양도로 발생하는 소득
2) 다음의 어느 하나에 해당하는 '부동산에 관한 권리'의 양도로 발생하는 소득
   - 부동산을 취득할 수 있는 권리
   - 지상권
   - 전세권과 등기된 부동산임차권
3) 다음의 어느 하나에 해당하는 "주식등"의 양도로 발생하는 소득
   - 주권상장법인의 주식등으로서 소유주식의 비율 · 시가총액 등을 고려하여 "대주주"가 양도하는 것(장외양도포함)[61]
   - 주권상장법인이 아닌 법인의 주식등

61_ 지분율기준은 주주1인과 기타주주의 지분이 2%(코스닥은 4%)이거나, 해당법인의 주식 등 시가총액이 50억(코스닥 40억) 이상인 경우에 해당.

4) 다음의 어느 하나에 해당하는 “기타자산”의 양도로 발생하는 소득
- 사업용 고정자산과 함께 양도하는 영업권
- 이용권 · 회원권, 그 밖에 그 명칭과 관계없이 시설물을 배타적이용권
- 주식등의 주권 또는 출자증권을 발행한 법인의 주주의 구성, 부동산의 보유 현황 또는 사업의 종류 등을 고려하여 대통령령으로 정하는 자산[62]

○ **양도소득세 과세대상 자산은 ‘토지, 건물, 부동산에 관한 권리, 주식 등, 기타 자산’으로 법에서 구분하고 있다.**

3절 양도소득 비과세 및 감면

1. 비과세

○ **비과세 양도소득**

양도소득에 대한 비과세는 정책적 목적이나 기타 사유로 다음의 양도소득에 대해서는 양도소득세를 과세하지 아니한다(소법 89조).

1) 파산선고에 의한 처분으로 발생하는 소득
2) 농지에 대한 비과세: 농지의 교환 또는 분합(分合)으로 발생하는 소득
3) 주택에 대한 비과세: 1세대 1주택과 이에 딸린 주택부수토지[63]
4) 주식 등: 기업구조조정, 중소기업창투사, 등에 대한 일정기한 내 취득한 주식 양도

62_ 1. 자산 중 부동산 비율이 50% 이상인 법인의 주식에 대해서 주주 1인과 기타주주가 50% 이상 소유하는 주주가 50% 이상을 양도하는 경우 2. 부동산과다보유법인의 주식의 양도

63_ 1세대 1주택 조건을 충족하는 고가주택이 아닌 경우를 말한다. 거주이전 결혼 또는 부모봉양을 위한 일시적 2주택인 경우에도 비과세 한다.

2. 감면

○ 감면

양도소득금액에 소득세법 또는 그 외 법률(주로 조세특례제한법)에서 규정하는 감면소득금액이 있을 때에는 양도소득과세표준에 따른 세율을 적용하여 계산한 금액에, 해당 감면소득금액에서 양도소득 기본공제를 한 후의 금액이 양도소득 과세표준에서 차지하는 비율을 곱하여 계산한 금액에 상당하는 양도소득세를 면제한다. 즉, 본래의 양도소득과세표준에 세율을 곱한 금액에 감면소득금액에 해당하는 분을 감면세액으로 계산한다는 것을 말한다.

3. 감면배제

미등기 양도자산의 경우와 매매계약서의 거래가액을 실지거래가액과 다른 경우에는 양도소득세 비과세 또는 감면을 배제한다.

4절 양도소득과세표준과 세액의 계산

1. 과세표준 계산의 흐름[64]

구분	내용
양도가액	… 실지거래가액
−	
필요경비(취득가액)	… 실지거래가액
−	
필요경비	… 양도비 등 실제경비
▼	
양도차익	
−	
장기보유특별공제	… (토지 · 건물의 양도차익) × 공제율
▼	
양도소득금액	
−	
양도소득기본공제	… 250만원(미등기 양도자산은 적용 배제)
▼	
양도소득과세표준	
×	
세 율	… 양도소득세율표 참조
▼	
산출세액	
−	
감면세액	… 조세특례제한법상 감면세액 등
▼	
자진납부할 세액	

2. 양도가액

양도가액은 그 자산의 양도 당시의 양도자와 양수자 간에 "실지거래가액"에 따른다. 다만 양도자산을 2006년 12월 31일까지 양도하는 경우에 그 자산의 양도가액은 양도당시의

64_ 기획재정부 조세개요 2010.

기준시가에 따른다.[65] 즉 기준시가에서 실지거래가액으로 양도가액기준이 바뀌었다.

3. 필요경비

양도차익을 계산할 때 양도가액에서 공제할 필요경비는 다음에서 규정하는 것으로 한다.

1) 취득가액

가. 자산 취득에 든 실지거래가액. 또는 그 자산 취득 당시의 기준시가

나. 취득 당시의 실지거래가액을 확인할 수 없는 경우에는 매매사례가액, 감정가액 또는 환산가액

2) 자본적지출액 등으로서 대통령령으로 정하는 것

3) 양도비 등

4. 양도차익

○ **양도가액에서 필요경비를 공제한 금액이 양도차익이다.**

○ **양도차손의 통산**(소법 102조)

양도소득세의 과세는 당해연도에 발생한 양도소득에 대해서 과세를 한다. 만일 2 이상의 자산을 양도하는 경우 자산에 따라서 양도차손이 발생할 수도 있다. 이런 경우 양도차익에서 양도차손을 공제하는 방식으로 양도차손의 통산이 가능하다. 다만 통산은 양도소

65_ (소득세법 96조) 1. 고가주택 2. 부동산을 취득할 수 있는 권리 3. 미등기양도자산인 경우 4. 취득 후 1년 이내의 부동산인 경우 5. 거짓 계약서의 작성, 주민등록의 거짓 이전 등 부정한 방법으로 부동산을 취득하거나 양도하는 경우 6. 양도자가 양도 당시 및 취득 당시의 실지거래가액을 증명 서류와 함께 관할 세무서장에게 신고하는 경우 7. 지정지역에 있는 부동산 8. 비사업용 토지인 경우 9. 그 밖에 해당 자산의 종류, 보유기간, 보유 수(數), 거래 규모 및 거래방법 등을 고려하여 대통령령으로 정하는 경우

득이 발생하는 자산의 구분별로 양도차익과 양도차손을 통산할 수 있다. 통산을 위한 양도자산의 구분 기준은 부동산 등과 주식 등으로 나누어 통산할 수 있다.

1) 부동산등: 토지·건물·부동산에 관한 권리 및 기타자산 양도소득

2) 주식 등: 상장·코스닥·비상장법인의 지분 양도소득

5. 장기보유특별공제

세제상 혜택으로 부동산 장기보유에 대한 유인을 주는 것으로 "장기보유 특별공제액"이 있다. 양도자산의 보유기간이 3년 이상인 것에 대하여 그 자산의 양도차익에 보유기간별 공제율을 곱하여 계산한 금액을 말한다.

보유기간	토지 또는 건물 공제율	1세대1주택
3년~4년 미만	10%	24%
4년~5년 미만	12%	32%
5년~6년 미만	15%	40%
6년~7년 미만	18%	48%
7년~8년 미만	21%	56%
8년~9년 미만	24%	64%
9년~10년미만	27%	72%
10년~	30%	80%

6. 양도소득 기본공제

양도소득이 있는 거주자에 대해서는 토지 등과 주식 등의 소득별로 해당 과세기간의 양도소득금액에서 각각 연 250만원을 공제한다. 다만, 미등기양도자산의 양도소득금액에 대해서는 그러하지 아니하다.

7. 양도소득세의 세율

거주자의 양도소득세는 해당 과세기간의 양도소득과세표준에 다음의 세율을 적용하여 계산한 "양도소득 산출세액"을 그 세액으로 한다. 이 경우 하나의 자산이 둘 이상의 세율에 해당할 때에는 그 중 가장 높은 것을 적용한다.

자산	구분	세율
토지·건물·부동산에 관한 권리 및 기타자산	일반적인 경우	6%~38%(일반세율)
	1년 이상~2년 미만	40%
	1년 미만 보유	50%
1세대 3주택 이상에 해당하는 주택		60%
1세대가 주택과 입주권포함 3주택		60%
비사업용 토지		60%
비사업용 토지의 보유 과다법인의 주식		60%
미등기양도자산		70%
중소기업주식-상장	소액주주, 장외양도	10%
	대주주	10%
대기업주식-상장	소액주주, 장외양도	20%
	대주주, 1년 이상 보유	20%
	대주주, 1년 미만 보유	30%
비상장법인	중소기업	10%
	대기업-소액주주	20%
	대기업-1년 이상 보유	20%
	대기업-1년 미만 보유	30%

5절 양도소득세신고와 납부

1. 양도소득과세표준 예정신고와 납부(소법 105조)

양도소득 과세대상자산을 양도한 거주자는 양도소득과세표준을 납세지 관할 세무서장에게 신고하여야 한다. 토지 등 부동산에 관한 권리는 그 양도일이 속하는 달의 말일부터 2개월 이내에, 주식 등 지분의 경우, 그 양도일이 속하는 분기의 말일부터 2개월 이내에 예정신고를 하여야 한다. 단, 양도차익이 없거나 차손이 발생한 경우에도 적용한다. 거주자가 예정신고를 할 때에는 산출세액에서 조세특례제한법이나 그 밖의 법률에 따른 감면세액을 뺀 세액을 납세지 관할 세무서, 한국은행 또는 체신관서에 납부하여야 한다.

2. 양도소득과세표준의 확정신고와 납부(소법 110조)

해당 과세기간의 양도소득금액이 있는 거주자는 그 양도소득 과세표준을 그 과세기간의 다음 연도 5월 1일부터 5월 31일까지 납세지 관할 세무서장에게 신고하여야 한다. 해당 과세기간의 과세표준이 없거나 결손금액이 있는 경우에도 적용한다. 예정신고를 한 자는 해당 소득에 대한 확정신고를 하지 아니할 수 있다. 다만, 해당 과세기간에 누진세율 적용대상 자산에 대한 예정신고를 2회 이상 하는 경우 에는 그러하지 아니하다.

그리고 거주자는 해당 과세기간의 과세표준에 대한 양도소득 산출세액에서 감면세액과 세액공제액을 공제한 금액을 납세지 관할 세무서, 한국은행 또는 체신관서에 납부하여야 한다.

기출문제

문제1 토지소유권을 다음과 같이 이전하는 경우에 소득세법상 양도소득세 과세 대상이 되는 것은?[세무회계 2급 56회 기출]

① 담보목적으로 양도한 경우 ② 이혼시 재산분할청구권 행사로 소유권을 이전한 경우
③ 사회복지법인에 기부한 경우 ④ 동일한 용도의 토지와 교환한 경우

답 ④

해설 [소법 88조 시행령 151조 양도로 보지 아니하는 경우]
- 법률에 따른 환지처분으로 지목변경 또는 보류지로 충당시
- 채무자가 채무의 변제를 담보하기 위하여 자산을 양도하는 계약을 체결한 경우

문제2 소득세법상 비과세 양도소득에 해당하지 않는 것은?[세무회계 2급 58회 기출]

① 파산선고에 의한 처분으로 발생하는 소득
② 압류 경매에 의한 처분으로 발생하는 소득
③ 국가 또는 지방자치단체가 시행하는 사업으로 인하여 교환 또는 분합하는 농지
④ 거주자가 2년 이상 보유한 고가주택이 아닌 1세대 1주택

답 ②

해설 [소득세법 89]
- 파산선고에 의한 처분으로 발생하는 소득
- 농지에 대한 비과세: 농지의 교환 또는 분합(分合)으로 발생하는 소득
- 주택에 대한 비과세 : 1세대 1주택과 이에 딸린 주택부수토지[66]
- 주식 등: 기업구조조정, 중소기업창투사, 등에 대한 일정기한 내 취득한 주식 양도

문제3 소득세법상 양도소득세 과세대상이 아닌 것은?[세무회계 2급 60회 기출]

66_ 1세대 1주택 조건을 충족하는 고가주택이 아닌 경우를 말한다. 거주이전 결혼 또는 부모봉양을 위한 일시적 2주택인 경우에도 비과세 한다.

① 산업재산권을 양도하는 경우
② 법인에 토지를 현물출자하는 경우
③ 미등기 건물을 양도하는 경우
④ 토지수용 후 협의양도하는 경우

답 ① 산업재산권의 양도는 기타소득이다.

문제4 3년 이상 보유한 다음의 양도소득 과세대상 자산에서 소득세법상 장기보유특별공제를 받을 수 있는 것은?[세무회계 2급 61회 기출]

① 1세대 2주택에 해당하는 주택의 양도
② 미등기 건물의 양도
③ 비상장주식의 양도
④ 비사업용토지의 양도

답 ① (소득세법 121조의2항 단서)

문제5 다음 중 소득세법상 양도소득세에 대한 설명으로 틀린 것은?
[세무회계 2급 62회 기출]

① 거주자가 양도소득세 과세대상인 국내 토지와 주식을 해당 과세기간 중에 처분한 경우 적용받는 양도소득기본공제액은 총 500만원이다.
② 장기보유특별공제를 적용받기 위한 최소한의 보유기간요건은 3년이다.
③ 양도소득금액은 양도차익에서 양도소득기본공제를 차감하여 산출한다.
④ 토지는 보유기간이 10년 이상인 경우 장기보유특별공제율은 30%이다.

답 ③ 양도소득금액은 양도차익에서 장기보유특별공제를 차감하여 산출한다.

문제6 다음 중 양도소득세가 비과세되는 경우가 아닌 경우는?[세무회계 2급 65회 기출]

① 실지양도가액이 9억원을 초과하는 주택
② 동거봉양을 위해 세대를 합가하여 일시적 2주택이 된 경우, 세대합가일 부터 5년 이내에 먼저 양도하는 주택
③ 상속받은 주택과 그 밖의 주택을 국내에 각각 1개씩 소유하고 있는 1세대가 일반주택을 양도하는 경우
④ 혼인으로 일시적으로 2주택이 된 경우, 그 혼인한 날부터 5년 이내에 먼저 양도하는 주택

답 ① 소득세법시행령 155조

8장 퇴직소득세

1. 퇴직소득의 범위

○ 퇴직소득의 종류(소법 22조)

퇴직소득은 현실적으로 근로자 퇴직함으로 해당 과세기간에 발생한 다음의 소득으로 한다.

1) 공적연금 관련법에 따라 받는 일시금[67]
2) 사용자 부담금을 기초로 하여 현실적인 퇴직을 원인으로 지급받는 소득
3) 그 밖에 위와 유사한 소득으로서 대통령령으로 정하는 소득[68]

67_ (시행령 42조2) 다음의 금액 중 적은 금액으로 한다. 1. 과세기준일 이후 납입한 기여금 또는 개인부담금(사용자부담분을 포함한다. 이하 이 항에서 같다)의 누계액과 이에 대한 이자 및 가산이자 2. 실제 지급받은 일시금에서 과세기준일 이전에 납입한 기여금 또는 개인부담금을 뺀 금액

68_ (시행령 42조2) 1. 공적연금 등의 소득을 지급하는 자가 퇴직소득의 일부 또는 전부를 지연하여 지급하면서 지연지급에 대한 이자를 함께 지급하는 경우 해당 이자 2. 「과학기술인공제회법」에 따라 지급받는 과학기술발전장려금 3. 「건설근로자의 고용개선 등에 관한 법률」에 따라 지급받는 퇴직공제금

○ **퇴직소득과 유사한 소득의 사례**

1) 퇴직급여 한도 초과액: 임원의 퇴직소득금액 중 한도 초과액은 근로소득으로 본다.
2) 현실적 퇴직이 아닌 경우에 받는 퇴직급여

○ **현실적 퇴직이 아닌 경우(시행령 43조1항)**

1) 퇴직급여를 받지 아니하고 종업원이 임원이 된 경우
2) 조직변경(합병 · 분할), 사업양도 등으로 인한 퇴직(출자관계 있는 법인으로 전출포함)
3) 상근임원이 비상근임원이 된 경우

2. 퇴직소득금액 계산

○ **퇴직소득금액**

퇴직소득금액은 퇴직소득의 금액의 합계액(비과세소득의 금액은 제외한다)으로 한다. 다만, 임원의 퇴직소득금액이 일정한 한도를 초과하는 경우 그 초과하는 금액은 근로소득으로 본다.

3. 퇴직소득 수입시기

원칙적으로 퇴직소득의 수입시기는 퇴직한 날로 한다.

다만, 국민연금법에 따른 일시금과 건설근로자의 고용개선 등에 관한 법률에 따라 지급받는 퇴직공제금의 경우에는 소득을 지급받는 날로 한다.

4. 퇴직소득공제(소법 48조)

퇴직소득이 있는 거주자에 대해서는 해당 과세기간의 퇴직소득금액에서 다음의 금액을 순서대로 공제한다.

1) 정률공제: 퇴직소득금액의 100분의 40에 해당하는 금액

2) 근속연수공제: 근속연수(1년 미만의 기간이 있는 경우에는 이를 1년)에 따라 정한 다음의 금액

근속연수	공제액
5년 이하	30만원 * 근속연수
5년 초과 10년 이하	150만원 + (근속연수 - 5년) * 50만원
10년 초과 20년 이하	400만원 + (근속연수 - 10년) * 80만원
20년 초과	1,200만원 + (근속연수 - 20년) * 120만원

3) 환산급여공제: 퇴직소득금액에서 근속연수공제를 한 후 금액을 근속연수로 나누고 12를 곱한 금액을 말한다.

환산급여	공제액
800만원 이하	환산급여 * 100%
800만원 초과 ~ 7,000만원 이하	800만원 (환산급여 - 800만원) * 60%
7,000만원 초과 ~ 1억원 이하	4,520만원 (환산급여 - 7,000만원) * 55%
1억원 초과 ~ 3억원 이하	6,170만원 (환산급여 - 1억원) * 45%
3억원 초과	1억 5,170만원 + (환산급여 - 3억원) * 35%

5. 퇴직소득의 과세표준과 산출세액

○ 과세표준

퇴직소득의 과세표준은 퇴직시 받은 퇴직소득에서 정률공제와 근속연수공제를 공제한 금액 또는 환산급여공제를 한 금액을 과세표준으로 한다.

[과세표준 = 퇴직소득 - 퇴직소득공제]

○ 퇴직소득 산출세액

퇴직소득 산출세액은 연분연승법을 적용하여 종합소득 산출세액 계산과 달리 산출세액 부담을 줄여주는 방식을 사용한다.

[2015년 12월 31일까지 발생하는 퇴직소득의 경우]

퇴직소득과세표준 = 퇴직소득금액 - 정율공제(기본공제) - 근속연수공제

퇴직소득산출세액 = ([과세표준 * 1/근속연수] * 5 * 기본세율)/5 * 근속연수

[2016년 이후 발생하는 퇴직소득의 경우]

퇴직소득 과세표준 = 퇴직소득금액 - 근속연수공제 - 환산급여공제

퇴직소득 산출세액 = (퇴직소득과세표준 * 기본세율)/12 * 근속연수

○ **연분연승법**

퇴직소득 등의 경우 소득은 장기간에 생성되나, 수입시점은 퇴직시점에서 일괄적으로 발생한다. 일괄적으로 발생한 소득을 소득 생성기간으로 나누어 단위기간별(연도별로 내지 기간별)로 세율을 적용한 세액을 계산한 후 해당 세액에 단위기간의 수를 곱하여 산출세액을 계산하는 방식을 말한다.

6. 퇴직소득의 과세방법

○ **원천징수**

퇴직소득을 지급하는 경우 지급자는 해당 소득에 대한 퇴직소득세를 원천징수하여 납부함을 원칙으로 한다.

○ **퇴직소득 확정신고**

소득세법(71조)에 따르면 퇴직소득금액이 있는 거주자는 익년 5월 31일까지 확정신고를 하여야 한다. 다만, 퇴직소득만 있거나, 퇴직소득 및 근로소득이 있는 경우 확정신고를 하지 아니할 수 있다.

○ **분류과세**

퇴직소득의 경우 소득세법상 종합소득, 양도소득과 동일하게 분류하여 독립적으로 과세한다. 퇴직소득의 경우 해당 소득이 형성되는 기간이 종합소득처럼 1역년동안에 이루어지는 소득이 아니므로 따로 분류하여 과세하는 것으로 한다.

○ **퇴직소득세의 과세이연**

현행 퇴직소득은 퇴직금의 노후대비성격을 강화시키려는 목적으로 2016년 퇴직연금의 전면도입에 따라 퇴직소득의 퇴직연금 계좌로 이전하는 경우 퇴직소득을 납부하지 아니하고 차후에 연금의 수령시 소득세를 납부하는 방식으로 하고 있다.

2부 부가가치세

※ 부가가치세와 소득세의 관계

사실상 사업의 시작은 사업자 등록으로부터 시작된다. 사업자 등록은 부가가치세법에 규정되어 있고 이에 대한 기본적인 이해가 필요하며 사업자가 세금과 만나는 출발점이라 할 수 있다. 또한 부가가치세와 소득세는 유기적으로 연결되어 사업자의 부가가치세 신고와 소득세 신고에 대한 연관성을 이해 할 필요가 있다.

1장 부가가치세의 개요

1. 부가가치세의 개념

부가가치세(VAT: value added tax)는 재화(상품)나 용역(서비스)을 공급자가 제공하는 과정에서 생성되는 부가가치에 대하여 과세하는 세금이다.

2. 부가가치세제의 특징

1) 일반소비세: 원칙적으로 모든 재화와 용역의 공급에 과세하는 일반소비세로 특정 재화나 용역에 대해서 부과하는 개별소비세(특별소비세)와 구분된다.

2) 간접세: 부가가치세는 재화나 용역을 공급할 때 대가에 포함되어 공급자에게 지불함으로 부담은 실제 소비자가, 납부는 지급받은 사업자가 이행하여 납세자와 담세자가 일치되지 않는 간접세이다.

3) 전단계세액공제법: 부가가치세는 매출세액(매출액×세율)에서 매입세액(매입액×세율)을 차감하여 계산한다(전단계거래액공제법은 [매출액-매입액]에 세율을 곱하는 방식).

4) **다단계거래세**: 재화나 용역의 생산 및 유통 모든 단계(제조, 유통[도 · 소매])에서 과세된다.

5) **소비지국 과세원칙**: 부가가치세는 소비세의 일종으로 생산지가 아닌 소비지국에서 과세되므로 수출단계에서 과세재화는 영세율을 적용한다.

3. 납세의무자(부가세법 3조)

다음의 개인, 법인(국가나 지방자치단체 등 포함), 법인격이 없는 사단 · 재단 또는 그 밖의 단체에 해당하는 자는 부가가치세법에 따라 부가가치세를 납부할 의무가 있다.

1) 사업자[1]

2) 재화를 수입하는 자

■ 소득세 과세대상으로 열거된 소득 중 사업소득은 공급하는 재화나 용역이 부가가치세 과세대상인 경우 부가가치세법상 사업자가 되고, 납세자가 된다. 면세대상 용역을 제공하는 경우라도 사업자 등록은 하여야 한다.

4. 과세대상(부가세법 4조)

1) 사업자가 행하는 재화 또는 용역의 공급

2) 재화의 수입

1_ 과거 부가가치세법에서 영리목적에 불구하고 사업상 독립적으로 재화나 용역을 공급하는 자를 말함.

5. 과세기간

부가가치세는 과세기간을 1기와 2기로 나누어 기간단위로 과세하며하며, 각 과세기간은 3개월로 나누어 예정신고기간을 두고 있다.(부가세법 5조)

1) 일반과세자(간이과세자 외의 사업자)

구 분	1기		2기	
	과세대상기간	신고기한	과세대상기간	신고기한
예정신고	1.1 ~ 3.31	기간의 다음달 25일까지	7.1 ~ 9.30	기간의 다음달 25일까지
확정신고	1.1 ~ 6.30		7.1 ~ 12.31	

2) **신규사업자**: 최초의 과세기간은 사업개시일로부터 그 날이 속하는 과세기간의 종료일까지.

3) **폐업**: 폐업일이 속하는 과세기간의 개시일로부터 폐업일까지를 과세기간으로 한다.

4) 부가가치세의 과세기간은 1기(1.1 ~ 6.30) 2기(7.1 ~ 12.31)로 나누고 각 과세기간중 1.1 ~ 3.31, 7.1 ~ 9.30 기간을 예정신고기간으로 구분하고 있다.

■ 개인의 경우 부가가치세법상 1기와 2기 매출액의 합계액이 사업소득의 총수입금액 계산에 활용된다. 개인의 소득세 과세기간은 1.1~12.31이며 부가가치세법상 1기와 2기가 이에 해당된다.

6. 부가가치세 계산구조

부가가치세 신고서는 아래와 비슷한 부가가치세 계산구조를 반영하고 있다.

기본 계산구조	참고
매출세액	매출 등(세금계산서, 수출신고필증 등)
(-) 매입세액	매입 등(세금계산서, 신용카드 등 수취분)
(=) 납부 또는 환급세액	
(-) 경감 또는 공제세액	
(-) 신용카드매출전표등발행세액공제	
(-) 예정신고 미환급세액 (예정고지세액)	일반환급액 및 개인사업자 예정고지액
(+) 가산세액	
(=) 차가감 납부(환급)세액	

7. 납세지(부가세법 6조)

1) 부가가치세의 납세지는 각 사업장 소재지로 한다.

2) **사업장단위과세제도:** 부가가치세는 각 사업장별로 신고·납부함을 원칙으로 한다.

3) **주사업장 총괄납부:** 둘 이상의 사업장을 가진 사업자는 주된 사업장 관할 세무서장에게 총괄납부하려는 과세기간 20일 전에 신청하여 주된 사업장에 총괄납부할 수 있다.

4) **사업자 단위과세제도:** 사업장이 둘 이상인 사업자는 해당 사업자의 본점 또는 주사무소에 등록신청하여 총괄하여 신고·납부할 수 있다(부가세법 8조).

8. 사업장

사업장은 사업자가 사업을 위해 거래의 전부 또는 일부를 행하는 고정된 장소이다(부가세법 6조). 부가가치세법에서는 과세(신고, 납부)를 위한 기준을 사업장별로 정하고 있다. 따라서 둘 이상의 사업장을 가진 사업자의 경우라도 각각의 사업장별로 신고 납부 한다.

1) **직매장:** 사업자가 자기의 사업과 관련하여 생산 또는 취득한 재화를 판매할 목적으로 시설을 갖춘 장소를 말하며 사업장으로 본다(부가세법 10조, 시행령 8조).

2) **하치장:** 사업자가 재화의 보관·관리시설만을 갖춘 장소로 10일 이내에 하치장 관할 세무서장에게 설치신고서를 제출한 장소(부가세법 시행령 9조)로 사업장으로 보지 아니한다.

3) **임시사업장:** 사업자가 그 사업장 외에 각종 경기대회·박람회 등 행사가 개최되는 장소에 개설한 경우로 신고된 장소를 말하며 독립된 사업장으로 보지 않는다.

예

사업	사업장의 범위
광업	광업사무소의 소재지
제조업	최종제품 완성장소
건설업/운수업/부동산매매업	법인: 법인의 등기부상의 소재지(지점 포함) 개인: 사업에 관한 업무를 총괄하는 장소

■ 소득세법상 사업과 관련하여 사업장은 사업의 물적 요건에 해당한다고 할 수 있다. 물적요건으로 설치한 시설장치 같은 경우 부가가치세법상 구입 및 설치시 부담한 부가가치세를 제외한 부분(공급가액)에 대해서 감가상각을 통해서 사업소득의 계산시 비용화 한다.

9. 사업자등록

1) 개요

사업자는 사업의 개시를 위해서 인적사항 및 물적사항 등 과세에 필요한 사항을 세무서에 등록하는 절차를 말한다. 사업자등록은 공급하는 재화나 용역의 과세 및 면세의 구분 없이 사업을 하는 경우(개인 또는 법인 등)이면 반드시 사업자등록을 해야하며 사업자 등록번호가 기재된 사업자 등록증을 발급받는다.

2) 사업자등록 신청과 사업자등록증의 발급(부가세법 8조)[2]

- 사업자는 사업장마다 사업개시일부터 20일 이내에 사업장 관할 세무서장에게 등록하여야 한다. 다만, 신규로 사업을 시작하려는 자는 사업개시일 전이라도 등록할 수 있다.
- 등록한 사업자가 휴업 또는 폐업하거나 등록사항이 변경된 경우에는 지체 없이 사업장 관할 세무서장에게 신고하여야 한다.
- 사업자가 폐업하거나 등록한 후 사실상 사업을 시작하지 아니하게 되는 경우에는 사업장 관할 세무서장은 지체 없이 그 등록을 말소하여야 한다.
- 사업장 관할 세무서장은 필요하다고 인정하면 사업자등록증을 갱신발급할 수 있다.[3]

2_ 사업자등록시 첨부서류 1. 인허가 혹은 신고사업의 경우 허가증 등 사본, 2. 사업장임차계약서사본, 3. 과세유흥업이나 금지금 도소매의 경우 자금출처소명서, 4. 상가건물임차시 도면, 5. 공동사업의 경우 동업계약서(계약서중 1인을 대표자로 함), 6. 법인의 경우 정관사본, 주주 또는 출자자명세서 등의 서류를 해당 사업에 맞게 제출한다.

3_ 사업자등록정정사유가 발생하는 경우 '사업자등록정정신청서'를 제출한다. 정정사유는 1. 상호변경 2. 통신판매업자 사이버몰 명칭 도매인 변경 3. 단체의 대표자 변경 4. 업종변경 5. 사업장이전 등등이 중요한 사유다.

■ 개인이 사업을 개시할 경우 사업자등록을 해야 한다. 공급물건이 과세인지 면세인지 여부에 따라서 과세사업자와 면세사업자로 구분한다. 면세사업자는 부가가치세법상 신고 및 납부의무가 없다. 사업자 등록 후 발생한 수입은 과세사업자인 경우 부가가치세 신고를 통해서 부가가치세를 납부하며, 해당 과세대상 금액은 소득세법상 사업소득의 총수입금액을 구성할 수 있다.

기출문제

문제1 다음 중 부가가치세법상 과세기간에 대한 설명으로 옳지 않은 것은? [세무회계 2급 56회 기출]

① 간이과세자의 과세기간은 1.1.~12.31.이다.
② 신규사업자의 최초과세기간은 사업개시일부터 그날이 속하는 과세기간종료일까지이다.
③ 폐업자의 최종과세기간은 과세기간 개시일부터 폐업일까지이다.
④ 개인사업자의 경우 1기분 과세기간은 1.1.~3.31.이다.

답 ④ 개인사업자의 경우 1기분 과세기간은 1.1.~6.30.이다.

해설 [부가세법 5조 과세기간]

- 사업자에 대한 부가가치세의 과세기간은 다음 각 호와 같다.
  1. 간이과세자: 1월 1일부터 12월 31일까지
  2. 일반과세자

구분	과세기간
제1기	1월 1일부터 6월 30일까지
제2기	7월 1일부터 12월 31일까지

- 신규로 사업을 시작하는 자에 대한 최초의 과세기간은 사업 개시일부터 그 날이 속하는 과세기간의 종료일까지로 한다. 다만, 사업개시일 이전에 사업자등록을 신청한 경우에는 그 신청한 날부터 그 신청일이 속하는 과세기간의 종료일까지로 한다.
- 폐업하는 경우의 과세기간은 폐업일이 속하는 과세기간 개시일부터 폐업일까지로 한다.

문제2 다음은 부가가치세법상 사업자등록에 대한 설명이다. 옳지 않은 것은? [세무회계 2급 57회 기출]

① 사업자등록을 하려는 사업자는 원칙적으로 사업장마다 사업자등록을 하여야 한다.
② 신규로 사업을 개시하고자 하는 자는 반드시 사업개시일 전에 사업장 관할세무서장에게 등록하여야 한다.
③ 사업자등록의 신청을 받은 사업장 관할 세무서장은 신청자가 사업을 사실상 시작하지 아니할 것이라고 인정될 때에는 등록을 거부할 수 있다.
④ 사업자가 사업자등록을 하지 아니하는 경우에는 사업장 관할 세무서장이 조사하여 등록할 수 있다.

답 ② 신규사업개시자는 사업개시일 전이라도 등록할 수 있다. 이는 의무규정이 아니라 임의 규정이다.

해설 [부가세법 8조 사업자등록]

- 사업자는 사업장마다 사업 개시일부터 20일 이내에 사업장 관할 세무서장에게 사업자등록을 신청하여야 한다. 다만, 신규사업의 경우 사업개시일전이라도 신청할 수 있다.
- 사업장이 둘 이상인 사업자는 사업자 단위로 등록을 신청할 수 있다. 이 경우 등록한 사업자를 사업자단위과세사업자라 한다.
- 사업장 단위로 등록한 사업자가 사업자 단위 과세 사업자로 변경하려면 사업자 단위 과세 사업자로 적용받으려는 과세기간 개시 20일 전까지 신청하여야 한다.
- 신청을 받은 사업장 관할 세무서장은 사업자등록을 하고, 등록된 사업자에게 등록번호가 부여된 사업자등록증을 발급하여야 한다.
- 등록한 사업자는 휴업 또는 폐업을 하거나 등록사항이 변경되면 대통령령으로 정하는 바에 따라 지체 없이 사업장 관할 세무서장에게 신고하여야 한다.
- 사업장 관할 세무서장은 등록된 사업자가 다음의 어느 하나에 해당하면 지체 없이 사업자등록을 말소하여야 한다.
  1. 폐업한 경우
  2. 등록신청을 하고 사실상 사업을 시작하지 아니하게 되는 경우

문제3 부가가치세법상 납세의무자의 요건에 대한 설명이다. 옳지 않은 것은? [세무회계 2급 58회 기출]

① 사업과 관련하여 계속, 반복성(사업성)이 있어야 한다.
② 다른 사람에게 종속되어 있지 아니하여야 한다(독립성).
③ 국가나 지방자치단체도 부가가치세의 납세 의무가 있을 수 있다.
④ 영리목적으로 하지 않는 재화용역 공급자는 사업자에 해당되지 않는다.

답 ④ 사업자에 해당되지 않는다 → 사업자에 해당된다.(부가가치세법 제2조)

해설 [부가세법 2조 용어의 정의]

- "사업자"란 사업 목적이 영리이든 비영리이든 관계없이 사업상 독립적으로 재화 또는 용역을 공급하는 자를 말한다.

문제4 다음 중 부가가치세법상 사업장에 대한 설명으로 틀린 것은?[세무회계 2급 58회 기출]

① 직매장은 사업장으로 보고, 하치장은 사업장으로 보지 않는다.
② 임시사업장의 설치기간이 10일 이내인 경우에도 임시사업장개설신고를 하여야 한다.
③ 사업장이 있는 사업자가 그 기존사업장 이외에 임시사업장을 개설하는 경우에는 그 임시 사업장은 기존사업장에 포함되는 것으로 한다.
④ 임시사업장을 개설하고자 하는 자는 임시사업장개설신고서를 해당 임시사업자의 사업개시일부터 10일 이내에 임시사업장의 관할 세무서장에게 제출(국세정 보통신망에 의한 제출을 포함)하여야 한다.

답 ② 임시사업장의 설치기간이 10일 이내인 경우에는 임시사업장개설신고를 하지 아니할 수 있다.

해설 [부가세법 8조 사업장]

- 사업자가 자기의 사업과 관련하여 생산하거나 취득한 재화를 직접 판매하기 위하여 특별히 판매시설을 갖춘 장소(이하 "직매장"이라 한다)는 사업장으로 본다.

[부가세법 9조 하치장]

- 재화를 보관하고 관리할 수 있는 시설만 갖춘 장소로서 대통령령으로 정하는 바에 따라 하치장(荷置場)으로 신고된 장소에 따른 하치장(荷置場)

[부가세법 10조 임시사업장]

- 각종 경기대회나 박람회 등 행사가 개최되는 장소에 개설한 임시사업장으로서 대통령령으로 정하는 바에 따라 신고된 장소에 따른 임시사업장은 사업자가 임시사업장을 개설하기 전에 두고 있던 "기존사업장"에 포함되는 것으로 한다.

문제5 부가가치세법에 의한 부가가치세의 특징에 해당되지 않는 것은? [세무회계 2급 61회 기출]

① 소비지국 과세의 원칙에 따른다.
② 간접세이다.
③ 우리나라는 공제법 중 전단계거래액공제법을 채택하고 있다.
④ 최종소비자가 부담하는 일반소비세에 해당된다.

답 ③ 우리나라는 전단계세액공제법을 채택하고 있다.

해설 [부가세법 38조 공제하는 매입세액]

- 매출세액에서 공제하는 매입세액은 다음의 금액을 말한다.

1. 사업자가 자기의 사업을 위하여 사용하였거나 사용할 목적으로 공급받은 재화 또는 용역에 대한 부가가치세액

2. 사업자가 자기의 사업을 위하여 사용하였거나 사용할 목적으로 수입하는 재화의 수입에 대한 부가가치세액

■ 매입세액은 재화 또는 용역을 공급받는 시기가 속하는 과세기간의 매출세액에서 공제한다.

문제6 다음 중 부가가치세에 대한 설명으로 옳지 않은 것은?[세무회계 2급 65회 기출]

① 전단계세액공제법에 의하여 납부세액을 계산한다.
② 소비지국과세원칙에 따라 수출하는 재화는 부가가치세를 과세하지 아니한다.
③ 세금을 부담하는 자가 납세의무를 지는 직접세이다.
④ 소비형 부가가치세제를 채택하고 있으므로, 자본재를 매입한 경우 매입세액공제를 받을 수 있다.

답 ③ 부가가치세는 납세의무자와 담세자가 일치하지 않는 간접세이다.

2장 과세거래

■ 개인은 소득세법상 사업소득에 해당하는 재화나 용역의 공급을 통해서 사업소득을 구성하며, 부가가치세법상 매출거래는 소득세법상 총수입금액을 매입거래는 소득세법상 필요경비를 구성하는 것으로 이해할 수 있다.

1. 재화의 공급

재화의 공급에 대한 설명은 계약상(외상, 할부 등) 또는 법률상(경매 혹은 수용 등)의 모든 원인에 의하여 재화를 인도(引渡) 또는 양도(讓渡)하는 것을 말한다(부가세법 9조). 재화의 공급은 대가를 받고 인도하는 것이 대부분(실질공급)이나 특정 거래의 경우 대가를 받지 아니하는 경우에도 재화의 거래로 간주하는 것이 있다(간주공급).

1) 재화의 실질공급

실질공급은 다양한 계약형태를 통해서 대가를 받고 재화를 인도 또는 양도하는 것을 말한다(부가세법 시행령 18조).

- 매매계약 등: 현금판매 · 외상판매 · 할부판매 · 장기할부판매 · 조건부 및 기한부판매 · 위탁판매 기타매매계약에 의하여 재화를 인도 또는 양도하는 것
- 가공계약: 자기가 주요자재의 전부 또는 일부를 부담하고 상대방으로부터 인도받은 재화를 가공하여 새로운 재화를 만드는 가공계약으로 재화를 인도하는 것.
- 교환계약: 재화의 인도대가로서 다른 재화를 인도받거나 용역을 제공받는 교환계약에 의하여 재화를 인도 또는 양도하는 것.
- 경매 · 수용 · 현물출자 기타 계약상 또는 법률상의 원인으로 재화를 인도 또는 양도하는 것
- 국내로부터 보세구역에 있는 조달청 창고 등에 임치된 임치물을 국내로 다시 반입하는 것

문제 회사는 10월 1일 두존상사와의 임가공용역 계약에 의하여 제작 의뢰한 제품을 납품받았다. 임가공비(공급가액 5,000,000원, 부가가치세 500,000원)에 대해서 세금계산서를 발급받았고 대금은 다음달 말일에 지급하기로 하였다. 10월 1일에 분개를 행하시오. [전산회계 1급 58회 수정]

답

(차) 외주가공비	5,000,000원	(대) 미지급금(외상매입금)	5,500,000원
부가세대급금	500,000원		

2) 재화공급의 특례(간주공급)

부가가치세는 소비세의 일종으로 소비세 부담이 없는 소비와 관련하여 세금부담자 사이에 형평의문제가 발생할 수 있다. 따라서 일정한 요건을 충족하는 경우 재화의 공급으로 보아 부가가치세를 과세하는 것을 간주공급이라 한다(부가세법 10조).

- 자가공급: 사업자가 자기의 사업과 관련하여 생산하거나 취득한 재화를 자기의 사업을 위하여 직접 사용하거나 소비하는 것은 재화의 공급으로 본다.

  - 면세전용: 부가가치세가 면제되는 재화 또는 용역을 공급하는 사업을 위하여 사용 · 소비

- 비영업용 소형승용자동차로 사용 · 소비 또는 유지를 위하여 사용하는 경우
- 판매목적 타사업장 반출의 경우(제조장에서는 환급세액만 발생하며, 판매장에서는 매출세액만 발생하는 불합리를 조정)

• 개인적 공급: 자기의 사업과 관련하여 생산 · 취득한 재화를 개인적인 목적 또는 기타 목적을 위하여 사업자가 사용 · 소비하거나 사용인 또는 기타의 자가 사용 · 소비하는 것
• 사업상의 증여: 사업자가 자기의 사업과 관련하여 생산하거나 취득한 재화를 자기의 고객이나 불특정 다수인에게 증여하는 것
• 폐업시의 잔존재화: 사업자가 사업을 폐업할 때 남아 있는 재화는 폐업으로 비사업자가 된 자신에게 공급하는 것으로 본다.

2. 용역의 공급

용역의 공급은 계약상 또는 법률상의 모든 원인에 의하여 역무(서비스)를 제공하는 것과 시설물, 권리 등의 재화를 사용하게 하는 것으로 한다(부가세법 11조).

용역공급의 범위는 다음과 같다(부가세법 시행령 25조).

1) 건설업의 경우 건설업자가 건설자재의 전부 또는 일부를 부담하는 것
2) 자기가 주요자재를 전혀 부담하지 아니하고 상대방으로부터 인도받은 재화를 단순히 가공만 해 주는 것
3) 산업상 · 상업상 또는 과학상의 지식 · 경험 또는 숙련에 관한 정보를 제공하는 것
4) 용역공급의 특례(용역의 간주공급)

사업자가 자신의 용역을 자기의 사업을 위하여 대가를 받지 아니하고 공급하는 경우 자기에게 용역을 공급하는 것으로 본다(기본통칙에 따르면 과세되지 아니함). 다만, 사업자가 특수관계에 있는 자에게 사업용 부동산의 임대용역을 공급하는 경우에는 과세한다(부가세법 시행령 26조).

문제 아래의 부동산 임대용역에 대한 세금계산서 내용의 2014년 7월 20일의 분개를 행하시오.[전산회계 1급 60회 수정]

전자세금계산서							승인번호	242428782128	
공급자	사업자등록번호	130-41-27190	종사업장 번호		공급받는자	사업자등록번호	130-81-10661	종사업장 번호	
	상호(법인명)	홍덕산업	성명	김정희		상호(법인명)	(주)으뜸	성 명	이혜란
	사업장주소	경기도 부천시 오정구 오정동 129				사업장 주소	경기도 부천시 오정구 오정동 129 501호		
	업 태	부동산	종목	임대		업 태	제조업	종목	컴퓨터
	이메일					이메일			

작성일자	공급가액	세액	수정사유
2014. 7. 20.	3,000,000	300,000	
비고			

월	일	품 목	규 격	수 량	단 가	공 급 가 액	세 액	비 고
7	20	7월 공장임대료				3,000,000	300,000	

합계금액	현 금	수 표	어 음	외 상 미 수 금	이 금액을 영수/청구 함
3,300,000	300,000			3,000,000	

답 (차) 임차료(제) 3,000,000원 (대) 현금 300,000원
부가세대급금 300,000원 미지급금(미지급비용) 3,000,000원

3. 재화의 수입

재화의 수입은 물품을 우리나라에 반입하는 것(보세구역[4]을 거치는 것은 보세구역에서 반입하는 것)으로 한다(부가세법 13조).

1) 외국으로부터 우리 나라에 도착된 물품(외국의 선박에 의하여 공해에서 채포된 수산물을 포함)
2) 수출신고가 수리된 물품(선적되지 아니한 물품을 보세구역으로부터 반입은 제외).

4_ 보세구역은 다음의 구역 및 지역을 말한다.
① 「관세법」에 따른 보세구역, ② 「자유무역지역의 지정 및 운영에 관한 법률」에 따른 자유무역지역

4. 부수재화 및 부수용역의 공급(부가세법 14조)

1) 주된 재화 또는 용역의 공급 거래에 따른 부수공급으로 다음은 주된 재화 또는 용역의 공급에 포함되는 것으로 본다.

- 해당 대가가 주된 재화 또는 용역의 공급에 대한 대가에 통상적으로 포함되어 공급되는 재화 또는 용역
- 거래의 관행으로 보아 통상적으로 주된 재화 또는 용역의 공급에 부수하여 공급되는 것으로 인정되는 재화 또는 용역

2) 주된 사업에 부수되는 다음의 재화 또는 용역의 공급은 별도의 공급으로 보되, 과세 및 면세 여부 등은 주된 사업의 과세 및 면세 여부 등을 따른다.

- 주된 사업과 관련하여 우연히 또는 일시적으로 공급되는 재화 또는 용역
- 주된 사업과 관련하여 주된 재화의 생산 과정이나 용역의 제공 과정에서 필연적으로 생기는 재화

사례 장례식장에서 조문객을 상대로 제공하는 음식의 공급은 거래관행상 부가가치세 면세 대상인 장의용역의 공급에 통상적으로 부수되고 있어 면세 대상으로 본다(서울고법 2011누 24820, 2012.12.7.).

3장

공급시기와 공급장소

■ 부가가치세법상 과세기간은 1년을 1기 2기로 나누며, 소득세법상 과세기간인 1.1~12.31까지와 일치한다. 일부를 제외하고 부가가치세법상 재화와 용역의 공급시기는 사업소득의 총수입금액을 구성하는 과세시기와 거의 일치하게 된다.

재화 또는 용역의 공급시기는 과세기간의 귀속을 결정하는 기준이 된다.

1. 재화의 공급시기

1) 일반적 기준(부가세법 15조)

- 재화의 이동이 필요한 경우: 재화가 인도되는 때
- 재화의 이동이 필요하지 아니한 경우: 재화가 이용가능하게 되는 때
- 이외 적용할 수 없는 경우: 재화의 공급이 확정되는 때

2) 구체적 거래형태별 공급시기(부가세법 시행령 28조)

- 현금·외상 또는 할부판매: 재화가 인도되거나 이용가능하게 되는 때

- 상품권 등을 현금 또는 외상 판매상품권 등이 현물과 교환시 실제로 인도되는 때
- 재화의 공급으로 보는 가공: 가공된 재화를 인도하는 때
- 장기할부판매(or 완성도기준지급조건부 · 중간지급조건부): 대가의 각 부분을 받기로 한 때
- 반환조건부판매·동의조건부판매 기타 조건부 및 기한부 판매: 조건이 성취되거나 기한 이 경과되어 판매가 확정되는 때
- 전력등 공급단위를 구획할 수 없는 재화의 계속적공급: 대가의 각 부분을 받기로 한 때
- 자가공급 개인적 공급 사업사증여: 재화가 사용 또는 소비되는 때
- 폐업시 잔존재화: 폐업하는 때
- 무인판매기를 이용한 재화의 공급: 사업자가 무인판매기에서 현금을 인취하는 때
- 수출재화의 경우
  - 내국물품을 외국으로 반출하거나 중계무역방식의 수출의 경우에는 수출재화의 선적일
  - 원양어업 또는 위탁판매수출의 경우에는 수출재화의 공급가액이 확정되는 때
  - 위탁가공방식수출·외국인도수출의 경우에는 외국에서 해당 재화가 인도되는 때
- 보세구역내에서 보세구역 이외의 국내로 재화를 공급: 수입재화는 수입신고수리일

2. 용역의 공급시기

1) 일반적인 기준

용역의 공급시기는 역무가 제공이 완료되는 때 또는 재화·시설물 또는 권리가 사용되는 때로 한다(부가세법 16조).

2) 거래형태별 용역의 공급시기(부가세법 시행령 29조)

- 일반적인 공급의 경우: 역무의 제공이 완료되는 때
- 완성도기준지급, 중간지급조건, 장기할부 또는 기타 조건부 용역공급 그리고 공급단위를 구획할 수 없는 용역을 계속적으로 공급하는 경우: 대가의 각 부분을 받기로 한 때

- 위 규정을 적용할 수 없는 경우에는 역무의 제공이 완료되고 그 공급가액이 확정되는 때
- 부동산임대용역에 대한 간주임대료와 둘 이상 과세기간에 걸쳐 부동산임대용역을 공급하고 대가를 선불 또는 후불로 받는 경우: 예정신고기간 또는 과세기간의 종료일
- 스포츠 센터 등을 운영하며 해당 용역을 둘 이상의 과세기간에 걸쳐 계속적으로 제공하고 그 대가를 선불로 받는 경우: 예정신고기간 또는 과세기간의 종료일
- 사업자가 사회기반시설에 대한 민간투자법에 따라 시설소유권을 이전받기 전까지 둘 이상의 과세기간에 걸쳐 계속적으로 그 시설을 이용하게 하는 경우에는 예정신고기간 또는 과세기간의 종료일(BTO, BOT 등등 방식)

3. 공급시기의 특례(부가세법 17조)

1) 폐업관련

- 폐업전에 공급한 재화 또는 용역의 공급시기가 폐업일 이후에 도래: 폐업일

2) 세금계산서 발급관련_세금계산서를 미리 발행한 경우

- 공급시기가 되기 전에 재화 또는 용역에 대한 대가의 전부 또는 일부를 받고, 동시에 세금계산서 또는 영수증을 발급하는 경우에는 그 발급하는 때를 공급 시기로 본다.
- 공급시기가 되기 전에 세금계산서를 발급하고 그로부터 7일 이내에 대가를 받으면 발급한 때를 공급시기로 본다.
- 사업자가 할부로 공급하는 경우로 다음의 공급시기가 도래하기 전에 세금계산서 또는 영수증을 발급하는 경우에는 발급하는 때를 공급시기로 본다.
  - 장기할부판매
  - 전력이나 기타 공급단위를 구획할 수 없는 재화를 계속적으로 공급하는 경우
  - 장기할부판매 또는 장기할부조건부 용역 공급의 경우

■ 공급시기는 기간귀속을 결정하는 중요한 내용이다. 재화나 용역의 공급시기와 사업소득의 수입시기가 꼭 일치하는 것은 아니다. 재화나 용역의 공급시기는 부가가치세법상 기준에 의해서 세금계산서를 발급하고 해당 과세기간의 귀속을 정한다. 대체로 실무에서는 개인사업자의 경우 세금계산서의 발행을 중심으로 소득세의 귀속을 결정하는 경우가 많다.

4. 재화의 수입시기

재화의 수입시기는 수입신고가 수리된 때로 한다.

5. 거래장소

거래장소란 재화나 용역이 공급되는 장소로 과세권이나 납세의무의 성립여부를 판단하는 기준이 된다. 따라서 부가가치세는 소비지국과세원칙이 적용되어 국내에서 사업자간의 거래에 적용한다.

1) 재화가 공급되는 장소(부가세법 19조)

- 재화의 이동이 필요한 경우: 재화의 이동이 시작되는 장소
- 재화의 이동이 필요하지 아니한 경우: 재화가 공급되는 시기에 재화가 있는 장소

2) 용역이 공급되는 장소(부가세법 20조)

- 역무가 제공되거나 시설물, 권리 등 재화가 사용되는 장소
- 국내외에 걸쳐 용역이 제공되는 국제운송의 경우 사업자가 비거주자 또는 외국법인 이면여객이 탑승하거나 화물이 적재되는 장소

기출문제

문제1 다음은 부가가치세 과세대상인 재화의 수입과 관련된 자료이다. 부가가치세법상 세관장이 거래징수할 부가가치세는 얼마인가?[세무회계 2급 56회 기출]

㉠ 관세의 과세가격: 10,000원	㉡ 관세: 1,000원
㉢ 개별소비세: 1,000원	㉣ 교육세: 300원

① 12,300원　② 11,000원　③ 11,300원　④ 1,230원

답 ④ (10,000 + 1,000 + 1,000 + 300) × 10% = 1,230

문제2 다음 중 부가가치세법상 과세대상이 아닌 것은?[세무회계 2급 58회 기출]

① 치아성형　② 지방흡입술　③ 주름살제거술　④ 성형수술로 인한 후유증 치료

답 ④

해설 [부가세법 시행령 35조 면세하는 의료보건 용역의 범위]

의료보건 용역은 「의료법」 또는 「수의사법」에 따라 의료기관 또는 동물병원을 개설한 자가 제공하는 것을 포함한다한 용역으로 한다.

- 의료법에 따른 의사, 치과의사, 한의사, 조산사 또는 간호사가 제공하는 용역. 다만, 「국민건강보험법」에 따라 요양급여의 대상에서 제외되는 다음의 진료용역은 제외한다.
  - 가. 쌍꺼풀수술, 코성형수술, 유방확대 · 축소술(유방암 수술에 따른 유방 재건술은 제외한다), 지방흡인술, 주름살제거술, 안면윤곽술, 치아성형(치아미백, 라미네이트와 잇몸성형술을 말한다) 등 성형수술(성형수술로 인한 후유증 치료, 선천성 기형의 재건수술과 종양 제거에 따른 재건수술은 제외한다)과 악안면 교정술(치아교정치료가 선행되는 악안면 교정술은 제외한다)
  - 나. 색소모반 · 주근깨 · 흑색점 · 기미 치료술, 여드름 치료술, 제모술, 탈모치료술, 모발이식술, 문신술 및 문신제거술, 피어싱, 지방융해술, 피부재생술, 피부미백술, 항노화치료술 및 모공축소술

문제3 부가가치세법상 용역의 공급으로 보는 것이 아닌 것은?[세무회계 2급 60회 기출]

① 건설업의 경우 건설업자가 건설자재의 전부 또는 일부를 부담하는 것
② 자기가 주요자재를 전혀 부담하지 아니하고 상대방으로부터 인도받은 재화를 단순히 가공만 해 주는 것
③ 상업상 또는 과학상의 지식 · 경험 또는 숙련에 관한 정보를 제공하는 것
④ 자기가 주요자재의 전부 또는 일부를 부담하고 상대방으로부터 인도받은 재화를 가공하여 새로운 재화를 만드는 가공계약에 따라 재화를 인도하는 것

답 ④

해설 [부가세법 시행령 25조 용역 공급의 범위]
1. 건설업의 경우 건설업자가 건설자재의 전부 또는 일부를 부담하는 것
2. 자기가 주요자재를 전혀 부담하지 아니하고 상대방으로부터 인도받은 재화를 단순히 가공만 해 주는 것
3. 산업상 · 상업상 또는 과학상의 지식 · 경험 또는 숙련에 관한 정보를 제공하는 것

문제4 부가가치세법상 부동산 임대용역을 공급하는 경우에 전세금 또는 임대보증금에 대한 간주임대료의 공급시기는?[세무회계 2급 60회 기출]

① 그 대가의 각 부분을 받기로 한 달의 말일
② 예정신고기간 또는 과세기간 종료일
③ 용역의 공급이 완료된 때
④ 그 대가의 각 부분을 받기로 한 때

답 ②

해설 [부가세법 시행령 29조 할부 또는 조건부로 용역을 공급하는 경우 등의 용역의 공급시기]
1. 역무의 제공이 완료되는 때 또는 대가를 받기로 한 때를 공급시기로 볼 수 없는 경우: 역무의 제공이 완료되고 그 공급가액이 확정되는 때
2. 사업자가 부동산 임대용역을 공급하는 경우로서 다음 각 목의 어느 하나에 해당하는 경우: 예정신고기간 또는 과세기간의 종료일
   가. 전세금 또는 임대보증금을 받은 경우
   나. 둘 이상의 과세기간에 걸쳐 부동산임대용역을 공급하고 그 대가를 선불 또는 후불로 받은 경우
   다. 사업자가 부동산을 임차하여 다시 임대용역을 제공하는 경우

문제5 다음 중 부가가치세세법상 재화의 공급으로 의제되지 않는 것은? 단, 관련재화는 모두 매입시 매입세액이 공제되었다.[세무회계 2급 62회 기출]

① 사업자가 과세사업과 관련하여 생산 · 취득한 재화를 면세사업을 위하여 사용 · 소비하는 경우
② 사업자가 자가생산한 제품을 종업원에게 무상으로 제공하는 경우
③ 총괄납부 신청을 한 사업자가 세금계산서를 발행하지 않고, 판매목적으로 다른 사업장에 반출하는 경우
④ 자동차 제조회사가 자체 생산한 소형승용차를 임직원의 출 · 퇴근용으로 사용하는 경우

답 ③

해설 [부가세법 10조 재화 공급의 특례]

- 사업장이 둘 이상인 사업자가 자기의 사업과 관련하여 생산 또는 취득한 재화를 판매할 목적으로 자기의 다른 사업장에 반출하는 것은 재화의 공급으로 본다. 다만, 다음 각 호의 어느 하나에 해당하는 경우는 재화의 공급으로 보지 아니한다.
  1. 사업자가 사업자 단위 과세 사업자로 자기의 다른 사업장에 반출하는 경우
  2. 사업자가 주사업장 총괄 납부의 적용을 받아 자기의 다른 사업장에 반출하는 경우

문제6 다음 중 부가가치세법상 재화의 수입에 대한 설명으로 틀린 것은? [세무회계 2급 63회 기출]

① 외국으로부터 우리나라에 도착한 물품이 보세구역을 경유하는 때에는 보세구역으로부터 반입하는 것을 재화의 수입으로 본다.
② 외국에서 보세구역으로 재화를 반입하는 것은 재화의 수입에 해당하지 아니한다.
③ 외국의 선박에 의하여 공해에서 채취되거나 잡힌 수산물을 우리나라에 반입하는 것은 재화의 수입으로 본다.
④ 수출신고가 수리된 물품으로서 선적되지 아니한 것을 보세구역으로부터 반입하는 것은 재화의 수입으로 본다.

답 ④ 수출신고가 수리된 물품으로서 선적된 것을 보세구역으로부터 반입하는 것은 재화의 수입으로 본다.

문제7 부가가치세법상 용역의 공급으로 보지 않는 것은?[세무회계 2급 64회 기출]

① 산업상 · 상업상 또는 과학상의 지식, 경험 또는 숙련에 관한 정보를 제공하는 것
② 상대방으로부터 인도받은 재화에 주요자재를 전혀 부담하지 아니하고 단순히 가공만 하여 주는 것

③ 고용관계에 의해 근로를 제공하는 것
④ 건설업에 있어서는 건설업자가 건설자재의 전부 또는 일부를 부담하는 것

답 ③

해설 [부가세법 11조 용역의 공급]

- 용역의 공급은 계약상 또는 법률상의 모든 원인에 따른 것으로서 다음 각 호의 어느 하나에 해당하는 것으로 한다.
  1. 역무를 제공하는 것
  2. 시설물, 권리 등 재화를 사용하게 하는 것

[부가세법 시행령 25조 용역 공급의 범위]

1. 건설업의 경우 건설업자가 건설자재의 전부 또는 일부를 부담하는 것
2. 자기가 주요자재를 전혀 부담하지 아니하고 상대방으로부터 인도받은 재화를 단순히 가공만 해 주는 것
3. 산업상 · 상업상 또는 과학상의 지식 · 경험 또는 숙련에 관한 정보를 제공하는 것

문제8 부가가치세법상 부수재화 또는 용역의 공급이 면세가 되는 것은? [세무회계 2급 65회 기출]

① 허가된 미술학원에서 교육용역을 제공하면서 실습자재를 제공하는 것
② 에어컨을 판매하면서 에어컨을 설치해 주는 것
③ 조경공사업체가 조경공사에 포함하여 수목을 공급하는 것
④ 피아노를 공급하면서 피아노용 의자를 제공하고 이를 운반해주는 것

답 ① 교육용역이 면세이므로 부수재화의 공급도 면세가 된다.

해설 [부가세법 14조 부수 재화 및 부수 용역의 공급]

- 주된 재화 또는 용역의 공급에 부수되어 공급되는 것으로서 다음의 어느 하나에 해당하는 재화 또는 용역의 공급은 주된 재화 또는 용역의 공급에 포함되는 것으로 본다.
  1. 해당 대가가 주된 재화 또는 용역의 공급에 대한 대가에 통상적으로 포함되어 공급되는 재화 또는 용역
  2. 거래의 관행으로 보아 통상적으로 주된 재화 또는 용역의 공급에 부수하여 공급되는 것으로 인정되는 재화 또는 용역
- 주된 사업에 부수되는 다음 각 호의 어느 하나에 해당하는 재화 또는 용역의 공급은 별도의 공급으로 보되, 과세 및 면세 여부 등은 주된 사업의 과세 및 면세 여부 등을 따른다.
  1. 주된 사업과 관련하여 우연히 또는 일시적으로 공급되는 재화 또는 용역
  2. 주된 사업과 관련하여 주된 재화의 생산 과정이나 용역의 제공 과정에서 필연적으로 생기는 재화

문제9 부가가치세법상 재화의 공급시기에 대한 설명으로 옳지 않은 것은?
[세무회계 2급 59회 기출]

① 재화의 공급으로 보는 가공: 가공된 재화를 인도하는 때
② 할부판매 및 장기할부판매: 대가의 각 부분을 받기로 한 때
③ 완성도 기준지급 중간지급조건부 또는 전력 기타 공급단위를 구획할 수 없는 재화를 계속적 공급: 대가의 각 부분을 받기로 한때
④ 무인판매기를 이용하여 재화 공급: 무인판매기에서 현금을 꺼내는 때

답 ② 장기할부판매에 해당하지 아니하는 할부판매는 재화가 인도되거나 이용가능하게 되는 때이다.

해설 [부가세법 시행령 28조 구체적인 거래 형태에 따른 재화의 공급시기]

- 구체적인 거래 형태별 재화의 공급시기는 다음 표에 따른다.

구분	공급시기
현금판매, 외상판매 또는 할부판매의 경우	재화가 인도되거나 이용가능하게 되는 때
상품권 등을 현금 또는 외상으로 판매하고 현물과 교환하는 경우	재화가 실재로 인도되는 때
재화의 공급으로 보는 가공의 경우	가공된 재화를 인도하는 때

- 반환조건부 판매, 동의조건부 판매, 그 밖의 조건부 판매 및 기한부 판매의 경우에는 그 조건이 성취되거나 기한이 지나 판매가 확정되는 때
- 다음의 어느 하나에 해당하는 경우에는 대가의 각 부분을 받기로 한 때를 재화의 공급시기로 본다. 다만, 제2호와 제3호의 경우 재화가 인도되거나 이용가능하게 되는 날 이후에 받기로 한 대가의 부분에 대해서는 재화가 인도되거나 이용가능하게 되는 날
  1. 기획재정부령으로 정하는 장기할부판매의 경우
  2. 완성도기준지급조건부로 재화를 공급하는 경우
  3. 중간지급조건부로 재화를 공급하는 경우
  4. 전력이나 그 밖에 공급단위를 구획할 수 없는 재화를 계속적으로 공급하는 경우
- 무인판매기를 이용하여 재화를 공급하는 경우 무인판매기에서 현금을 꺼내는 때
- 수출재화의 경우 다음 표의 구분에 따른 때를 재화의 공급시기로 본다.

구분	공급시기
수출	수출재화의 선적일
원양어업 등	수출재화의 공급가액이 확정되는 때
중개무역, 위탁판매 등 방식의 수출	외국에서 해당 재화가 인되되는 때

- 사업자가 보세구역 안에서 보세구역 밖의 국내에 재화를 공급하는 경우가 재화의 수입에 해당할 때에는 수입신고 수리일을 재화의 공급시기로 본다.
- 사업자가 폐업 전에 공급한 재화의 공급시기가 폐업일 이후에 도래하는 경우에는 그 폐업일을 공급시기로 본다.

4장 영세율

■ 개인이 수출을 하는 경우에 부가가치세법상 영세율 과세 대상에 해당하여 영세율 적용을 받는다. 따라서 매입시 거래징수당한 부가가치세의 경우 환급 받을 수 있다.

1. 개요

영세율제도란 수출 및 국외 제공용역 등 일정한 재화의 공급에 대해서 영퍼센트의 세율을 적용하는 것을 말한다. 이는 소비지국 과세원칙을 구현하기 위한 것이다.

2. 영세율 적용

과세사업자(면세사업자는 제외)가 공급하는 다음의 재화 또는 용역에 대하여 적용한다.(부가세법 21조 외)

1) **재화의 수출**: 직수출, 대행수출, 중계무역방식 수출 등

2) **용역의 국외공급**: 용역제공 거래상대방에 관계없이 영세율 적용

3) **외국항행용역의 공급**: 선박·항공기 외 국제복합운송계약에 의한 용역도 외국 항행용역

4) **기타**: 국내에서 비거주자나 외국법인에게 공급하는 경우, 수출재화 임가공용역(내국신용장 등), 외국항행선박·항공기에 공급하는 재화와 용역, 외교관 등에 제공하는 용역

5) **조세특례제한법에 따른 영세율적용대상**: 방위산업물자 등, 도시철도건설용역 등

3. 영세율과 세금계산서

직수출의 경우는 세금계산서 교부의무가 면제된다(사실상 거래상대방은 우리나라에서 사업자등록시 부여받는 사업자 등록번호가 없다). 세금계산서가 교부되는 경우는 내국신용장 또는 구매확인서에 의한 수출 등으로 국내 사업자간의 거래가 해당된다.

4. 영세율 첨부서류

거래가 영세율이 적용되는 경우, 예정신고 또는 확정신고시 부가가치세시행령에 의한 첨부서류를 제출하여야 한다.

예 직수출의 경우 '수출실적명세서', 내국신용장(구매확인서)에 의한 영세율 대상 재화나용역의 공급의 경우 그 사본, 기타 수출재화를 입증하는 서류나 외화입금 증명서 등

문제 회사는 구매확인서에 의하여 수출대행업체인 (주)한국수출 제품(외화 $20,000, 환율 1,000원/$)을 공급하고 영세율전자세금계산서를 발행하였다. 대금은 수출대금 수취일로부터 1개월 이내 받기로 하였다.[전산회계 1급 61회 수정]

답 (차) 외상매출금 20,000,000원 (대) 제품매출 20,000,000원

5장 면세

■ 개인이 공급하는 재화나 용역이 면세대상인 경우 해당 사업자는 면세사업자로 부가가치세법상 신고의무는 없다. 다만 공급받은 매입세금계산서 합계표를 제출하는 등 협력의무가 존재한다. 면세사업자라도 사업자 등록을 통해서 사업자 등록번호를 부여 받으며 해당 번호는 계산서발급이나 세금계산서 수취 등의 거래에 사용된다.

1. 개요

특정한 재화·용역의 공급 및 수입에 대하여 부가가치세 납세의무를 면제하는 것을 말한다. 과세거래가 아니므로 면세재화를 공급하는 사업자는 부가가치세 과세표준의 신고, 세금계산서 교부 등의 의무가 없다. 면세단계에서 생성된 부가가치에 대한 납세의무가 없는 것을 의미하므로 이전단계 부가가치세를 면제해주는 것은 아니다. 부가가치세법상 신고의무가 없으므로 매입세액을 공제받을 수 없기 때문에 부분면제에 해당한다.

2. 면세 적용대상 재화·용역의 공급 및 재화의 수입

면세적용 대상은 법에서 열거하는 일정한 재화나 용역에 한하므로 그 외의 것은 과세대상으로 판단한다(부가세법 26조). 대체적인 구분 내용은 아래와 같다.

1) **기초생활필수 관련 재화와 용역:** 미가공 식료품, 농산물, 축산물, 수산물과 임산물, 수돗물, 연탄, 무연탄, 여객운송 용역, 여성용 생리 처리 위생용품
2) **국민후생관련 재화와 용역:** 일정한 의료보건 용역, 교육 용역, 주택과 이에 부수되는 토지의 임대 용역, 공동주택 내 어린이집의 임대용역
3) **문화관련 재화와 용역:** 도서, 신문, 잡지, 뉴스통신 및 방송(광고는 제외), 예술창작품 등
4) **부가가치 생산요소:** 금융 · 보험 용역, 저술가 · 작곡가 등이 직업상 제공하는 인적(人的) 용역, 토지의 공급(토지의 임대는 과세)
5) **조세특례제한법상 일정한 재화나 용역:** 국민주택 민 국민주택 건설용역, 정부업무대행 단체 등이 공급하는 재화나 용역, 유아용 귀저기 나 분유(한시적 적용)

3. 면세의 포기

면세사업자는 매입시 공급받은 원재료 등의 매입세액공제를 받지 못하고 이를 그대로 원가에 포함시키는 경우가 발생할 수 있다. 이런 경우의 불리함을 해소하기 위해 과세사업으로 전환할 수 있도록 면세포기 제도를 세법은 두고 있다(부가세법 28조).

1) 면세포기대상

- 부가가치세가 면제되는 재화 또는 용역의 공급으로 영세율 적용의 대상이 되는 재화·용역
- 학술연구단체 또는 기술연구단체가 공급하는 재화·용역

2) 면세포기의 절차와 효력

부가가치세의 면세를 포기하려는 사업자는 면세포기신고서로 관할세무서장에게 신고(국세정보통신망에 의한 신고를 포함)하고, 지체없이 사업자등록을 하여야 한다.

면세를 포기한 사업자는 과세사업자로 전환되어 부가가치세법상의 제반의무를 이행하여야 하며, 신고한 날로부터 3년간은 면세적용을 받지 못한다.

4. 면세사업자의 협력의무

1) 면세사업자는 부가가치세법상 납세의무자가 아니므로 일반 과세사업자와 같이 신고납부라 의무는 없다. 그러고 매출시 세금계산서 발급의무도 없으나 세금계산서의 성격상 매입부분에 대해서는 세금계산서 합계표 등을 제출하여 협력하도록 하고 있다.

2) 대리납부의무: 국내사업장이 없는 비거주자나 외국법인이 국내에서 제공하는 용역에 대해서 용역을 제공받은자는 용역대가의 10%를, 대가를 지급하는 때 징수하고 예정신고나 확정신고시 대리납부신고서를 작성하여 신고납부 하여야 한다.

문제 회사는 업무용 서적 200,000원 상당액을 영서문고에서 구입하면서 계산서를 수취하였다. 대금은 영서문고계좌에 회사의 보통예금으로 이체를 하였다. 해당 내역에 대한 분개를 하시오.

답 (차) 도서인쇄비(판) 200,000원 (대) 보통예금 200,000원

기출문제

문제1 다음 중 부가가치세 면세대상이 아닌 것은?[세무회계 2급 56회 기출]

① 주무관청의 허가를 받은 학원의 교육용역
② 국민주택규모 이상의 주거용 건축물을 사업적으로 자영 건설하여 분양 · 판매하는 경우
③ 김치 · 두부 등 단순 가공식료품
④ 영리를 목적으로 하지 아니하는 경연대회

답 ②

해설 [부가세법 26조 재화 또는 용역의 공급에 대한 면세]

■ 다음의 재화 또는 용역의 공급에 대하여는 부가가치세를 면제한다.

1. 가공되지 아니한 식료품 및 우리나라에서 생산되어 식용으로 제공되지 아니하는 농산물, 축산물, 수산물과 임산물로서 대통령령으로 정하는 것
2. 수돗물
3. 연탄과 무연탄
4. 여성용 생리 처리 위생용품
5. 의료보건 용역(수의사의 용역을 포함한다)으로서 대통령령으로 정하는 것과 혈액
6. 교육 용역으로서 대통령령으로 정하는 것
7. 여객운송 용역. 다만, 항공기, 고속버스, 전세버스, 택시, 특수자동차, 특종선박(特種船舶) 또는 고속철도에 의한 여객운송 용역으로서 대통령령으로 정하는 것은 제외한다.
8. 도서(도서대여 용역을 포함한다), 신문, 잡지, 관보(官報), 「뉴스통신 진흥에 관한 법률」에 따른 뉴스통신 및 방송으로서 대통령령으로 정하는 것. 다만, 광고는 제외한다.
9. 우표(수집용 우표는 제외한다), 인지(印紙), 증지(證紙), 복권 및 공중전화
10. 「담배사업법」 제2조에 따른 담배로 판매가격이 일정하는 금액 이하인 것과 특수용 담배
11. 금융 · 보험 용역으로서 대통령령으로 정하는 것
12. 주택과 이에 부수되는 토지의 임대 용역
13. 「공동주택관리법」 등에 따른 복리시설인 공동주택 어린이집의 임대 용역
14. 토지
15. 저술가 · 작곡가나 그 밖의 자가 직업상 제공하는 인적(人的) 용역
16. 예술창작품, 예술행사, 문화행사 또는 아마추어 운동경기 것
17. 도서관, 과학관, 박물관, 미술관, 동물원, 식물원, 그 밖에 입장하게 하는 것
18. 종교, 자선, 학술, 구호(救護), 그 밖의 공익을 목적 단체가 공급하는 재화 또는 용역
19. 국가, 지방자치단체 또는 지방자치단체조합이 공급하는 재화 또는 용역

20. 국가, 지방자치단체, 지방자치단체조합 또는 공익단체에 무상(無償)으로 공급하는 재화 또는 용역

문제2 다음 중 부가가치세법상 면세와 영세율에 대한 설명으로 틀린 것은? [세무회계 2급 56회 기출]

① 영세율은 부분면세제도이다.
② 면세사업자는 면세포기를 하지 않는 한 영세율을 적용받을 수 없다.
③ 영세율에 대해서는 조기환급이 가능하다.
④ 면세는 조세부담의 역진성을 완화하는 기능이 있다.

답 ① 영세율은 영세율사업자의 매입세액을 전액공제하므로 완전면세제도이다.

문제3 다음 중 부가가치세법상 영세율적용대상에 해당하지 않은 것은? [세무회계 2급 57회 기출]

① 중계무역 방식으로 수출하는 재화
② 내국신용장에 의한 수출재화
③ 수출업자와 직접 도급계약에 의한 재화의 임가공 용역
④ 수출업자에게 내국신용장 또는 구매확인서 없이 공급하는 재화

답 ④ 수출업자에게 내국신용장 또는 구매확인서 없이 공급하는 재화는 영세율 적용대상이 아니다.

해설 [부가세법 21조 재화의 수출_영세율 적용 대상]

- 재화의 공급이 수출에 해당하면 그 재화의 공급에 대하여는 영(零) 퍼센트의 세율(이하 "영세율"이라 한다)을 적용한다.
- 수출은 다음의 것으로 한다.
  1. 내국물품(대한민국 선박에 의하여 채집, 잡힌 수산물을 포함)을 외국으로 반출하는 것
  2. 중계무역 방식의 거래 등 대통령령으로 정하는 것으로서 국내 사업장에서 계약과 대가 수령 등 거래가 이루어지는 것
  3. 내국신용장 또는 구매확인서에 의하여 재화[금지금(金地金)은 제외한다]를 공급하는 것

[부가세법 22조 용역의 국외공급] 국외에서 공급하는 용역에 대하여는 영세율을 적용한다.

[부가세법 23조 외국항행용역의 공급]
■ 선박 또는 항공기에 의한 외국항행용역의 공급에 대하여는 영세율을 적용한다.
[부가세법 24조 외화 획득 재화 또는 용역의 공급 등]
■ 다음의 어느 하나에 해당하는 경우에는 영세율을 적용한다.

1. 우리나라에 상주하는 외교공관, 영사기관, 국제연합과 이에 준하는 국제기구 등 (이하 이 조에서 "외교공관등"이라 한다)에 재화 또는 용역을 공급하는 경우
2. 외교공관등의 소속 직원으로서 해당 국가로부터 공무원 신분을 부여받은 자 또는 외교부장관으로부터 이에 준하는 신분임을 확인받은 자 중 내국인이 아닌 자에게 대통령령으로 정하는 방법에 따라 재화 또는 용역을 공급하는 경우
3. 그 밖에 외화를 획득하는 재화 또는 용역의 공급으로서 대통령령으로 정하는 경우

문제4 다음 중 부가가치세법상 영세율과 면세에 대한 설명으로 틀린 것은? [세무회계 2급 59회 기출]

① 면세사업자는 납세의무자가 아니므로 부가가치세법상 어떠한 의무도 지지 않는다.
② 영세율제도는 소비지국과세원칙에 따라 주로 수출 등과 같이 재화 또는 용역을 국외에 제공할 때 주로 적용되며, 이는 국제적 이중과세를 방지하기 위한 것이다.
③ 영세율사업자는 납세의무자이므로 부가가치세법상 각종 의무를 이행하여야 한다.
④ 면세는 당해 거래자체의 매출세액도 과세하지 않고 구입시 부담한 매입세액도 전혀 공제하지 않음으로써 결국 면세사업자가 부담한 매입세액은 원가에 가산되어 최종소비자에게 전가되는 부분면세제도이다.

답 ① 면세사업자라도 매입처별세금계산서합계표 제출과 대리납부의무는 있다.

문제5 부가가치세법상 면세가 적용되는 경우는?[세무회계 2급 64회 기출]

① 우등고속버스에 의한 여객운송용역
② 자동차운전학원
③ 상가임대용역
④ 장의업자가 제공하는 장의 용역

답 ④ 우등고속 및 자동차운전학원은 과세임

해설 [부가세법시행령 37 면세되지 아니하는 항공기, 고속버스 등에 의한 여객운송 용역의 범위]

1. 「항공법」에 따른 항공기에 의한 여객운송 용역
2. 「여객자동차 운수사업법」에 따른 여객자동차 운수사업 중 다음 각 목의 여객자동차 운수사업에 제공되는 자동차에 의한 여객운송 용역

가. 운행 형태가 고속인 시외버스운송사업. 다만, 2018년 3월 31일까지는 시외우등 고속버스에 의한 여객운송 용역을 공급한 분으로 한정한다.
나. 전세버스운송사업
다. 일반택시운송사업 및 개인택시운송사업
라. 자동차대여사업

3. 다음의 선박에 의한 여객운송 용역
가. 수중익선(水中翼船)
나. 에어쿠션선
다. 자동차운송 겸용 여객선
라. 항해시속 20노트 이상의 여객선

4. 「철도건설법」에 따른 고속철도에 의한 여객운송 용역

문제6 다음은 부가가치세법상 부수공급에 관한 사례이다. 다음 중 부가가치세가 면세되는 것은?[세무회계 2급 56회 기출]

① 조경공사업체가 조경공사에 포함하여 수목을 공급하는 경우
② TV를 판매한 업체가 그 A/S 용역을 제공하는 경우
③ 제조업체가 제조업에 사용하던 토지를 양도하는 경우
④ 악기 도매업자가 피아노와 함께 피아노 의자를 공급한 경우

답 ③ 토지는 면세 재화

해설 [제26조 재화 또는 용역의 공급에 대한 면세]

■ 주택 및 토지관련 면세
1. 주택과 이에 부수되는 토지의 임대 용역으로서 대통령령으로 정하는 것
2. 토지

6장 과세표준과 세액의 계산

■ 부가가치세법상 과세표준 합계액은 소득세법상 사업소득의 총수입금액과 거의 일치한다. 1기의 과세표준은 중간예납을 위한 자료로 활용될 수 있다. 다만 사업의 시작이 부가가치세법상 과세기간 도중일 경우 그러하지 아니하다.

부가가치세법에서는 부가가치세가 포함되지 아니한 재화나 용역의 공급가액을 과세표준으로 한다. 만일 부가가치세의 포함여부가 불분명한 경우에는 재화나 용역의 공급시 받은 대가에 부가가치세가 포함되어 있는 것으로 본다. 그리고 세율은 일반적인 경우 10%(영세율과세대상인 경우 0%)세율을 적용한다.

1. 재화용역의 공급에 대한 부가가치세 과세표준(부가세법 29조)

부가가치세의 과세표준은 "공급가액"이란 용어로 칭하며, 부가가치세는 포함하지 아니한다.

1) 과세표준 계산의 일반원칙

- 금전으로 대가를 받는 경우: 그 대가
- 금전 외의 대가를 받는 경우: 시가
- 재화·용역의 공급에 대하여 부당하게 낮은 대가나 대가를 받지 아니하는 경우: 공급한 재화·용역의 시가(특수관계자에 대한 부동산임대용역은 과세함)
- 폐업하는 경우 : 시가

2) 거래형태별 과세표준

- 외상판매 및 할부판매: 공급한 재화의 총 가액을 과세표준으로 한다.
- 장기할부판매: 계약에 따라 받기로 한 대가의 각 부분을 과세표준으로 한다.
- 완성도기준지급 및 중간지급조건부로 공급이나 계속적으로 공급: 계약에 따라 받기로 한 대가의 각 부분을 과세표준으로 한다.

문제 주식회사 탐진은 주방용품제조업체이다. 3월 5일 도매상인 영일상사에 프라이팬 35,000,000원(부가가치세 별도)을 공급하고 전자세금계산서를 발급하였다. 대금은 1개월 후에 받기로 하였다. 4월 5일 대금을 통장으로 회수하였다. 4월 6일 영삼상사에 냄비 4,000,000원(부가가치세별도)을 공급하고 대금은 7월 5일에 받기로 하였다. 회사는 6월 30일에 반기결산목적으로 부가가치세를 미지급세금 계정으로 대체를 한다. 3월 5일, 4월 5일, 4월 6일 그리고 6월 30일에 분개를 행하시오.

답

3월 5일

(차)	외상매출금	38,500,000원	(대) 제품매출	35,000,000원
			부가세예수금	3,500,000원

4월 5일

(차)	외상매출금	38,500,000원	(대) 외상매출금	38,500,000원

4월 6일

(차)	외상매출금	4,400,000원	(대) 제품매출	4,000,000원
			부가세예수금	400,000원

6월 30일

(차)	부가세예수금	3,900,000원	(대) 미지급세금	3,900,000원

2. 재화의 수입에 대한 과세표준

재화의 수입에 대한 부가가치세의 과세표준은 그 재화에 대한 관세의 과세가격과 관세, 개별소비세, 주세, 교육세, 농어촌특별세 및 교통 · 에너지 · 환경세를 합한 금액으로 한다.

문제 중국에서 원재료를 수입하면서 받은 수입세금계산서이다. 부가가치세를 당좌예금에서 납부하였다. 부가가치세에 대한 회계처리를 하시오.

No.

수 입 세 금 계 산 서(수입자 보관용)

세관명			수입자		
	등록번호	601-63-00048		등록번호	605-01-001
	세 관 명	부산세관장		상 호	(주)한국전자
	세관주소	부산시 중구 *** ****		성 명	홍길동
수입신고번호 또는 일괄 발급기간(총건)				사업장주소	부산시 영도구 남항동 ***
				업 태	제조 / 종 목 전자부품

납부			과세표준													세액												비 고
년	월	일	공란수	조	천	백	십	억	백	십	만	천	백	십	일	천	백	십	억	천	백	십	만	천	백	십	일	
15	2	10							6	0	0	0	0	0	0							6	0	0	0	0		

월	일	품 목	규 격	수 량	단 가	공급가액	세 액	비 고
		수입신고필증 참조						

※ 과세표준은 관세의 과세가격과 관세, 개별소비세, 주세, 교통에너지환경세, 교육세_및 농어촌특별세의 합계액으로 한다.

답 (차) 부가세대급금 600,000원 (대) 당좌예금 600,000원

3. 과세표준의 계산의 특례

- 일반적인 과세표준은 재화나 용역에 대한 대가나 시가를 기준으로 계산하나, 이를 적용함이 곤란한 경우에 특례규정을 두고 있다(주로 간주공급의 경우).

과세사업에 사용된 감가상각자산이 간주공급(부동산임대용역 제공시 건물의 매입부가가치세-폐업시 잔존재화)에 해당하는 경우 당해 재화의 시가를 과세표준으로 한다.

• 건물 또는 구축물의 시가 = 취득가액 × (1-5% × 경과된 과세기간의 수)
• 기타 감가상각자산의 시가 = 취득가액 × (1-25% × 경과된 과세기간의 수)
(경과된 과세기간의 수는 건물등은 최대 20, 기타 감가상각자산의 경우 4)

문제 김일동은 2010년 1월 1일 오피스텔을 분양받아 사업자등록을 한 후 임대사업에 사용하였다. 취득당시 분양회사로부터 건물분에 대한 공급가액은 3천만원 토지분에 대한 공급가액은 7,000만원으로 각각 세금계산서와 계산서를 발급받았다. 2014년 12월 30일 이민을 가는 관계로 폐업하기로 하였다. 김일동의 간주공급에 대한 부가가치세를 계산하시오.

답 과세표준 3,000만원 * (1 – 5% * 10)
부가가치세 150만원

4. 공통사용재화의 공급

1) 과세사업과 면세사업에 공통으로 사용되는 재화를 공급(매각 등)하는 경우에 그 과세표준은 다음 산식에 의하여 계산한다.

$$과세표준 = 해당\ 재화의\ 공급가액 \times \frac{직전기\ 과세공급가액(과세사용면적)}{직전기\ 총공급가액(총사용면적)}$$

2) 다음의 어느 하나에 해당하는 경우에는 안분계산하지 않고 해당 재화의 공급가액을 과세표준으로 한다.

• 직전과세기간의 총공급가액중 면세공급가액의 비율이 5% 미만인 경우
(단, 해당 재화의 공급가액이 5천만원 이상인 경우는 제외)
• 재화의 공급가액이 50만원 미만인 경우
• 재화를 공급하는 날이 속하는 과세기간에 신규사업 개시로 직전과세기간이 없는 경우

5. 토지와 건물 등 부동산의 일괄공급

사업자가 토지(토지의 공급은 면세)와 함께 정착된 건물 · 구축물(건물 등의 공급은 과세)을 함께 공급하는 경우에 그 건물 · 구축물의 공급가액은 실지거래가액에 의한다. 다만, 토지의 가액과 건물 또는 구축물 등의 가액 구분이 불분명한 경우에는 다음의 순서로 안분계산한다(부가세법 시행령 64조).

- 감정평가가액(감정평가법인이 평가한 가액)
- 토지와 건물 등에 대한 공급계약일 현재의 기준시가
- 장부가액(장부가액이 없는 경우에는 취득가액)에 비례하여 안분계산한 후 기준시가가 있는 자산에 대하여는 그 합계액을 다시 기준시가에 의하여 안분계산한다.

문제 김일동은 보유하여 임대하고 있는 오피스텔을 매각하기로 결정하였다. 마포에 위치한 오피스텔은 현재 2.1억원에 매매가 가능하다. 국세청이 공시한 '오피스텔 및 상업용 건물 기준시가'는 6,000만원이다. 부속토지의 기준시가는 1억2천만원이다. 김일동의 매매계약에 대한 세금계산서 공급가액과 계산서상의 공급액은 얼마인가?

답 세금계산서상 공급가액 2.1억 × (6000/180000) = 7천만원, 부가가치세 7백만원
계산서상 공급금액 2.1 × 2/3 = 1억4천만원

6. 부동산 임대용역

부동산임대용역을 제공할 경우 임대료, 전세금 또는 임대보증금에 대한 간주임대료 및 관련된 관리비는 과세표준에 포함된다.

1) 간주임대료(부가세법 시행령 65조)

임대사업자가 부동산임대용역을 공급하고 전세금 또는 임대보증금을 받는 경우에는 해당 보증금에 대해 금전 이외의 대가를 받는 것으로 보아 다음에 의해 계산한 금액을 임대료로 간주하여 과세한다.

공급가액 = 전세금 or 임대보증금 × 국세청장고시정기예금이자율 × 과세대상기간일수 / 365

2) 겸용주택의 임대(부가세법 시행령 65조)

과세되는 부동산임대용역과 면세되는 주택임대용역을 함께 공급하여 구분이 불분명한 경우에는 다음의 산식을 순차로 적용하여 과세표준을 계산한다.

(1 단계) 임대료를 토지분과 건물분으로 안분계산

총임대료 × 토지가액/토지가액과 정착된 건물가액의 합계액 = 토지분 임대료 상당액

총임대료 × 건뭉가액/토지가액과 정착된 건물가액의 합계액 = 건물분 임대료 상당액

(2 단계) 토지 및 건물의 임대료를 면적비율로 안분하여 과세표준 계산

토지분 과세표준 = 토지분 임대료 상당액 × 과세되는 토지임대면적/총토지임대면적

건물분 과세표준 = 건물분 임대료 상당액 × 과세되는 건물임대면적/총건물임대면적

문제 김일동은 보유한 오피스텔을 2014년 12월 12일 ㈜대치에 임대하였다. 임대조건은 보증금 1천만원에 월 임대료 100만원(부가가치세 별도)이다. 2015년 4월 25일 1기 부가가치세 예정신고시 과세표준을 계산하시오. 국세청장 고시 이자율은 3%로 간주하고 계산하라. 임대보증금 과세대상기간일수는 90일로 한다.

답 1,000만원 × 0.03 × 90/365 + 10만원 × 3 = 3,073,972원, 부가가치세 307,390원

7. 세율

부가가치세의 세율은 10퍼센트로 한다.

7장 납부세액 등의 계산

1. 거래징수

사업자가 재화 또는 용역을 공급하는 경우에는 공급가액에 세율을 적용하여 계산한 부가가치세를 그 공급을 받는 자로부터 징수하는 것을 말한다.

2. 납부세액의 계산

매출세액	매출세액, 예정신고 누락분 매출세액, 대손세액
매입세액	매입세액, 예정신고누락분 매입세액 등
납부(환급)세액	
경감공제세액	신용카드매출전표발생세액공제
가산세	세금계산서 관련 가산세 등
차가감납부(환급)세액	

문제 (주)행신은 컴퓨터부품을 제조하고 있다. 행신의 2015년 1월 1일부터 3월 31일까지의 공급가액은 250,000,000원이다(부가가치세 제외). 매출중에서 수출분이 50,000,000원 포함되어 있다. 동 기간동안 제조에 필요한 재료비 매입 물품의 공급가액 150,000,000원이다(부가가치세 제외). (주)행신은 위 거래에서 모두 세금계산서와 영세율세금계산서를 증빙으로 교부 받았다. 행신의 부가가치세 납부(환급)세액을 구하시오.

답 매출세액: 200,000,000 × 0.1 = 20,000,000원
매입세액: 150,000,000 × 0.1 = 15,000,000원
납부세액: 5,000,000원

3. 매출세액의 계산

1) 매출분

당해 부가가치세 신고기간에 해당하는 매출에 대한 공급가액에 세율을 적용하여 계산한 세액으로 부가가치세를 그 공급을 받는 자로부터 징수한다. 구성내역은 아래와 같다.

- 세금계산서교부분
- 매입자발생세금계산서상 금액
- 신용카드매출전표
- 현금영수증 등
- 간주공급 등
- 영세율 매출세액

2) 대손세액 공제 및 가산

- 의의

재화용역의 공급을 받은자가 파산·강제집행이나 기타 사유로 그 재화 또는 용역의 공급에 대한 부가가치세를 포함한 매출채권을 회수할 수 없는 경우가 있다. 이 경우 대손이 확정된 날이 속하는 과세기간의 매출세액에서 대손세액을 뺄 수 있다. 다만 그 사업자가 대손금액의 전부 또는 일부를 회수한 경우에는 대손세액을 회수한 날이 속하는 과세기간의 매출세액에 더한다.

• 공제절차

대손세액공제는 사업자가 부가가치세 확정신고서와 함께 '대손세액공제신고서'에 사실을 입증하는 서류를 첨부하여 세무서장에게 제출하는 경우에 적용된다.

• 공급받은 자의 매입세액공제분

공급자와 반대로 공급받는 자의 경우 매입세액으로 공제받은 경우로서 공급자의 대손이 그 공급을 받은 사업자가 폐업하기 전에 확정되는 경우에는 관련 대손세액에 해당하는 금액을 대손이 확정된 날이 속하는 과세기간의 매입세액에서 차감한다.

문제 다음 자료에 의하여 부가가치세 매출세액을 계산하면 얼마인가?[전산회계 62회 1급]

- 발급한 세금계산서 중 영세율세금계산서의 공급가액은 2,400,000원이고, 매입과 관련된 영세율 세금계산서는 없다.
- 세금계산서를 받고 매입한 물품의 공급가액은 15,000,000원이고, 이 중 사업과 관련이 없는 물품의 공급가액 1,500,000원이 포함되어 있다.
- 납부세액은 1,500,000원이다.

답 납부세액 = 매출세액 - 매입세액 + 매입세액불공제
즉, 매출세액은 납부세액 + 매입세액 − 매입세액불공제
2,850,000원 = 1,500,000원 + 1,500,000원 − 150,000원

4. 매입세액의 계산

공급받은 재화나 용역에 대해 거래징수 당한 매입세액은 부가가치세 납부세액 계산시 공제한다. 매입세액이 매출세액에서 공제받기 위해서는 일정한 공제요건(과세사업과의 관련성, 정당한 증빙 수취 등)이 충족되어야 한다.

1) 공제되는 매입세액

과세사업관련 재화·용역을 공급받거나 수입하고 대가를 지급할 때, 적격증빙을 교부받

은 경우 매입세액은 매출세액에서 공제받는다. 예정신고시 공제하지 못한 경우에는 확정신고시 공제 가능하다.

2) 불공제되는 매입세액(부가세법 39조)

일반적으로 공제요건을 충족한 경우에 거래징수당한 매입세액은 매출세액에서 공제받을 수 있다. 그러나 일정한 다음의 사유에 해당하는 경우 매입세액공제를 받지 못한다.

- 미제출: 매입처별 세금계산서합계표를 제출하지 아니한 경우
- 부실기재: 매입세액 또는 제출한 매입처별 세금계산서합계표의 기재사항 중 거래처별등록번호 또는 공급가액의 전부 또는 일부가 적히지 아니하였거나 사실과 다르게 적힌 경우
- 세금계산서를 발급받지 아니한 경우 또는 발급받은 세금계산서 '필요적 기재사항'의 전부 또는 일부가 적히지 아니하였거나 사실과 다르게 적힌 경우
- 사업과 직접 관련이 없는 지출의 매입세액
- 비영업용 소형승용차의 구입과 임차(賃借) 및 유지에 관한 매입세액
- 접대비 및 이와 유사한 비용의 지출에 관련 매입세액
- 면세관련 매입세액: 부가가치세가 면제되는 재화 또는 용역을 공급하는 사업에 관련된 매입세액과 토지 관련 매입세액
- 사업자 등록전 매입세액. 다만, 공급시기가 속하는 과세기간이 끝난 후 20일 이내에 등록 신청한 경우 그 과세기간내의 것은 제외한다.

3) 매입세액의 안분계산(부가세법 40조)

사업자가 과세사업과 면세사업을 겸영하는 경우에 면세사업과 관련된 부가가치세 매입세액의 계산은 실지 귀속에 따라 한다(약국의 경우 병원처방에 의한 조제용역은 면세이며, 일반의약품 판매는 과세). 과세사업과 면세사업에 공통으로 사용되어 실지 귀속을 구분할 수 없는 공통매입세액(예, 약국의 경우 지불하는 임대료)은 다음 산식에 의하여 계산한다. 다만, 예정신고를 하는 경우 예정신고기간에 있어서 총공급가액에 대한 면세공급가액의 비율에 의하여 안분계산하고, 확정신고를 하는 때에 정산한다.

면세사업에 관련된 매입세액 = 공통매입세액 × 면세공급가액/총공급가액

문제 회사는 영업에 사용할 목적으로 (주)한대차에서 취득가액이 10,000,000원(부가가치세 별도)인 1,600cc 소형승용차를 구입하였다. 대금은 거래당일 회사 통장에서 11,000,000원 이체하였다. 그리고 세금계산서를 발급받았다. 해당 분개를 하시오.

답 (차) 차량운반구 11,000,000원 (대) 보통예금 11,000,000원

문제 김약국의 2015년 1기 예정신고기간의 매입액은 일반의약품 3,000만원(부가세 제외), 조제의약품 2,000만원 이며 과세 면세 귀속구분이 불가능한 판매관리비로 임대료 200만원(부가가가치세제외) 전화료 20만원(부가가치세 제외)이다. 한편 해당기간의 일반의약품 매출은 6,000만원(부가가치세 제외), 조제의약품의 매출은 4,000만원이다. 면세관련 매입세액과 공제가능한 매입세액을 구하시오.

답 면세관련 매입세액: 220,000 × (4,000/10,000) = 88,000원
공제가능 매입세액: 3,000,000(일반의약품관련) + 공통매입세액 − 면세관련매입세액
(220,000 − 88,000) = 3,132,000원

5. 의제매입세액공제

1) 의의

과세사업자가 부가가치세를 면제받는 농산물 · 축산물 · 수산물 또는 임산물("면세농산물 등"이라 한다) 등 재화를 원재료로 하여 제조 및 가공한 재화 또는 창출한 용역의 공급에 대하여 과세되는 경우, 면세농산물가액의 일정률을 매입세액으로 공제할 수 있다. 이를 '의제매입세액공제'라 한다.

2) 의제매입세액계산

의제매입세액 = 면세농산물등의 매입가액 × 공제율

- 공제율: 매입가액은 운임 등의 부수비용을 제외한 매입원가로 하며, 수입분은 관세의 과세가격을 기준으로 한다. 매입세액으로 공제율은 다음과 같다.

구분		공제율
음식점업	개별소비세법에 따른 과세유흥장소	104분의 4
	과세유흥장소 이외의 경우 중 개인사업자	108분의 8
	과세유흥장소 이외의 경우 중 사업자	106분의 6
제조업(조세특례제한법상 중소기업 및 개인사업자에 한함)		104분의 4
위 이외의 사업		102분의 2

• 한도: 의제매입세액 공제의 경우에도 일정한 한도액 내에서 공제한다(공제대상인 면세농산물등의 매입가액의 한도). 개인사업자인 경우 아래의 표와 같으며 법인사업자의 경우 과세표준의 35%를 한도로 한다. 한도계산은 확정신고시에만 적용하므로 예정분과 함께 정산 적용한다.

개인사업자	과세표준 1억 이하	음식점업 과세표준의 60%, 그 외 50%
	과세표준 1억 초과	음식점업 과세표준의 55%, 그 외 50%
	과세표준 2억 초과	음식점업 과세표준의 45%, 그 외 40%

3) 의제매입세액 공제시기

면세농산물 등을 사용시점이 아니라 구입시점을 기준으로 해당 과세기간의 예정신고 또는 법정신고시 공제한다.

4) 의제매입세액의 재계산

의제매입세액으로서 공제한 면세농산물 등을 그대로 양도 또는 인도하거나 부가가치세가 면제되는 재화 또는 용역을 공급하는 사업 기타의 목적을 위하여 사용하거나 소비하는 때에는 그 공제한 금액을 납부세액에 가산하거나 환급세액에서 공제하여야 한다.

참고 재활용 폐자원 관련 의제매입세액공제(조특법 108조)
자원재생과 관련한 사업자들이 세금계산서 등을 교부 받을 수 없는 자로부터 취득한 재활용폐자원 및 중고자동차 등을 공급받는 경우 해당 거래에 대한 대가의 일정율을 곱한 금액을 의제매입세액으로 공제 받을 수 있다.

기출문제

문제 다음 자료에 의하여 일반과세자인 갑세무씨의 2015년 제2기 부가가치세 확정신고시 공제될 의제매입세액공제액을 계산하면 얼마인가?[세무회계 2급 기출]

- 일반 음식점을 영위하는 개인사업자이다.(개별소비세 대상 아님)
- 2015년 7월 1일부터 12월 31일까지 과세대상 음식용역에 사용할 면세농산물 구입액 3,240,000원을 계산서로 수취하였다.

답 3,240,000 × 8/108 = 240,000원(부가가치세법시행령 84①,②)

문제1 다음 중 부가가치세법상 과세표준에 포함되는 것은?[세무회계 2급 56회 기출]

① 재화나 용역을 공급할 때 그 품질이나 수량, 인도조건 또는 공급대가의 결제방법이나 그 밖의 공급조건에 따라 통상의 대가에서 일정액을 직접 깎아주는 금액
② 공급의 대가를 할부로 받게 되었을 때 받는 이자상당액
③ 공급에 대한 대가의 지급이 지체되었음을 이유로 받는 연체이자
④ 공급에 대한 대가를 약정기일 전에 받았다는 이유로 사업자가 당초의 공급가액에서 할인해 준 금액

답 ②

해설 [부가세법 시행령 61조 외상거래 등 그 밖의 공급가액의 계산]
1. 외상판매 및 할부판매의 경우: 공급한 재화의 총가액
2. 다음 각 목의 어느 하나에 해당하는 경우: 계약에 따라 받기로 한 대가의 각 부분
   가. 장기할부판매의 경우
   나. 완성도기준지급조건부 또는 중간지급조건부로 재화나 용역을 공급하는 경우
   다. 계속적으로 재화나 용역을 공급하는 경우

문제2 부가가치세법상 과세사업과 면세사업에 공통으로 사용하던 재화를 2013년 2월 2일에 1,000,000원에 매각하였다. 다음 자료로 이 재화의 공급에 대한 부가가치세 과세표준을 계산하면 얼마인가?[세무회계 2급 57회 기출]

과세기간	과세사업 공급가액	면세사업 공급가액	합 계
해당과세기간(2013년 제1기)	4,000,000원	6,000,000원	10,000,000원
직전과세기간(2012년 제2기)	9,600,000원	400,000원	10,000,000원
직전전과세기간(2012년 제1기)	6,000,000원	4,000,000원	10,000,000원

① 1,000,000원 ② 960,000원 ③ 600,000원 ④ 400,000원

답 ① 직전 과세기간의 면세공급가액의 비율이 5% 미만이고 해당 재화의 공급가액이 5천만원 미만이므로 안분계산을 생략하고, 공급가액 전부를 과세표준으로 한다.

해설 [부가세법 시행령 63조 과세사업과 면세사업등에 공통으로 사용된 재화의 공급가액 계산]

- 과세사업과 면세사업등에 공통으로 사용되는 재화를 공급하는 경우 과세표준에 포함되는 공급가액은 다음 계산식에 따라 계산한다.

공급가액=해당재화공급가액×(직전과세기간 과세공급가액)/(직전관세기간 총공급가액)

- 위항에도 불구하고 총예정사용면적에 따라 납부세액이나 환급세액을 사용면적비율에 따라 재계산한 재화로서 과세사업과 면세사업등에 공통으로 사용되는 재화를 공급하는 경우에 과세표준에 포함되는 공급가액은 다음 계산식에 따라 계산한다. 이 경우 휴업 등으로 인하여 직전 과세기간의 사용면적비율이 없을 때에는 그 재화를 공급한 날에 가장 가까운 과세기간의 사용면적비율에 의하여 계산한다.

공급가액=해당재화공급가액×(직전과세기간 과세사용면적)/(직전관세기간 총사용면적)

- 다음에 해당하는 경우에는 해당 재화의 공급가액 전부를 과세표준으로 한다.
  1. 재화를 공급하는 날이 속하는 과세기간의 직전 과세기간의 총공급가액 중 면세공급가액이 5퍼센트 미만인 경우. 다만, 해당 재화의 공급가액이 5천만원 이상인 경우 제외
  2. 재화의 공급가액이 50만원 미만인 경우
  3. 재화를 공급하는 날이 속하는 과세기간에 신규로 사업을 시작하는 경우

문제3 다음 중 부가가치세법상 의제매입세액에 대한 설명으로 옳지 않은 것은? [세무회계 2급 57회 기출]

① 부가가치세 과세사업자가 면세로 공급받은 농산물 등을 원재료로 하여 제조·가공한 재화 또는 창출한 용역의 공급이 과세되는 경우 일정한 금액을 매입세액으로 공제하는 제도이다.
② 외국으로부터 수입한 농산물도 의제매입세액공제 대상이다.
③ 의제매입세액공제를 받은 재화를 그대로 양도하는 경우에는 그 공제한 금액을 납부세액에 가산하거나 환급세액에서 공제한다.
④ 제조업을 영위하는 사업자가 농어민으로부터 면세농산물 등을 직접 공급받는 경우 의제매입세액공제를 받을 수 없다.

답 ④ 제조업을 영위하는 사업자가 농어민으로부터 면세농산물 등을 직접 공급받는 경우 의제매입세액공제를 받을 수 있다.

해설 [부가세법 42조 면세농산물등 의제매입세액 공제특례]

▪ 사업자가 "면세농산물등"을 원재료로 제조·가공한 재화 또는 창출한 용역의 공급에 대하여 부가가치세가 과세되는 경우, 면세농산물 등을 공급받거나 수입할 때 매입세액이 있는 것으로 보아 대통령령으로 정하는바에 따라 계산한 금액을 매입세액으로 공제할 수 있다.

문제4 다음 자료에 의한 부가가치세법상 과세표준금액은 얼마인가?[세무회계 2급 57회 기출]

> ㉠ 거래처 갑에게 현금 매출 3,000,000원
> ㉡ 거래처 을에게 외상 매출 40,000,000원
> ㉢ 견본품 제공(시가 6,000,000원, 장부가액 5,000,000원)
> ㉣ 선수금을 받고 그 대가에 대해서 세금계산서 발행 4,000,000원
> ㉤ 상기금액은 모두 공급가액이다.

① 43,000,000원 ② 46,000,000원 ③ 47,000,000원 ④ 48,000,000원

답 ③ 3,000,000 + 40,000,000 + 4,000,000 = 47,000,000원

문제5 다음 중 부가가치세법상 매입세액 불공제대상에 해당하지 않는 것은? [세무회계 2급 58회 기출]

① 매입처별 세금계산서 합계표를 제출하지 않은 경우의 매입세액
② 자사 직원에게 선물하기 위한 물품의 매입세액
③ 비영업용소형승용차의 구입과 임차 및 유지에 관한 매입세액
④ 공장부지 및 택지의 조성에 대한 매입세액

답 ② 거래처 직원에게 선물하기 위해 구입한 물품의 매입세액은 공제받을 수 없으나(증여), 사업자가 자신의 직원에게 선물하기 위해 구입한 물품의 매입세액은 공제가능

해설 [부가세법 39조 공제하지 아니하는 매입세액]

1. 매입처별 세금계산서합계표를 제출하지 아니한 경우의 매입세액 또는 제출한 매입처별 세금계산서합계표의 기재사항 중 거래처별 등록번호 또는 공급가액의 전부 또는 일부가 적히지 아니하였거나 사실과 다르게 적힌 경우 그 기재사항이 적히지 아니한 부분 또는 사실과 다르게 적힌 부분의 매입세액

2. 세금계산서 또는 수입세금계산서를 발급받지 아니한 경우 또는 발급받은 세금계산서 또는 수입세금계산서에 "필요적 기재사항"의 전부 또는 일부가 적히지 아니하였거나 사실과 다르게 적힌 경우의 매입세액
4. 사업과 직접 관련이 없는 지출에 대한 매입세액
5. 비영업용자동차(운수업, 자동차판매업 등 대통령령으로 정하는 업종에 직접 영업으로 사용되는 것은 제외한다)의 구입과 임차 및 유지에 관한 매입세액
6. 접대비 및 이와 유사한 비용에 관련된 매입세액
7. 면세사업등에 관련된 매입세액과 토지에 관련된 매입세액
8. 사업자등록을 신청하기 전의 매입세액. 다만, 공급시기가 속하는 과세기간이 끝난 후 20일 이내에 등록을 신청한 경우 등록신청일부터 공급시기가 속하는 과세기간 기산일까지 역산한 기간 내의 것은 제외한다.

문제6 다음 중 부가가치세법상 과세표준에 포함되는 것은?[세무회계 2급 59회 기출]

① 할부판매의 이자상당액　　② 매출에누리액
③ 환입된 재화의 가액　　④ 재화를 공급한 후의 그 공급가액에 대한 할인액

답 ① 매출에누리 및 할인액은 부가가치세 과세표준에 포함되지 않는다.

해설 [부가세법 29조 과세표준]

- 재화 또는 용역의 공급에 대한 부가가치세의 과세표준은 해당 과세기간에 공급한 재화 또는 용역의 공급가액을 합한 금액으로 한다.
- 다음의 금액은 공급가액에 포함하지 아니한다.

1. 재화나 용역을 공급할 때 그 품질이나 수량, 인도조건 또는 공급대가의 결제방법이나 그 밖의 공급조건에 따라 통상의 대가에서 일정액을 직접 깎아 주는 금액
2. 환입된 재화의 가액
3. 공급받는 자에게 도달하기 전에 파손되거나 훼손되거나 멸실한 재화의 가액
4. 재화 또는 용역의 공급과 직접 관련되지 아니하는 국고보조금과 공공보조금
5. 공급에 대한 대가의 지급이 지체되었음을 이유로 받는 연체이자
6. 공급에 대한 대가를 약정기일 전에 받았다는 이유로 사업자가 당초의 공급가액에서 할인해 준 금액

문제7 부가가치세법상 대손세액공제에 대한 설명으로 틀린 것은?[세무회계 2급 60회 기출]

① 사망 실종으로 채권을 회수할 수 없는 경우 대손세액공제사유가 된다.
② 대손세액 공제의 범위는 사업자가 부가가치세가 과세되는 재화 또는 용역을 공급한 후 그 공

급일부터 5년이 지난 날이 속하는 과세기간에 대한 확정신고기한까지 확정되는 대손세액으로 한다.

③ 회수기일이 6개월 이상 지난 채권 중 채권가액이 50만원 이하(채무자별 채권가액의 합계액을 기준)인 채권은 대손세액공제를 받을 수 있다.

④ 공급자가 대손세액공제를 받은 후 대손금의 전부 또는 일부를 회수한 경우, 회수한 대손금에 대한 대손세액공제액은 회수한 날이 속한 과세기간의 매출세액에 더한다.

답 ③

해설 [부가세법 시행령 87조 대손세액 공제의 범위]

- "파산·강제집행이나 그 밖에 대통령령으로 정하는 사유"에 따라 대손금(貸損金)으로 인정되는 사유를 말한다.
- 대손세액 공제의 범위는 사업자가 부가가치세가 과세되는 재화 또는 용역을 공급한 후 그 공급일부터 5년이 지난 날이 속하는 과세기간에 대한 확정신고 기한
- 대손세액 공제를 받으려 하거나 대손세액을 매입세액에 더하려는 사업자는 부가가치세 확정신고서에 대손세액 공제(변제)신고서와 대손사실 또는 변제사실을 증명하는 서류를 첨부하여 관할 세무서장에게 제출하여야 한다.

문제8 다음 자료에 의한 부가가치세법상 과세표준금액은 얼마인가?[세무회계 2급 60회 기출]

㉠ 거래처 갑에게 현금 매출 3,000,000원 ㉡ 거래처 을에게 외상 매출 40,000,000원 ㉢ 견본품 제공(시가 6,000,000원, 장부가액 5,000,000원) ㉣ 선수금을 받고 그 대가에 대해서 세금계산서 발행 4,000,000원 ㉤ 상기금액은 모두 공급가액이다.

① 43,000,000원 ② 46,000,000원 ③ 47,000,000원 ④ 48,000,000원

답 ③ 3,000,000원 + 40,000,000원 + 4,000,000원 = 47,000,000원

문제9 부가가치세 과세사업자인 (주)A가 2015. 5. 10.에 토지와 건물을 (주)B에게 250,000,000원(VAT포함)에 일괄양도한 경우에 건물의 공급가액은 얼마인가?
[세무회계 2급 62회 기출]

구분	토지	건물	합계
장부가액	45,000,000원	50,000,000원	95,000,000원
감정평가액	140,000,000원	100,000,000원	240,000,000원
기준시가	95,000,000원	50,000,000원	145,000,000원

① 87,777,777원 ② 100,000,000원 ③ 120,000,000원 ④ 125,000,000원

답 ② 100,000,000원 [250,000,000 × 1억 / (1.4억 + 1억 × 110%) = 100,000,000원]

문제10 보세구역 내에서 공장을 운영하고 있는 일반과세자인 A씨는 수입된 플라스틱부품을 가지고 인형을 제조하여 보세구역 외의 국내사업자에게 공급하고 있다. 아래의 자료를 이용하여 A씨의 부가가치세의 과세표준을 계산하면? 단, 세관장은 부가가치세를 적법하게 징수하였고, 예시된 것 이외의 세금은 부과되지 않은 것으로 간주한다.
[세무회계 2급 65회 기출]

(1) 인형의 공급가액: 50,000,000원 (2) 수입된 플라스틱부품에 대한 관세의 과세가격: 10,000,000원
(3) 관세: 2,000,000원

① 38,000,000원 ② 40,000,000원 ③ 50,000,000원 ④ 60,000,000원

답 ① 50,000,000 − (10,000,000 + 2,000,000) = 38,000,000

문제11 부가가치세법상 부동산임대용역의 간주임대료에 대한 설명이다. 옳지 않은 것은?
[세무회계 2급 64회 기출]

① 적용대상자는 과세사업인 부동산임대용역을 공급하고 임대보증금을 받은 사업자이다.
② 적용대상 자산에 주택임대는 포함되지 않는다.
③ 간주임대료 계산시 임대용 부동산의 건설비 상당액을 차감하여 계산한다.
④ 간주임대료 계산시 임대사업에서 발생한 금융수익을 차감하지 않고 계산한다.

답 ③

해설 [부가세법 29조 과세표준]

■ 사업자가 다음의 어느 하나에 해당하는 부동산 임대용역을 공급하는 경우의 공급가액은 대통령령으로 정하는 바에 따라 계산한 금액으로 한다.

1. 사업자가 부동산 임대용역을 공급하고 전세금 또는 임대보증금을 받는 경우
2. 과세되는 부동산 임대용역과 면세되는 주택 임대용역을 함께 공급하여 그 임대구

분과 임대료 등의 구분이 불분명한 경우
3. 사업자가 둘 이상의 과세기간에 걸쳐 부동산 임대용역을 공급하고 그 대가를 선불 또는 후불로 받는 경우

문제12 부가가치세법상 공급 형태별 공급가액의 계산에 대한 설명이다. 옳지 않은 것은? [세무회계 2급 61회 기출]

① 외상판매 및 할부판매의 경우: 공급한 재화의 총 가액
② 장기할부판매의 경우: 계약에 따라 받기로 한 대가의 각 부분
③ 계속적으로 재화나 용역을 공급하는 경우: 계약에 따라 받기로 한 대가의 각 부분
④ 위탁가공무역 방식으로 수출하는 경우: 총 투입원가에 이익률을 가산한 가액

답 ④

해설 [부가세법 시행령 61조 외상거래 등 그 밖의 공급가액의 계산]
① 법 외상거래 할부거래 등에서 정하는 가액이란 다음의 구분에 따른 가액을 말한다.
1. 외상판매 및 할부판매의 경우: 공급한 재화의 총가액
2. 다음 각 목의 어느 하나에 해당하는 경우: 계약에 따라 받기로 한 대가의 각 부분
가. 장기할부판매의 경우
나. 완성도기준지급조건부 또는 중간지급조건부로 재화나 용역을 공급하는 경우
다. 계속적으로 재화나 용역을 공급하는 경우
3. 기부채납의 경우: 해당 기부채납의 근거가 되는 법률에 따라 기부채납된 가액. 다만, 기부채납된 가액에 부가가치세가 포함된 경우 그 부가가치세는 제외한다.

8장

신고와 납부

1. 예정신고와 납부

1) 법인사업자

법인사업자는 각 과세기간 중 예정신고기간이 끝난 후 25일 이내에 각 예정신고기간에 대한 과세표준과 납부세액 또는 환급세액을 사업장 관할 세무서장에게 신고·납부하여야 한다.

제1기분 예정신고기간: 1월 1일부터 3월 31일까지
제2기분 예정신고기간: 7월 1일부터 9월 30일까지

2) 개인사업자

개인사업자의 예정신고와 납부는 고지에 의한 납부가 원칙이다. 그러나 예외적으로 신고·납부할 수 있는 경우가 있다.

- 휴업 또는 사업부진 등으로 인하여 각 예정신고기간의 공급가액 또는 납부세액이 직전과 세기간의 공급가액 또는 납부세액의 3분의 1에 미달하는 자
- 예정신고기간분에 대하여 조기환급을 받고자 하는 자

2. 확정신고와 납부

사업자는 각 과세기간에 대한 과세표준과 납부세액 또는 환급세액을 그 과세기간이 끝난 후 25일(폐업시에는 폐업일이 속한 달의 다음 달 25일)이내에 사업장 관할 세무서장에게 신고, 납부하여야 한다.

부가가치세를 납부하는 때, 법인사업자 또는 개인사업자가 예정신고기간에 신고한 환급되지 아니한 세액과 예정신고기간동안에 사업자로부터 고지하여 징수한 금액은 확정신고시 납부세액에서 공제한다.

3. 납부

사업자는 예정신고 및 확정신고시 납부할 세액이 있는 경우 납부서를 작성하여 금융기관 등이나 전자납부를 통하여 납부할 수 있다. 현재는 신용카드를 통한 납부도 가능하다.

4. 환급

부가가치세 납부세액을 계산할 때 매입세액이 매출세액을 초과하면 환급세액이 발생한다.

1) 일반환급

일반환급의 경우에는 사업장 관할 세무서장은 각 과세기간별로 그 과세기간에 대한 환급세액을 각 과세기간별로 그 확정신고기한 경과 후 30일내에 사업자에게 환급하여야 한다.

2) 조기환급

사업장 관할 세무서장은 사업자가 영세율을 적용대상자 또는 사업 설비를 신설·취득·확장 또는 증축하는 자에 해당하는 경우에는, 환급세액은 각 예정신고기간별로 그 예정신고기한 경과 후 15일 이내에 사업자에게 환급하여야 한다.

조기환급대상 사업자는 예정신고기간중 또는 과세기간 최종 3월중 매월 또는 매 2월에 영세율등조기환급기간 종료일로부터 25일 내에 영세율등조기환급기간에 대한 과세표준과 환급세액을 정부에 신고하는 경우에는 각 영세율등조기환급기간별로 당해 조기환급신고기한 경과후 15일 이내에 사업자에게 환급하여야 한다.

5. 가산세

부가가치세법에 따른 재화나 용역의 제공과 관련한 세금계산서 등의 발급과 수취 문제는 거래 일반에서 부가가치세 신고자료 뿐만 아니라 소득세와 법인세 등의 기초적 증빙자료로서 역할을 수행한다. 따라서 부가가치세법은 다양한 가산세 제도를 두고 있다.

가산세의 구분	내용
미등록가산세	사업개시일로 20일 이내에 사업자등록신청을 하지 아니한 때 : 공급가액 1%
타인명의등록가산세	타인의 명의로 사업자등록을 하는 경우: 공급가액 1%
전자세금계산서 발급명세 전송불성실가산세	• 지연전송: 공급가액 0.5% • 미전송: 공급가액 1%
세금계산서 불성실가산세 (지연발급, 부실기재)	공급가액의 1%
세금계산서불성실가산세 (미발급, 가공발급, 가공수취, 위장명의수취, 위장명의발급)	공급가액의 2% • 단, 전자세금계산서 발급의무자가 종이세금계산서 발행한 경우 1%
매출처별 세금계산서합계표 불성실가산세	• 미제출, 부실기제: 공급가액 1% • 지연제출: 공급가액 0.5%
매입처별 세금계산서합계표 불성실가산세	• 미제출이나 필수기재사항이 다를 경우, 사실과 다르게 과다기재시, 필요적 기재사항이 없거나 사실과 다르게 적인 경우 차후에 확인이 되어 매입세액 공제의 경우: 공급가액 1%
비사업자가 허위발급한 세금계산서에 대한 가산세	공급가액 2%
현금매출명세서등 제출불성실가산세	특정사업자(현금 매출비중이 높은 사업자 등)가 현금매출명세서 등 미제출 또는 다르게 제출시 해당 공급가액 1%

※ 중복적용의 배제(중요항목 중심)

1) 미등록, 타인명의등록 가산세 적용시 세금계산서 관련 또는 매출처별 세금계산서합계표 관련가산세의 적용을 배제한다.

2) 세금계산서 관련 가산세 적용시 미등록·타인명의등록가산세 매출처별 세금계산서합계표 관련가산세의 적용을 배제한다.

기출문제

문제1 다음 중 부가가치세법상 신고와 납부에 대한 설명으로 옳지 않은 것은? [세무회계 2급 59회 기출]

① 내국법인과 외국법인 모두 그 과세기간 종료 후 25일 이내에 사업장 관할 세무서장에게 신고하여야 한다.
② 사업자가 폐업하는 경우 과세기간은 그 과세기간개시일부터 폐업일까지로 하며, 신고기한은 폐업일로부터 25일 이내로 한다.
③ 개인사업자에 대해서는 각 예정신고기간마다 직전 과세기간에 대한 납부세액의 2분의 1에 상당하는 금액을 결정 고지하여 해당 예정신고기한까지 징수함을 원칙으로 한다.
④ 개인사업자의 경우 예정고지하여 징수하여야 할 금액이 20만원 미만인 경우에는 이를 고지 · 징수하지 아니한다.

답 ② 사업자가 폐업하는 경우에는 폐업일이 속한 달의 다음달 25일 이내에 사업장 관할 세무서장에게 신고하여야 한다.

문제2 부가가치세법상 사업자가 그 공급가액 또는 세금계산서등에 적힌 금액에 2%의 가산세를 적용하여야 하는 대상에 해당하지 않는 경우는?[세무회계 2급 61회 기출]

① 사업자가 발급한 세금계산서의 필요적 기재사항의 전부 또는 일부가 착오 또는 과실로 적혀있지 않거나 사실과 다른 경우
② 재화 또는 용역을 공급받지 아니하고 세금계산서 등을 발급받은 경우
③ 재화 또는 용역을 공급하고 실제로 재화 또는 용역을 공급하는 자가 아닌 자 또는 실제로 재화 또는 용역을 공급받는 자가 아닌 자의 명의로 세금계산서 등을 발급한 경우
④ 재화 또는 용역을 공급받고 실제로 재화 또는 용역을 공급하는 자가 아닌 자의 명의로 세금계산서 등을 발급받은 경우

답 ① 사업자가 발급한 세금계산서의 필요적 기재사항의 전부 또는 일부가 착오 또는 과실로 적혀있지 않거나 사실과 다른 경우 1% 가산세를 적용함(부가가치세법 60)

문제3 부가가치세의 환급에 관한 다음 설명 중 가장 옳은 것은?[세무회계 2급 62회 기출]

① 총괄납부를 적용하지 않는 2 이상의 사업장을 가진 사업자가 어느 한 사업장에서 조기 환급사유가 발생하는 경우에는 해당 사업장의 거래분만을 조기환급신고할 수 있다.
② 영세율 적용대상 사업자는 예정신고시까지 영세율 적용대상 과세표준이 없는 경우에도 예정신고기간분에 대한 조기환급을 받을 수 있다.
③ 사업설비를 신설 · 취득한 사업자에게 환급세액이 발생한 경우에는 그 환급세액 중 사업설비의 신설 · 취득과 관련한 매입세액에 한하여 조기환급 한다.
④ 사업용 자산을 신설, 취득, 확장 또는 증축하는 경우에는 감가상각자산이 아니라 하더라도 조기환급을 받을 수 있다.

답 ①

해설 [부가세법 59조 환급]

- 납세지 관할 세무서장은 각 과세기간별로 그 과세기간에 대한 환급세액을 확정신고한 사업자에게 그 확정신고기한이 지난 후 30일 이내에 따라 환급하여야 한다.
- 납세지 관할 세무서장은 다음의 어느 하나에 해당하여 환급을 신고한 사업자에게 환급세액을 조기에 환급할 수 있다.
  1. 사업자가 영세율 규정에 따른 영세율을 적용받는 경우
  2. 사업자가 사업 설비를 신설 · 취득 · 확장 또는 증축하는 경우

문제4 다음은 부가가치세의 신고납부와 관련된 내용이다. 잘못 설명한 것은?
[세무회계 2급 63회 기출]

① 부가가치세 신고납부기한은 과세기간이 끝난 후 20일까지이다.
② 부가가치세 신고는 예정신고와 확정신고로 구분한다.
③ 사업자는 예정신고 때 이미 신고한 내용을 제외하고 과세표준과 납부세액을 확정신고하여야 한다.
④ 법인사업자는 부가가치세를 예정신고, 확정신고 모두 신고, 납부하여 1년에 4번 신고, 납부한다.

답 ① 부가가치세 신고, 납부기한은 과세기간이 끝난 후 25일까지이다.
(부가가치세법 제91조)

부가가치세 신고와 소득세 과세 CASE

[사업소득 – 부동산 임대의 경우]

사례1 부동산 임대사업자 오필승의 세무신고를 행하라.

기본정보

1. 오필승은 1966년 12월 12일 생이다.
2. 아들 오승리은 1990년 10월 22일 생이다.
3. 부인 이갑숙은 1971년 7월 4일 생이다(근로소득자로 총급여액이 4,000만원임).
4. 오필승은 개인사업자인 홍영숙에게 상가를 임대하고 있다.
5. 상가는 잠실 트리지움 단지 상가 1층 50평이다.
6. 오필승은 홍영숙에게 월 임대료 500만원에 임대보증금 5,000만원에 임대하고 있다.
7. 홍영숙은 상가 1층에 커피전문점 '스타커피'를 2013년 7월 1일에 개업하였다.
8. 임대료는 매월 말일에 오필승에게 송금된다.
9. 오필승은 상가를 2013년 6월 20일에 대우건설로부터 건물분 2억원, 토지분 2억에 매입하였다. 오필승은 2013년 6월 21일에 송파세무서에서 사업자 등록을 하였다. 그리고 건물 분 부가가치세 2천만원에 대한 부가세 환급을 2013년 8월 10일에 받았다.
10. 오필승은 건물에 대한 감가상각을 정액법에 따라 20년간 감가상각 하기로 결정하였다.
11. 오필승은 2014년 7월 15일 송파구청으로부터 건물분 재산세 납부통지서를 받았다. 납부세액은 450,000원이다. 또한 2014년 9월 15일 송파구청으로부터 토지분 재산세 납부통지서를 받았다. 납부할 세액은 400,000원이다.

거래내역

1. 2013년 6월 20일 대우건설로부터 상가를 건물분 2억원, 토지분 2억에 매입하였다. 계약은 대우건설 잠실 분양사무소에서 이루어 졌으며 대금은 수표로 지급하였다.
   그리고 오필승은 본인의 주민등록번호를 기재한 세금계산서와 계산서를 수령하였다. 세금계산서의 기재 사항은 건물대금 2억원에 부가가치세 2천만원이다. 토지대금에 해당하는 2억원은 계산서를 수취하였다. 오필승은 사업소득금액계산시 감가상각은 내용연수 20년, 정액법으로 감가상각하기로 하였다.

2. 오필승은 상가 매매에 따른 등기는 정재홍 법무사가 일괄적으로 대행하여 준다는 사실을 알고 등기 관련사항을 의뢰하였다. 해당 법무사는 건물관련 취득세와 및 인지대금 그리고 채권할인액 5백만원을 법무사 대행수수료로 50만원을 지급하였다.

3. 2013년 6월 21일 오필승은 홍길동 세무회계사무소를 방문하여 사업자등록에 관한 사항을 의뢰하고 필요한 준비절차를 상담하였다.

4. 오필승은 6월 22일 사업자등록을 하여 부동산 임대사업을 시작하였다.
   그리고 상가매입에 따른 건물분 부가가치세 조기환급신고를 통해서 8월 10일 매입세액을 공제받았다. 공제받은 금액은 2천5만원이다.

5. 오필승은 홍영숙과 부동산 임대차 계약을 체결하였다. 계약의 내용은 다음과 같다. 계약체결일을 2013년 6월 30일이며 계약금 5천만원을 받았다. 월 임대료 500만원을 받기로 하였다.

6. 7월 30일 오필승은 홍영숙에게 세금계산서를 발행하고 월 임대료 500만원에 부가가치세 50만원을 포함한 550만원을 수령하였다.

7. 8월 30일과 9월 30일에 홍영숙으로부터 월 임대료 500만원에 부가가치세 50만원을 수령하고 세금계산서를 발행하였다.

8. 오필승은 2013년 10월 25일 부가가치세 2기 예정신고를 하였다(이자율은 연 3.4%임).

9. 10월 30일, 11월 30일 12월 30일에 각각 월 임대료 500만원에 부가가치세 50만원을 수령하고 세금계산서를 발행하였다.

10. 오필승은 1월 25일 1기확정 부가가치세를 신고하였다(이자율은 연 3.4%임).

11. 2014년 1월 30일, 2월 28일, 3월 30일에 월 임대료 500만원에 부가가치세 50만원을 수령하고 세금계산서를 발행하였다.

12. 2014년 4월 오필승은 관할 세무서로부터 부가가치세 예정고지세액을 1,537,500원을 납부하라는 납부통지서를 받았다. 오필승은 4월 25일날 예정고지세액을 납부하였다.

13. 2014년 5월 5일 오필승은 종합소득세 신고 안내문을 받았다. 오필승의 전년도 총수입금액은 30,750,000원이다.

14. 2014년 5월 25일 오필승은 종합소득세 신고를 하였다.

15. 2014년 4월, 5월 6월분에 해당하는 임대료를 부가가치세를 포함하여 수령하고, 세금계산서를 발급하였다.

16. 2014년 7월 25일 오필승은 부가가치세 1기 확정 신고를 하였다(이자율은 연 2.9%임).

17. 2014년 7월, 8월, 9월분에 해당하는 임대료를 부가가치세를 포함하여 수령하고, 세금계산서를 발급하였다.

18. 2014년 10월 오필승은 관할 세무서로부터 부가가치세 예정고지세액을 1,537,500원을 납부하라는 납부통지서를 받았다. 오필승은 10월 25일날 예정고지세액을 납부하였다.

19. 2014년 10월, 11월, 12월분에 해당하는 임대료를 부가가치세를 포함하여 수령하고, 세금계산서를 발급하였다.

20. 오필승은 2014년 7월 15일 송파구청으로부터 건물분 재산세 납부통지서를 받았다. 납부세액은 450,000원이다. 또한 9월 15일 송파구청으로부터 토지분 재산세 납부통지서를 받았다. 납부할 세액은 400,000원이다.

21. 2015년 1월 25일 1기 확정 부가가치세를 신고하였다(이자율은 연 2.9%임).

22. 2015년 5월 오필승은 종합소득세 신고 안내문을 받았다. 오필승의 전년도 총수입금액은 61,500,000원이다.

************************************ 사업자등록증 ************************************

(일반과세자)
등록번호: 137-02-60630
상호: 오필승임대
성명: 오필승 생년월일:
개업년월일: 2013년 6월 21일
사업장소재지: 서울 송파구 잠실동 125
사업의 종류: 업태·부동산, 종목·임대
교부사유: 신규

2013년 6월 22일 송파세무서장

****

문제1 2013년 12월31월 오필승의 사업상 거래내역을 분개하시오.

문제2 오필승의 부가가치세 신고사항에 대해서 기술하시오.(2014년 1월 25일)

문제3 오필승의 2013년 사업소득 손익계산서를 작성하고 2014년 5월 소득세 신고시 사업소득 금액을 계산하시오.

풀이

■ 본 예제는 개인사업자의 부가가치세 환급, 부가가치세 신고, 부가가치세 납부절차, 부가가치세법상 간주공급 및 과세 및 면세재화를 함께 공급하는 경우의 사례를 모두 다룰 수 있다.

첫째, 부가가치세 환급과 관련하여 사업자가 사업의 시작을 위하여 공급받은 재화의 부가가치세 조기환급에 대한 신고 내용이 포함되어 있다.

둘째, 부가가치세 신고와 관련하여 개인사업자의 부가가치세 신고 및 세무서에서 송달하는 부가가치세 중간예납에 대한 내용이 수록되어 있다.

셋째, 납부절차와 관련하여 부가가치세 중간예납, 기말의 간주임대료에 대한 부가가치세신고와 관련한 회계처리를 수행하도록 내용이 구성되어 있다.

넷째, 부가가치세 간주공급과 관련하여 내용에는 추가하지 않았으나, 개인사업자가 폐업을 하는 경우 해당하는 간주공급에 대해서도 다룰 수 있다.

다섯째, 과세 및 면세재화를 함께 공급하는 경우는 해당 부동산의 양도시 사업자로서 공급가액(건물과 토지 공급)을 산정하는 과정에서 내용을 다룰 수 있다.

[문제 1]

(차) 현금예금	5,500,000	(대) 임대수입	5,000,000
		(대) 부가세예수금	500,000
(차) 부가세 예수금	1,500,000	(대) 미지급세금	1,542,849
(차) 세금과공과	42,849		
(차) 감가상각비	5,979,166	(대)감가상각누계액	5,979,166

세금과 공과금액은 오필승의 2013년 2기 확정신고시 간주임대료에 대한 부가가치세 징수액을 의미한다.
해당 금액은 임대보증금 5천만원에 대한 2기 확정신고기간의 이자에 해당하는 금액에 대한 부가가치세 부담분이다.

[문제 2]

1. 10월~12월의 임대소득에 대한 세금계산서 발급분 15,000,000원에 대한 내역

2. 임대보증금 5,000만원에 대한 간주임대료 428,490원에 대한 부가가치세 내역이 포함된 신고 사항을 의미한다.

[문제 3] 오필승의 사업소득금액

1. 오필승의 2013년도 손익계산서(소득세 차감전)

Ⅰ. 매출액		30,000,000
임대료 수입	30,000,000	
Ⅱ. 매출원가		
Ⅲ. 매출총이익		30,000,000
Ⅳ. 판매비와관리비		6,564,864
감가상각비	5,979,166	
수수료비용	500,000	
세금과공과	85,698	
Ⅴ. 영업이익		23,435,136
Ⅵ. 영업외수익		
Ⅶ. 영업외비용		
Ⅷ. 소득세차감전이익		23,435,136
Ⅸ. 소득세 등		
Ⅹ. 당기순이익		23,435,136

2. 오필승의 세금과 공과 금액은 85,698원으로 해당금액의 내역은 간주임대료에 대한 부가가치세 85,698원이다.

3. 오필승의 사업소득금액은
당기순이익 23,435,136원 + 간주임대료 856,990원을 합한 24,292,126원이다.
즉, 당기순이익에서 총수입금액산입부분이 더해져서 해당 금액이 나오게 되는 것이다.

[근로소득 – 연말정산]

사례2 근로소득자 김달수씨의 2014년도 근로소득세를 계산하시오.

기본정보

1. 김달수씨는 1966년 5월 31일 생이다. 직업은 매월 신문 기자이다.
2. 아들 김막동은 2004년에 태어난 김달수의 늦둥이 아들이다.
3. 김달수는 1992년생 대학생 딸 김예쁜을 두고 있다(교육비 400만원).
4. 부인은 1968년 생으로 대학교수이다.
5. 급여내역
   - 김달수는 월 500만원의 급여를 매월 15일에 부산은행 계좌를 통해서 지급받는다.
   - 추석과 설날에 김달수는 매월 급여의 절반을 상여금으로 받는다(갑근세 각40만원).
   - 김달수의 급여에는 취재수당이 20만원 포함되어 있다.
   - 김달수는 2014년 2월 28일에 사장 격려금 100만원을 받았다(갑근세 0원).
   - 김달수는 2014년 10월 15일에 사장 격려금 100만원을 받았다(갑근세 0원).
6. 김달수의 카드 사용내역
   - 김달수는 2014년 한해 동안 1,800만원의 신용카드를 사용하였다.
     * 카드 사용과 관련한 한도액 계산은 상하반기 구분없이 한도액을 계산하라.
7. 김달수는 본인 명의 종신보험을 삼성생명에 가입하고 매월 25만원을 납입하고 있다.
8. 김달수는 승용차 K5를 몰고 다니며, 자동차 보험료로 90만원을 삼성화재에 납입하였다.
9. 김달수의 급여명세서 내역은 다음과 같다.

월급여액	400만원
취재수당	20만원
갑근세 및 주민세	44만원
국민연금	18만원
건강보험	18만원

문제1 김달수의 과세표준을 계산하시오.

총급여액: 59,600,000원
근로소득공제: 12,730,000원
종합소득공제:
  기본공제와 추가공제: 3,000,000원

연금보험료 공제: 2,160,000원
특별소득공제: 2,160,000원
그밖의 소득공제(신용카드): 465,000원
종합소득 과세표준: 39,085,000원

문제2 김달수의 신용카드 등 소득공제액의 계산과정을 보여주시오.

총급여액: 59,600,000원
신용카드 등 최소금액: 총급여의 25% 14,900,000원
공제대상금액: 3,100,000원
공제액: 3,100,000 * 0.15 인 465,000원

문제3 김달수의 연말정산 결과 납부하거나 환급할 세액을 계산하시오.

산출세액: 4,782,750원(과세표준 39,085,000원)
근로소득세액공제: 630,000원
특별세액공제(보험료): 120,000원
특별세액공제(교육비): 600,000원
결정세액: 3,432,750원
기납부세액: 4,800,000원
납부(환급세액): 1,367,250원

보충학습자료-부가가치세 신고와 소득세 신고의 연계

사업소득자 오필승의 부동산 임대사업과 관련하여 2013년도와 2014년도 부가가치세 신고 및 관련 소득세 신고 내용을 기술 하였다. 내용은 거래에 대한 회계처리를 우선으로 기술하였다. 다음으로 부가가치세 신고 내용을 기술하였다. 다음으로 회계처리를 바탕으로 한 손익계산서를 제시하였다. 마지막으로 종합소득세 신고서를 제시하였다.

[2013년도 거래 및 세무신고내역]

1. 2013년도 거래에 대한 회계처리 내역

분 개 장(2013년)

일자	차변 계정과목	차변 금액	대변 계정과목	대변 금액
06/20	건물	5,000,000		
			현금	5,000,000
06/20	부가세대급금	20,000,000		
	건물	200,000,000		
			현금	220,000,000
06/20	토지	200,000,000		
			현금	200,000,000
06/20	부가세대급금	50,000		
	수수료비용(판)	500,000		
			현금	550,000
06/30	현금	50,000,000		
			임대보증금	50,000,000
07/30			부가세예수금	500,000
			임대료수입	5,000,000
	현금	5,500,000		
08/10	현금	20,050,000		
			부가세대급금	20,050,000
08/30			부가세예수금	500,000
			임대료수입	5,000,000
	현금	5,500,000		
09/30			부가세예수금	500,000
			임대료수입	5,000,000
	현금	5,500,000		
10/25	부가세예수금	1,500,000		
	세금과공과(판)	42,849		
			현금	1,542,849
10/30			부가세예수금	500,000
			임대료수입	5,000,000
	현금	5,500,000		
11/30			부가세예수금	500,000
			임대료수입	5,000,000
	현금	5,500,000		
12/30			부가세예수금	500,000
			임대료수입	5,000,000
	현금	5,500,000		
12/31	부가세예수금	1,500,000		
	세금과공과(판)	42,849		
			미지급세금	1,542,849
12/31	감가상각비(판)	5,979,166		
			감가상각누계액	5,979,166

2. 2013년 1기 부가가치세 확정신고서

일반과세자 부가가치세 [ ]예정 [√]확정 [ ]기한후과세표준 [ ]영세율등조기환급 신고서

(제1장 앞쪽)

관리번호		처리기간	즉시
□ 신고기간	2013 년 제 1 기 (1 월 1 일 ~ 6 월 30 일)		

사업자	상 호 (법인명)	오필승 임대	성 명 (대표자명)	오필승	사업자등록번호	137-02-60630
	주민(법인) 등록번호	650405-1243418	전화번호	사업장 02-555-5555	주소지 02-666-6666	휴대전화
	사업장 주소	서울특별시 송파구 동남로 187영치		전자우편 주소		

❶ 신 고 내 용

구 분				금 액	세율	세 액
과세 표준 및 매출 세액	과세	세금계산서 발급분	(1)		10/100	
		매입자발행세금계산서	(2)		10/100	
		신용카드·현금영수증 발행분	(3)		10/100	
		기타(정규영수증 외 매출분)	(4)			
	영세율	세금계산서 발급분	(5)		0/100	
		기 타	(6)		0/100	
	예 정 신 고 누 락 분		(7)			
	대 손 세 액 가 감		(8)			
	합 계		(9)		㉮	
매입 세액	세금계산서 수 취 분	일 반 매 입	(10)	500,000		50,000
		고정자산 매입	(11)	200,000,000		20,000,000
	예 정 신 고 누 락 분		(12)			
	매입자발행세금계산서		(13)			
	기 타 공 제 매 입 세 액		(14)			
	합계(10)+(11)+(12)+(13)+(14)		(15)	200,500,000		20,050,000
	공제받지 못할 매입세액		(16)			
	차 감 계 (15)-(16)		(17)		㉯	
납부(환급)세액 (매출세액㉮-매입세액㉯)					㉰	-20,050,000
경감·공제 세액	기타 경감·공제세액		(18)			
	신용카드매출전표 등 발행공제 등		(19)			
	합 계		(20)		㉱	
예 정 신 고 미 환 급 세 액			(21)		㉲	
예 정 고 지 세 액			(22)		㉳	
금지금 매입자 납부특례 기납부세액			(23)		㉴	
가 산 세 액 계			(24)		㉵	
차가감하여 납부할 세액(환급받을 세액)(㉰-㉱-㉲-㉳-㉴+㉵)					(25)	-20,050,000
총괄납부사업자가 납부할 세액(환급받을 세액)						

❷ 국세환급금계좌신고 (환급세액이 2천만원 미만인 경우)	거래은행	은행 지점	계좌번호	
❸ 폐 업 신 고	폐업일		폐업사유	

❹ 과 세 표 준 명 세			
업 태	종 목	업종 코드	금 액
(26)부동산	임대	701201	
(27)			
(28)			
(29)수입금액제외			
(30)합 계			

「부가가치세법」 제18조·제19조 또는 제24조와 「국세기본법」 제45조의3에 따라 위의 내용을 신고하며, **위 내용을 충분히 검토하였고 신고인이 알고 있는 사실 그대로를 정확하게 적었음을 확인합니다.**

2013 년 07 월 25 일

신고인: 오필승 (서명 또는 인)

세무대리인은 조세전문자격자로서 위 신고서를 성실하고 공정하게 작성하였음을 확인합니다.

세무대리인: (서명 또는 인)

세무서장 귀하

첨부서류	뒤쪽 참조

세무대리인	성 명		사업자등록번호		전화번호	

210mm×297mm[백상지 80g/㎡ 또는 중질지 80g/㎡]

(제2장 앞쪽)

※ 이 쪽은 해당 사항이 있는 사업자만 사용합니다.

사업자등록번호 [| |] - [|] - [| | | |] *사업자등록번호는 반드시 적으시기 바랍니다.

	구 분				금액	세율	세액
예정신고 누락분 명세	(7)매출	과세	세금계산서	(31)		10 / 100	
			기타	(32)		10 / 100	
		영세율	세금계산서	(33)		0 / 100	
			기타	(34)		0 / 100	
		합계		(35)			
	(12)매입	세금계산서		(36)			
		기타공제매입세액		(37)			
		합계		(38)			

	구 분			금액	세율	세액
(14) 기타공제 매입세액 명세	신용카드매출전표등수령 명세서 제출분	일반매입	(39)			
		고정자산매입	(40)			
	의제매입세액		(41)		뒤쪽 참조	
	재활용폐자원등 매입세액		(42)		뒤쪽 참조	
	고금 의제매입세액		(43)			
	과세사업전환 매입세액		(44)			
	재고매입세액		(45)			
	변제대손세액		(46)			
	합계		(47)			

	구 분		금액	세율	세액
(16) 공제받지 못할 매입세액 명세	공제받지 못할 매입세액	(48)			
	공통매입세액 면세사업분	(49)			
	대손처분받은세액	(50)			
	합계	(51)			

	구 분		금액	세율	세액
(18) 기타 경감·공제 세액 명세	전자신고세액공제	(52)			
	전자세금계산서 발급세액 공제	(53)			
	택시운송사업자경감세액	(54)			
	원산지확인서 발급세액 공제	(55)			
	현금영수증사업자세액공제	(56)			
	기타	(57)			
	합계	(58)			

	구 분			금액	세율	세액
(24) 가산세 명세	사업자미등록등		(59)		1 / 100	
	세금계산서	지연발급 등	(60)		1 / 100	
		지연수취	(61)		1 / 100	
		미발급 등	(62)		2 / 100	
	전자세금계산서 발급명세 전송	지연전송	(63)		1 / 1,000	
		미전송	(64)		3 / 1,000	
	세금계산서 합계표	제출 불성실	(65)		1 / 100	
		지연제출	(66)		5 / 1,000	
	신고불성실	무신고(일반)	(67)		뒤쪽참조	
		무신고(부당)	(68)		뒤쪽참조	
		과소 · 초과환급신고(일반)	(69)		뒤쪽참조	
		과소 · 초과환급신고(부당)	(70)		뒤쪽참조	
	납부불성실		(71)		뒤쪽참조	
	영세율 과세표준신고 불성실		(72)		5 / 1,000	
	현금매출명세서 불성실		(73)		1 / 100	
	부동산임대공급가액명세서 불성실		(74)		1 / 100	
	합계		(75)			

		업태	종목	코드번호	금액
면세사업 수입금액	(76)				
	(77)				
	(78)	수입금액 제외			
				(79)합계	

계산서 발급 및 수취 명세	(80) 계산서 발급금액	
	(81) 계산서 수취금액	200,000,000

3. 2013년 2기 부가가치세 예정신고서

일반과세자 부가가치세 [√]예정 [ ]확정 [ ]기한후과세표준 [ ]영세율등조기환급 신고서

(제1장 앞쪽)

관리번호		처리기간	즉시

□ 신고기간 2013 년 제 2 기 (7 월 1 일 ~ 9 월 30 일)

사업자	상 호 (법인명)	오필승 임대	성 명 (대표자명)	오필승	사업자등록번호	137-02-60630	
	주민(법인) 등록번호	650405-1243418	전화번호		사업장	주소지	휴대전화
					02-555-5555	02-666-6666	
	사업장 주소	서울특별시 송파구 동남로 187영치			전자우편 주소		

❶ 신 고 내 용

구 분				금 액	세율	세 액
과세표준 및 매출세액	과세	세금계산서 발급분	(1)	15,000,000	10/100	1,500,000
		매입자발행세금계산서	(2)		10/100	
		신용카드·현금영수증 발행분	(3)		10/100	
		기타(정규영수증 외 매출분)	(4)	428,493		42,849
	영세율	세금계산서 발급분	(5)		0/100	
		기 타	(6)		0/100	
	예정신고누락분		(7)			
	대손세액가감		(8)			
	합 계		(9)	15,428,493	㉮	1,542,849
매입세액	세금계산서 수취분	일반매입	(10)			
		고정자산 매입	(11)			
	예정신고누락분		(12)			
	매입자발행세금계산서		(13)			
	기타공제매입세액		(14)			
	합계(10)+(11)+(12)+(13)+(14)		(15)			
	공제받지 못할 매입세액		(16)			
	차감계 (15)-(16)		(17)		㉯	
납부(환급)세액 (매출세액㉮-매입세액㉯)					㉰	1,542,849
경감·공제세액	기타 경감·공제세액		(18)			
	신용카드매출전표 등 발행공제 등		(19)			
	합 계		(20)		㉱	
예정신고미환급세액			(21)		㉲	
예정고지세액			(22)		㉳	
금지금 매입자 납부특례 기납부세액			(23)		㉴	
가산세액계			(24)		㉵	
차가감하여 납부할 세액(환급받을 세액)(㉰-㉱-㉲-㉳-㉴+㉵)					(25)	1,542,849
총괄납부사업자가 납부할 세액(환급받을 세액)						

❷ 국세환급금계좌신고 (환급세액이 2천만원 미만인 경우)	거래은행	은행	지점	계좌번호	

❸ 폐 업 신 고	폐업일		폐업사유	

❹ 과세표준명세

업 태	종 목	업종 코드	금 액
(26)부동산	임대	701201	15,428,493
(27)			
(28)			
(29)수입금액제외			
(30)합 계			15,428,493

「부가가치세법」 제18조·제19조 또는 제24조와 「국세기본법」 제45조의3에 따라 위의 내용을 신고하며, **위 내용을 충분히 검토하였고 신고인이 알고 있는 사실 그대로를 정확하게 적었음을 확인합니다.**

2013 년 10 월 25 일

신고인: 오필승 (서명 또는 인)

세무대리인은 조세전문자격자로서 위 신고서를 성실하고 공정하게 작성하였음을 확인합니다.

세무대리인: (서명 또는 인)

세무서장 귀하

첨부서류 뒤쪽 참조

세무대리인	성 명		사업자등록번호		전화번호	

4. 2013년 2기 부가가치세 확정신고서

일반과세자 부가가치세 [ ]예정 [√]확정 [ ]기한후과세표준 [ ]영세율등조기환급 신고서

(제1장 앞쪽)

관리번호		처리기간	즉시

□ 신고기간 2013 년 제 2 기 (10 월 1 일 ~ 12 월 31 일)

사업자	상 호 (법인명)	오필승 임대	성 명 (대표자명)	오필승	사업자등록번호	137-02-60630	
	주민(법인) 등록번호	650405-1243418		전화번호	사업장	주소지	휴대전화
					02-555-5555	02-666-6666	
	사업장 주소	서울특별시 송파구 동남로 187영치			전자우편 주소		

❶ 신 고 내 용

구 분				금 액	세율	세 액
과세표준 및 매출세액	과세	세금계산서 발급분	(1)	15,000,000	10/100	1,500,000
		매입자발행세금계산서	(2)		10/100	
		신용카드·현금영수증 발행분	(3)		10/100	
		기타(정규영수증 외 매출분)	(4)	428,493		42,849
	영세율	세금계산서 발급분	(5)		0/100	
		기 타	(6)		0/100	
	예 정 신 고 누 락 분		(7)			
	대 손 세 액 가 감		(8)			
	합 계		(9)	15,428,493	㉮	1,542,849
매입세액	세금계산서 수취분	일반매입	(10)			
		고정자산 매입	(11)			
	예 정 신 고 누 락 분		(12)			
	매입자발행세금계산서		(13)			
	기 타 공 제 매 입 세 액		(14)			
	합계(10)+(11)+(12)+(13)+(14)		(15)			
	공제받지 못할 매입세액		(16)			
	차 감 계 (15)-(16)		(17)		㉯	
납부(환급)세액 (매출세액㉮-매입세액㉯)					㉰	1,542,849
경감·공제세액	기타 경감·공제세액		(18)			
	신용카드매출전표 등 발행공제 등		(19)			
	합 계		(20)		㉱	
예 정 신 고 미 환 급 세 액			(21)		㉲	
예 정 고 지 세 액			(22)		㉳	
금지금 매입자 납부특례 기납부세액			(23)		㉴	
가 산 세 액 계			(24)		㉵	
차가감하여 납부할 세액(환급받을 세액)(㉰-㉱-㉲-㉳-㉴+㉵)					(25)	1,542,849
총괄납부사업자가 납부할 세액(환급받을 세액)						

❷ 국세환급금계좌신고 (환급세액이 2천만원 미만인 경우)	거래은행	은행	지점	계좌번호	

❸ 폐 업 신 고	폐업일		폐업사유	

❹ 과 세 표 준 명 세

업 태	종 목	업종 코드	금 액
(26)부동산	임대	701201	15,428,493
(27)			
(28)			
(29)수입금액제외			
(30)합 계			15,428,493

「부가가치세법」 제18조·제19조 또는 제24조와 「국세기본법」 제45조의3에 따라 위의 내용을 신고하며, **위 내용을 충분히 검토하였고 신고인이 알고 있는 사실 그대로를 정확하게 적었음을 확인합니다.**

2014 년 01 월 25 일

신고인: 오필승 (서명 또는 인)

세무대리인은 조세전문자격자로서 위 신고서를 성실하고 공정하게 작성하였음을 확인합니다.

세무대리인: (서명 또는 인)

세무서장 귀하

첨부서류 뒤쪽 참조

세무대리인	성 명		사업자등록번호		전화번호	

5. 2013년 손익계산서

손 익 계 산 서

2013년 1월 1일부터 2013년 12월 31일까지

회사명: 오필승임대 (단위: 원)

계정과목		1 기		0 기	
		금 액		금 액	
1.	매출액		30,000,000		
	임대료수입	30,000,000			
2.	매출원가		-		
3.	매출총이익		30,000,000		
4.	판매비와 관리비				
	세금과 공과	85,698			
	감가상각비	5,979,166			
	수수료 비용	500,000			
5.	영업이익		23,435,136		
6.	영업외수익		-		
7.	영업외비용		-		
8.	소득세차감전이익		23,435,136		
9.	소득세등		-		
10.	당기순이익		23,435,136		

6. 2013년도분 종합소득세 신고서

관리번호	-

(2013년 귀속)종합소득세·농어촌특별세·지방소득세 과세표준확정신고 및 납부계산서

거주구분	거주자1 /비거주자2
내·외국인	내국인1 /외국인9
외국인단일세율적용	여 1 / 부 2
거주지국	거주지국코드

❶기본사항

①성 명	오필승	②주민등록번호	650405 - 1243418
③주 소			
④주소지 전화번호	02-555-5555	⑤사업장 전화번호	02-666-6666
⑥휴 대 전 화		⑦전자우편주소	
⑧신 고 유 형	11자기조정 **12외부조정** 3성실납세 14성실신고확인 20간편장부 31추계-기준율 32추계-단순율 40비사업자		
⑨기 장 의 무	**1복식부기의무자** 2간편장부대상자 3비사업자		
⑩신 고 구 분	**10정기신고** 20수정신고 30경정청구 40기한후신고 50추가신고(인정상여)		

❷환급금 계좌신고 (2천만원 미만인 경우)	⑪금융기관/체신관서명		⑫계좌번호	

❸세 무 대리인	⑬성 명	⑭사업자등록번호 - -	⑮전화번호
	⑯대리구분 1기장 2조정 3신고 4확인	⑰관리번호 -	⑱조정반번호 -

❹세액의 계산

구 분		종합소득세		지방소득세		농어촌특별세
종합소득금액	㉑	24,292,126				
소득공제	㉒	2,100,000				
과세표준(㉑-㉒)	㉓	22,192,126	㊶	2,248,819	(51)	
세율	㉔	15%	㊷	10%	(52)	
산출세액	㉕	2,248,819	㊸	224,881	(53)	
세액감면	㉖					
세액공제	㉗					
결정세액(㉕-㉖-㉗)	㉘				(54)	
가산세	㉙				(55)	
추가납부세액 (농어촌특별세의 경우에는 환급세액)	㉚				(56)	
합계(㉘+㉙+㉚)	㉛	2,248,819			(57)	
기납부세액	㉜		㊹		(58)	
차감 납부(환급)할 총세액(㉛-㉜)	㉝	2,248,819	㊺	224,881	(59)	
차감 분납할 세액(2개월 내)	㉞				(60)	
차감 신고기한 이내 납부할 세액(㉝-㉞)	㉟	2,248,819	㊻	224,881	(61)	

신고인은 「소득세법」 제70조, 「농어촌특별세법」 제7조, 「지방세법」 제93조 및 「국세기본법」 제45조의3에 따라 위의 내용을 신고하며, **위 내용을 충분히 검토하였고 신고인이 알고 있는 사실 그대로를 정확하게 적었음을 확인합니다.**

2014년 06 월 02 일

신고인 김 갑숙 (서명 또는 인)

세무대리인은 조세전문자격자로서 위 신고서를 성실하고 공정하게 작성하였음을 확인합니다.

세무대리인 (서명 또는 인)

접수(영수)일자

세무서장 귀하

❼사업소득명세서

구분			1	2	3	4
①소 득 구 분 코 드			30			
②일 련 번 호			1			
③사업장	소재지		서울특별시 송파구 동남로 187영치			
	국내1/국외9	소재지국코드	1 / KR			
④상 호			오필승임대			
⑤사 업 자 등 록 번 호			137-02-60639			
⑥신 고 유 형 코 드			12			
⑦주 업 종 코 드			701201			
⑧총 수 입 금 액			30,856,990			
⑨필 요 경 비			6,564,864			
⑩소 득 금 액(⑧-⑨)			24,292,126			
⑪과 세 기 간 개 시 일			2013.01.01			
⑫과 세 기 간 종 료 일			2013.12.31			
⑬ 대 표 공동사업자	성 명					
	주민등록번호					
⑭ 특수관계인	성 명					
	주민등록번호					
	성 명					
	주민등록번호					
	성 명					
	주민등록번호					

사업소득에 대한 원천징수 및 납세조합징수 세액

⑮ 일련번호	원천징수의무자 또는 납세조합		원천징수 또는 납세조합징수 세액	
	⑯상호(성명)	⑰사업자등록번호 (주민등록번호)	⑱소득세	⑲농어촌특별세

210㎜× 297㎜(백상지 80g/㎡)

⓫ 소득공제명세서

<table>
<tr><th colspan="6">「소득세법」 상 소득공제</th></tr>
<tr><th colspan="3">구 분</th><th>금 액</th><th colspan="2">구 분</th><th>금 액</th></tr>
<tr><td rowspan="10">인적공제</td><td rowspan="3">기본공제</td><td>① 본 인</td><td>1,500,000</td><td colspan="2">⑭주택담보노후연금이자비용공제</td><td></td></tr>
<tr><td>② 배 우 자</td><td></td><td rowspan="11">특별공제</td><td>⑮보 험 료 공 제</td><td></td></tr>
<tr><td>③부 양 가 족(명)</td><td></td><td>⑯의 료 비 공 제</td><td></td></tr>
<tr><td rowspan="5">추가공제</td><td>④70세 이상인 자(명)</td><td></td><td>⑰교 육 비 공 제</td><td></td></tr>
<tr><td>⑤장 애 인(명)</td><td></td><td>⑱주 택 자 금 공 제</td><td></td></tr>
<tr><td>⑥부 녀 자</td><td></td><td>⑲기 부 금 공 제</td><td></td></tr>
<tr><td>⑦6세 이하인 자(명)</td><td></td><td></td><td></td></tr>
<tr><td>⑧출 생·입 양 자(명)</td><td></td><td></td><td></td></tr>
<tr><td colspan="2">⑨다 자 녀 추 가 공 제</td><td></td><td></td><td></td></tr>
<tr><td colspan="2">⑩ 인적공제계(①~⑨의 합계)</td><td>1,500,000</td><td>⑳표 준 공 제</td><td>600,000</td></tr>
<tr><td rowspan="3">연금보험료공제</td><td colspan="2">⑪국 민 연 금 보 험 료 공 제</td><td></td><td rowspan="3">㉑ 특별공제 합계</td><td></td></tr>
<tr><td colspan="2">⑫기 타 연 금 보 험 료 공 제</td><td></td><td>근로소득이 있는 자 (⑮~⑲ 또는 ⑳)</td></tr>
<tr><td colspan="2">⑬퇴 직 연 금 소 득 공 제</td><td></td><td>근로소득이 없는 자 (⑲+⑳)</td><td>600,000</td></tr>
</table>

㉒인 적 공 제 대 상 자 명 세

관계	성 명	내외국인	주민등록번호(외국인등록번호 등)	관계	성 명	내외국인	주민등록번호(외국인등록번호 등)
0	오필승	1	650405-1243418				-
			-				-
			-				-
			-				-

※ 관계코드: 소득자 본인=0, 소득자의 직계존속=1, 배우자의 직계존속=2, 배우자=3, 직계비속 중 자녀·입양자=4, 직계비속 중 자녀·입양자 외(직계비속과 그 배우자가 모두 장애인인 경우 그 배우자 포함)=5, 형제자매=6, 수급자=7 위탁아동=8(관계코드 4~6은 소득자와 배우자의 각각의 관계를 포함합니다.)

<table>
<tr><th colspan="4">「조세특례제한법」 상 소득공제</th></tr>
<tr><th>㉓「조세특례제한법」 조문(제목)</th><th>㉔코드</th><th>㉕금 액</th><th>㉖사업자등록번호</th></tr>
<tr><td></td><td></td><td></td><td></td></tr>
<tr><td></td><td></td><td></td><td></td></tr>
<tr><td></td><td></td><td></td><td></td></tr>
<tr><td></td><td></td><td></td><td></td></tr>
<tr><td colspan="2">㉗「조세특례제한법」 상 소득공제 합계</td><td></td><td></td></tr>
</table>

소득공제 합계 ㉘(⑩~⑭+㉑+㉗)	2,100,000

210㎜×297㎜(백상지 80g/㎡)

[2014년도 거래 및 세무신고내역]

1. 2014년도 거래에 대한 회계처리 내역

분 개 장(2014년)

일자	차변 계정과목	차변 금액	대변 계정과목	대변 금액
01/30			부가세예수금	500,000
	보통예금	5,500,000		
			임대료수입	5,000,000
02/28			부가세예수금	500,000
			임대료수입	5,000,000
	보통예금	5,500,000		
03/30			부가세예수금	500,000
			임대료수입	5,000,000
	보통예금	5,500,000		
04/25	선납세금	1,537,500		
			보통예금	1,537,500
04/30			부가세예수금	500,000
			임대료수입	5,000,000
	보통예금	5,500,000		
05/30			부가세예수금	500,000
			임대료수입	5,000,000
	보통예금	5,500,000		
06/30	세금과공과(판)	71,904		
			미지급세금	71,904
06/30	부가세예수금	3,000,000		
			미지급세금	3,000,000
06/30			부가세예수금	500,000
			임대료수입	5,000,000
	보통예금	5,500,000		
07/15	세금과공과(판)	450,000		
			보통예금	450,000
07/25	미지급세금	3,071,904		
			선납세금	1,537,500
			보통예금	1,534,404
07/30			부가세예수금	500,000
			임대료수입	5,000,000
	보통예금	5,500,000		
08/30			부가세예수금	500,000
			임대료수입	5,000,000
	보통예금	5,500,000		
09/15	세금과공과(판)	400,000		
			보통예금	400,000
09/30			부가세예수금	500,000
			임대료수입	5,000,000
	보통예금	5,500,000		
10/25	선납세금	1,537,500		
			보통예금	1,537,500
10/30			부가세예수금	500,000
			임대료수입	5,000,000
	보통예금	5,500,000		
11/30			부가세예수금	500,000
			임대료수입	5,000,000
	보통예금	5,500,000		
12/31	감가상각비(판)	10,250,000		
			감가상각누계액	10,250,000
12/31	부가세예수금	3,000,000		
			미지급세금	3,000,000
12/31	세금과공과(판)	73,095		
			미지급세금	73,095
12/31			부가세예수금	500,000
			임대료수입	5,000,000
	보통예금	5,500,000		

2. 2014년도 1기 부가가치세 확정신고서

일반과세자 부가가치세 [ ]예정 [√]확정 [ ]기한후과세표준 [ ]영세율 등 조기환급 신고서

(제1장 앞쪽)

관리번호				처리기간	즉시
신고기간	2014 년 제 1 기 (1 월 1 일 ~ 6 월 30 일)				

사업자	상 호 (법인명)	오필승 임대	성 명 (대표자명)	오필승	사업자등록번호	137-02-60630
	주민(법인) 등록번호	650405 - 1243418	전화번호	사업장 02-555-5555	주소지 02-666-6666	휴대전화
	사업장 주소	서울특별시 송파구 동남로 187영치		전자우편 주소		

❶ 신 고 내 용

구분				금액	세율	세액
과세표준 및 매출세액	과세	세금계산서 발급분	(1)	30,000,000	10/100	3,000,000
		매입자발행 세금계산서	(2)		10/100	
		신용카드·현금영수증 발행분	(3)		10/100	
		기타(정규영수증 외 매출분)	(4)	719,041		71,904
	영세율	세금계산서 발급분	(5)		0/100	
		기타	(6)		0/100	
	예정신고누락분		(7)			
	대손세액가감		(8)			
	합계		(9)	30,719,041	㉮	3,071,904
매입세액	세금계산서 수취분	일반매입	(10)			
		고정자산 매입	(11)			
	예정신고누락분		(12)			
	매입자발행 세금계산서		(13)			
	그 밖의 공제매입세액		(14)			
	합계(10)+(11)+(12)+(13)+(14)		(15)			
	공제받지 못할 매입세액		(16)			
	차감계 (15)-(16)		(17)		㉯	
납부(환급)세액 (매출세액㉮-매입세액㉯)					㉰	3,071,904
경감·공제세액	그 밖의 경감·공제세액		(18)			
	신용카드매출전표등 발행공제 등		(19)			
	합계		(20)		㉱	
예정신고미환급세액			(21)		㉲	
예정고지세액			(22)		㉳	1,537,500
사업양수자의 대리납부 기납부세액			(23)		㉴	
매입자 납부특례 기납부세액			(24)		㉵	
가산세액계			(25)		㉶	
차감·가감하여 납부할 세액(환급받을 세액)(㉰-㉱-㉲-㉳-㉴-㉵+㉶)					(26)	1,534,404
총괄 납부 사업자가 납부할 세액(환급받을 세액)						

❷ 국세환급금 계좌신고 (환급세액이 2천만원 미만인 경우)	거래은행	은행	지점	계좌번호	
❸ 폐업 신고	폐업일		폐업 사유		

❹ 과세표준명세

업태	종목	생산요소	업종 코드	금액
(27)부동산	임대		701201	30719041
(28)				
(29)				
(30)수입금액 제외				
(31)합계				

「부가가치세법」 제48조·제49조 또는 제59조와 「국세기본법」 제45조의3에 따라 위의 내용을 신고하며, **위 내용을 충분히 검토하였고 신고인이 알고 있는 사실 그대로를 정확하게 적었음을 확인합니다.**

2014 년 7 월 25 일

신고인: 오필승 (서명 또는 인)

세무대리인은 조세전문자격자로서 위 신고서를 성실하고 공정하게 작성하였음을 확인합니다.

세무대리인: (서명 또는 인)

세무서장 귀하

첨부서류	뒤쪽 참조

세무대리인	성 명		사업자등록번호		전화번호	

3. 2014년도 2기 부가가치세 확정신고서

일반과세자 부가가치세 [ ]예정 [√]확정 [ ]기한후과세표준 [ ]영세율 등 조기환급 신고서

(제1장 앞쪽)

관리번호				처리기간	즉시
신고기간	2014 년 제 1 기 (7 월 1 일 ~ 12 월 31 일)				

사업자						
사업자	상 호 (법인명)	오필승 임대	성 명 (대표자명)	오필승	사업자등록번호	1 3 7 - 0 2 - 6 0 6 3 0
	주민(법인) 등록번호	650405 - 1243418		전화번호	사업장 02-555-5555	주소지 02-666-6666 / 휴대전화
	사업장 주소	서울특별시 송파구 동남로 187영치			전자우편 주소	

❶ 신 고 내 용

구 분				금 액	세율	세 액
과세표준 및 매출세액	과세	세금계산서 발급분	(1)	30,000,000	10/100	3,000,000
		매입자발행 세금계산서	(2)		10/100	
		신용카드・현금영수증 발행분	(3)		10/100	
		기타(정규영수증 외 매출분)	(4)	730,958		73,095
	영세율	세금계산서 발급분	(5)		0/100	
		기 타	(6)		0/100	
	예 정 신 고 누 락 분		(7)			
	대 손 세 액 가 감		(8)			
	합 계		(9)	30,730,958	㉮	3,073,095
매입세액	세금계산서 수취분	일 반 매 입	(10)			
		고정자산 매입	(11)			
	예 정 신 고 누 락 분		(12)			
	매입자발행 세금계산서		(13)			
	그 밖의 공제매입세액		(14)			
	합계(10)+(11)+(12)+(13)+(14)		(15)			
	공제받지 못할 매입세액		(16)			
	차 감 계 (15)-(16)		(17)		㉯	
납부(환급)세액 (매출세액㉮-매입세액㉯)					㉰	3,073,095
경감・공제세액	그 밖의 경감・공제세액		(18)			
	신용카드매출전표등 발행공제 등		(19)			
	합 계		(20)		㉱	
예 정 신 고 미 환 급 세 액			(21)		㉲	
예 정 고 지 세 액			(22)		㉳	1,537,500
사업양수자의 대리납부 기납부세액			(23)		㉴	
매입자 납부특례 기납부세액			(24)		㉵	
가 산 세 액 계			(25)		㉶	
차감・가감하여 납부할 세액(환급받을 세액)(㉰-㉱-㉲-㉳-㉴-㉵+㉶)					(26)	1,535,595
총괄 납부 사업자가 납부할 세액(환급받을 세액)						

❷ 국세환급금 계좌신고 (환급세액이 2천만원 미만인 경우)	거래은행	은행 지점	계좌번호	

❸ 폐 업 신 고	폐업일		폐업 사유	

❹ 과 세 표 준 명 세

업 태	종 목	생산요소	업종 코드	금 액
(27)부동산	임대		7 0 1 2 0 1	30730958
(28)				
(29)				
(30)수입금액 제외				
(31)합 계				

「부가가치세법」 제48조・제49조 또는 제59조와 「국세기본법」 제45조의3에 따라 위의 내용을 신고하며, **위 내용을 충분히 검토하였고 신고인이 알고 있는 사실 그대로를 정확하게 적었음을 확인합니다.**

2015 년 1 월 25 일

신고인: 오필승 (서명 또는 인)

세무대리인은 조세전문자격자로서 위 신고서를 성실하고 공정하게 작성하였음을 확인합니다.

세무대리인: (서명 또는 인)

세무서장 귀하

첨부서류	뒤쪽 참조

세무대리인	성 명		사업자등록번호		전화번호	

4. 2014년도 손익계산서

손 익 계 산 서

2014년 1월1일부터 2014년 12월 31일까지

회사명: 오필승임대 (단위: 원)

계정과목		2 기		1 기	
		금 액		금 액	
1.	매출액		60,000,000		30,000,000
	임대료수입	60,000,000		30,000,000	
2.	매출원가		-		-
3.	매출총이익		60,000,000		30,000,000
4.	판매비와 관리비		11,244,999		6,564,864
	세금과 공과	994,999		85,698	
	감가상각비	10,250,000		5,979,166	
	수수료 비용			500,000	
5.	영업이익		48,755,001		23,435,136
6.	영업외수익		-		-
7.	영업외비용		-		-
8.	소득세차감전이익		48,755,001		23,435,136
9.	소득세등		-		-
10.	당기순이익		48,755,001		23,435,136

5. 2014년도분 종합소득세 신고서

관리번호	-

(2014년 귀속)종합소득세·농어촌특별세·지방소득세 과세표준확정신고 및 납부계산서

거주구분	거주자1 /비거주자2
내·외국인	내국인1 /외국인9
거주지국	거주지국코드

❶ 기본사항

① 성 명	오필승	② 주민등록번호	6 5 0 4 0 5 - 1 2 4 3 4 1 8
③ 주 소	서울특별시 송파구 도곡로 442 20호		
④ 주소지 전화번호	02-555-5555	⑤ 사업장 전화번호	02-666-6666
⑥ 휴 대 전 화		⑦ 전자우편주소	
⑧ 신 고 유 형	1 자기조정 [12]**외부조정** [14]성실신고확인 [22]간편장부 [31]추계-기준율 [3]추계-단순율 [42]비사업자		
⑨ 기 장 의 무	[1]**복식부기의무자** [2]간편장부대상자 [3]비사업자		
⑩ 신 고 구 분	[10]**정기신고** [22]수정신고 [32]경정청구 [42]기한후신고 [52]추가신고(인정상여)		

❷ 환급금 계좌신고 (2천만원 미만인 경우)	⑪ 금융기관/체신관서명	⑫ 계좌번호

❸세무 대리인					
⑬성 명		⑭ 사업자등록번호	- -	⑮ 전화번호	
⑯대리구분	1 기장 [2]조정 [3]신고 [4]확인	⑰ 관리번호	-	⑱ 조정반번호	-

❹ 세액의 계산

구분		종합소득세		지방소득세		농어촌특별세
종합소득금액	⑲	50,204,991				
소득공제	⑳	1,500,000				
과세표준(⑲-⑳)	㉑	48,704,991	㊶	6,399,198	(51)	
세율	㉒	24%	㊷	10%	(52)	
산출세액	㉓	6,469,198	㊸	639,919	(53)	
세액감면	㉔					
세액공제	㉕	70,000				
결정세액(㉓-㉔-㉕)	㉖	6,399,198			(54)	
가산세	㉗				(55)	
추가납부세액 (농어촌특별세의 경우에는 환급세액)	㉘				(56)	
합계(㉖+㉗+㉘)	㉙	6,399,198			(57)	
기납부세액	㉚		㊹		(58)	
납부(환급)할 총세액(㉙-㉚)	㉛	6,399,198	㊺		(59)	
납부특례세액 차감	㉜				(60)	
납부특례세액 가산	㉝					
분납할세액 2개월 내	㉞					
신고기한 이내 납부할 세액(㉛-㉜+㉝-㉞)	㉟	6,399,198	㊻		(61)	

신고인은 「소득세법」 제70조, 「농어촌특별세법」 제7조, 「지방세법」 제95조 및 「국세기본법」 제45조의3에 따라 위의 내용을 신고하며, **위 내용을 충분히 검토하였고 신고인이 알고 있는 사실 그대로를 정확하게 적었음을 확인합니다.**

2015년 06 월 01 일

신고인 오필승 (서명 또는 인)

세무대리인은 조세전문자격자로서 위 신고서를 성실하고 공정하게 작성하였음을 확인합니다.

세무대리인 (서명 또는 인)

접수(영수)일

세무서장 귀하

❼ 사업소득명세서

구분					
① 소득구분코드		30	30		
② 일련번호		1	합계		
③ 사업장	소재지	서울특별시 송파구 동남로 187영치			
	국내1/국외9 · 소재지국코드	1 · KR			
④ 상호		오필승임대			
⑤ 사업자등록번호		137-02-60639			
⑥ 기장의무		1. 복식부기의무자			
⑦ 신고유형코드		12			
⑧ 주업종코드		701201			
⑨ 총수입금액		61,449,990	61,449,990		
⑩ 필요경비		11,244,990	11,244,990		
⑪ 소득금액(⑨-⑩)		50,204,991	50,204,991		
⑫ 과세기간개시일		2014.01.01			
⑬ 과세기간종료일		2014.12.31			
⑭ 대표 공동사업자	성명				
	주민등록번호				
⑮ 특수관계인	성명				
	주민등록번호				
	성명				
	주민등록번호				
	성명				
	주민등록번호				

사업소득에 대한 원천징수 및 납세조합징수 세액

⑯ 일련번호	원천징수의무자 또는 납세조합		원천징수 또는 납세조합징수 세액	
	⑰ 상호(성명)	⑱ 사업자등록번호 (주민등록번호)	⑲ 소득세	⑳ 농어촌특별세

⓫ 소득공제명세서

소득세법 상 소득공제							
구 분			금 액	구 분			금 액
인적공제	기본공제	① 본 인	1,500,000	연금보험료공제	⑨ 국 민 연 금		
		② 배 우 자			⑩ 공무원・군인・사립학교 교직원・별정우체국 연금		
		③ 부 양 가 족(명)		⑪ 주택담보노후연금 이 자 비 용 공 제			
	추가공제	④ 경 로 우 대 자(명)		특별공제	⑫ 보험료 공제		
		⑤ 장 애 인(명)			⑬ 주택자금 공제		
		⑥ 부 녀 자			⑭ 기부금(이월분) 공제		
		⑦ 한 부 모 가 족			⑮ 특별공제합계	근 로 소 득 이 있 는 자 (⑫~⑭)	
	⑧ 인적공제계(①~⑦의 합계)		1,500,000			근 로 소 득 이 없 는 자 (⑭)	

⑯ 인 적 공 제 대 상 자 명 세

관계	성 명	내외국인	주민등록번호(외국인등록번호 등)	관계	성 명	내외국인	주민등록번호(외국인등록번호 등)
0	오필승	1	650405-1243418				-
			-				-
			-				-
			-				-

※ 관계코드: 소득자 본인=0, 소득자의 직계존속=1, 배우자의 직계존속=2, 배우자=3, 직계비속 중 자녀 · 입양자=4, 직계비속 중 자녀 · 입양자 외(직계비속과 그 배우자가 모두 장애인인 경우 그 배우자 포함)=5, 형제자매=6, 수급자=7, 위탁아동=8(관계코드 4~6은 소득자와 배우자의 각각의 관계를 포함합니다.)

「조세특례제한법」 상 소득공제			
⑰「조세특례제한법」 조문(제목)	⑱ 코드	⑲ 금 액	⑳ 사업자등록번호
㉑「조세특례제한법」 상 소득공제 합계			

㉒ 소득공제 합계 (⑧~⑪+⑮+㉑)	1,500,000	㉓ 소득공제 종합한도 초과액	

⓬ 세액감면명세서

① 제목(법 조문)	② 코드	③ 세액감면	④ 사업자등록번호
⑤ 세액감면 합계			

⓭ 세액공제명세서

① 「소득세법」상 세액공제			② 코드	공제대상 금액 (㉠)	적용률 (㉡)	③ 세액공제 (㉠×㉡)	④ 사업자등록번호
배당세액공제							
기장세액공제							
외국납부세액공제							
재해손실세액공제							
근로소득세액공제							
자녀 세액공제	(기본공제자녀 명)						
	(6세 이하 자녀 명)						
	(출산·입양 명)						
연금계좌 세액공제	과학기술인공제				12% (15%)		
	퇴직연금						
	연금저축						
특별세액 공제	보험료	보장성			12%		
		장애인전용보장성			15%		
	의료비				15%		
	교육비				15%		
	기부금	법정기부금			15% (25%)		
		지정기부금					
	표준세액공제					70,000	
납세조합세액공제							
⑤「조세특례제한법」상 세액공제 제목(법 조문)							
정치자금기부금	10만원 이하						
	10만원 초과						
⑥ 세액공제 합계 (① 「소득세법」 + ② 「조세특례제한법」)						70,000	

⓮ 준비금명세서

① 「조세특례제한법」 제목(조문)	② 코드	준비금 손금산입액		준비금 환입액		⑦ 사업자 등록번호
		③ 연도	④ 금액	⑤ 당기 환입액	⑥ 환입액 누계	

부 록 연말정산(국세청 연말정산 수정-2015년 연말정산)

1. 의의

소득세법 37조에 의하면 근로소득 등을 지급하는 원천징수의무자(회사 등)는 근로자의 과세기간(무조건 1/1 ~ 12/31)동안 근로소득금액 이나 중도에 퇴사하는 경우 해당 퇴직월까지 근로소득금액에 대해서 근로자의 제출 신고 내용에 따라 과세소득을 확정하여 세액을 결정하고 과세당국을 대신하여 납부 또는 환급액을 징수 또는 환급하는 제도를 말한다.

2. 회사는 소속 근로자의 연말정산을 위하여 연말정산 안내를 위하여 소득공제나 세액공제를 위한 자료를 제출하도록 한다.

3. 회사는 소속 근로자가 제출한 각종 서류를 검토하여 확인하고 소득세액을 계산하고 근로소득 원천징수영수증을 발급한다.

4. 회사는 원천징수 이행상항신고서 등을 과세당국에 제출하여 연말정산을 마감한다. 또한 근로소득을 지급하는 원천징수의무자는 근로소득 지급명세서를 지출한다.

5. 근로소득 연말정산(국세청 연말정산 자동계산 수정)

[급여관련 기본사항]

<table>
<tr><th>항목</th><th>항목별 요약 및 공제요건</th></tr>
<tr><td>총급여액</td><td>연간 근로소득에서 비과세소득을 뺀 금액을 입력
* 비과세소득 : 병이받는 급여, 요양급여 등등 타 법상 각종급여가 해당</td></tr>
<tr><td>(-) 근로소득공제</td><td>
<table>
<tr><th>총 급 여</th><th>공 제 액</th></tr>
<tr><td>500만원 이하</td><td>총급여액의 100분의 70</td></tr>
<tr><td>500만원 초과 1,500만원 이하</td><td>350만원 + 500만원 초과하는 금액의 100분의 40</td></tr>
<tr><td>1,500만원 초과 4,500만원 이하</td><td>750만원 + 1,500만원 초과하는 금액의 100분의 15</td></tr>
<tr><td>4,500만원 초과 1억원 이하</td><td>1,200만원 + 4,500만원 초과하는 금액의 100분의 5</td></tr>
<tr><td>1억원 초과</td><td>1,475만원 + 1억원 초과하는 금액의 100분의 2</td></tr>
</table>
</td></tr>
<tr><td>근로소득금액</td><td>총급여액에서 근로소득공제를 뺀 금액</td></tr>
</table>

- 총급여액은 의료비 및 신용카드 등 사용금액 소득공제 계산시 활용
- 근로소득공제는 월할 계산하지 않고 총급여액에 따른 공제금액을 계산함

[기본공제]

<table>
<tr><th colspan="2">항목</th><th>항목별 요약 및 공제요건</th></tr>
<tr><td colspan="2">본인기본공제</td><td>근로소득자 본인에 대한 기본공제(연 150만원)</td></tr>
<tr><td colspan="2">배우자공제</td><td>연간 소득금액 합계액 100만원 이하인 배우자에 대해 기본공제(연 150만원)
* '소득금액'임에 유의(예: 근로소득금액 등), 사실혼은 제외</td></tr>
<tr><td colspan="2">부양가족공제</td><td>거주자(배우자 포함)와 생계를 같이하는 연간 소득금액 합계액 100만원 이하인 부양가족에 대한 기본공제(1명당 연 150만원)
(부양가족이 기본공제대상이 되기위해서 나이 제한을 적용받음. 다만, 부양가족이 장애인인 경우 나이 제한을 적용받지 아니함)</td></tr>
<tr><td rowspan="2">대상
부양
가족
공제
내용</td><td>직계존속</td><td>- 거주자(배우자 포함)의 직계존속으로서 만 60세 이상
* 직계존속이 재혼시 직계존속과 혼인중임이 증명되는 사람 포함</td></tr>
<tr><td>직계비속</td><td>- 거주자의 직계비속으로서 만 20세 이하
• 거주자의 직계비속
• 거주자의 배우자가 재혼시 당해 배우자가 종전의 배우자와의 혼인중에 출산한 자
* 해당 직계비속과 그 배우자가 모두 장애인에 해당하는 경우 그 배우자를 포함
- 민법 또는 입양촉진 및 절차에 관한 특례법에 따라 입양한 양자 및 '사실상 입양상태'에 있는 사람으로서 거주자와 생계를 같이하는 사람(만 20세 이하)</td></tr>
</table>

항목		항목별 요약 및 공제요건
	형제자매	- 거주자(배우자 포함)의 형제자매로서 20세 이하 또는 60세 이상인 사람 * 형제자매의 배우자는 공제대상에 해당하지 아니함
	수급자	- 국민기초생활 보장법 제2조 제2호의 수급자
	위탁아동	- 아동복지법에 따른 가정위탁을 받아 양육하는 아동으로서 해당 과세기간에 6개월 이상 직접 양육한 위탁아동 * 직전 과세기간에 소득공제를 받지 못한 경우에는 해당 위탁아동을 포함하여 계산

- 연간'소득금액' 합계가 100만원을 초과하는 배우자 및 부양가족은 기본공제대상에서 제외
- 사실혼 관계는 제외

[추가공제]

기본공제 대상이 아래에 해당하는 경우 추가공제를 적용함

항목	항목별 요약 및 공제요건
경로우대공제	기본공제대상자가 만 70세 이상인 경우 1명당 100만원 공제
장애인공제	기본공제대상자 중 소득세법에 따른 장애인에 해당하는 경우 1명당 연 200만원 공제 ※ 소득세법에 따른 장애인의 범위(장애인등록증 또는 증명서로 입증) ① 장애인복지법에 의한 장애인 ② 국가유공자 등 예우 및 지원에 관한 법률에 의한 상이자 및 이와 유사한 근로능력이 없는 자 ③ ① 내지 ② 외에 항시 치료를 요하는 중증환자 (항시 치료를 요하는 중증환자의 사례로 암환자를 생각하면 됨)
부녀자공제	근로자 본인이 여성(해당 과세기간의 근로소득금액이 3천만원 이하자)인 경우로서 다음의 어느 하나에 해당하는 경우에만 연 50만원 공제 가능 - 배우자가 있는 여성(남편의 소득유무와는 관계없음) - 배우자가 없는 여성의 경우 부양가족이 있는 세대주에 해당하는 경우
한부모공제	배우자가 없는 자로서 기본공제대상인 직계비속 또는 입양자가 있는 경우 연 100만원 공제 가능 * 부녀자공제와 중복적용 배제: 한부모공제 적용

[연금보험료공제]

항목		항목별 요약 및 공제요건
공적 연금 보험료	국민연금	국민연금법에 따라 부담하는 연금보험료(사용자 부담금은 제외)로 전액공제
	공무원연금	공무원연금법에 따라 근로자가 부담하는 기여금(또는 부담금)으로 전액공제
	군인연금	군인연금법에 따라 근로자가 부담하는 기여금(또는 부담금)으로 전액공제
	사립학교 교직원연금	사립학교교직원연금법에 따라 근로자가 부담하는 기여금(또는 부담금) 으로 전액공제
	별정우체국연금	별정우체국법에 따라 근로자가 부담하는 기여금(또는 부담금)으로 전액공제

[특별소득공제(보험료)]

항목	항목별 요약 및 공제요건
건강보험료 등	국민건강보험법 또는 노인장기요양보험법에 따라 근로자가 부담하는 보험료 (전액 공제)
고용보험료	고용보험법에 따라 근로자가 부담하는 보험료(전액 공제)

[특별소득공제(주택자금)]

항목	구분	항목별 요약 및 공제요건
주택임차 차입금	원리금 상환액	- 공제대상: 무주택 세대의 세대주(세대주가 주택관련공제를 받지 않은 경우 세대원도 가능)로서 근로소득이 있는자 (단, 거주자간 차입은 해당 과세기간 총급여액이 5천만원 이하자 - 단독 세대주 포함) - 공제금액: 원리금상환액 × 40% - 공제한도: 연 300만원(주택마련저축납입액공제와 합하여 연 300만원을 초과할 수 없음)

<table>
<tr><th>항목</th><th colspan="2">구분</th><th colspan="2">항목별 요약 및 공제요건</th></tr>
<tr><td rowspan="7">장기주택
저당차입금
이자상환액</td><td colspan="2">구 분</td><td>공제내용</td><td>주택자금 공제한도</td></tr>
<tr><td rowspan="3">2011년
이전
차입분</td><td>15년 미만
(600만원
한도)</td><td>'03.12.31 이전 차입분으로 상환기간 10년 이상 15년 미만인 경우</td><td rowspan="5">(주택임차차입금원리금상환액공제+월세액소득공제+장기주택저당차입금이자상환액공제+주택마련저축 납입액 공제) 금액이 해당 장기주택이자상환액 공제한도를 초과하는 경우 그 초과하는 금액은 없는 것으로 함</td></tr>
<tr><td>15년~29년
(1,000만원
한도)</td><td>'12.1.1 이전 차입분으로 다음에 해당하는 경우 공제한도는 연 1,000만원을 적용함
- 상환기간 15년 이상 30년 미만인 경우(타금융기관이전포함)
- 조세특례제한법 제98조의 3에 따른 양도소득세 과세특례대상을 2009년 2월 12일부터 2010년 2월 11일까지의 기간중에 최초로 취득하는 경우 상환기간 5년 이상</td></tr>
<tr><td>30년 이상
(1,500만원
한도)</td><td>다음에 해당하는 경우 공제한도는 연 1,500만원을 적용함
- '12.1.1 이전 차입분으로 상환기간 30년 이상인 경우(타금융기관 이전포함)</td></tr>
<tr><td rowspan="2">2012년
이후
차입분</td><td>고정금리·
비거치
상환대출
(1,500만원
한도)</td><td>'12.1.1 이후 신규 차입분(차입금 상환 기간 연장 포함)으로서 상환기간이 15년 이상이고, 차입금의 70% 이상의 금액에 대한 이자를 고정금리 방식으로 지급하는 경우와 원리금의 70% 이상을 비거치식으로 분할상환하는 경우</td></tr>
<tr><td>기타대출
(500만원
한도)</td><td>'12.1.1 이후 신규 차입분(차입금 상환기간 연장 포함)으로서 상환기간이 15년 이상인 차입금(고정금리 및 비거치식 대출 제외)의 경우 공제한도는 연 500만원을 적용함</td></tr>
</table>

＊ 주택임차차입금 공제요건

- 과세기간 종료일 현재 주택을 소유하지 아니한 세대의 세대주
- 근로소득자
- 국민주택규모의 주택을 임차하기 위해 지출한 주택임차차입금(단독세대주 가능)

* 장기주택저당차입금 공제요건

- 근로소득자(일용근로자 제외)로서 주택을 소유하지 아니하거나 1주택을 보유한 세대의 세대주(세대원 포함)
- 취득당시 주택의 기준시가가 4억원 이하(2013.12.31. 이전 기준시가 3억원)인 주택(2013.12.31. 이전 국민주택규모)을 취득(2014.1.1. 이후 차입분부터 "국민주택규모 기준" 삭제)
- 주택에 저당권을 설정하고 금융회사 등으로부터 차입한 장기주택저당차입금의 이자지급
- 이자상환액에 대해 소득공제

* 장기주택저당차입금 요건

- 차입금의 상환기간이 15년 이상일 것
- 주택소유권이전등기 또는 보존등기일로부터 3월 이내 차입
- 장기주택저당차입금의 채무자가 당해 저당권이 설정된 주택의 소유자일 것
- 세대 구성원이 보유한 주택을 포함하여 과세기간 종료일 현재 2주택 이상을 보유한 경우에는 장기주택저당차입금 이자상환액 공제를 적용하지 아니함(2014.1.1. 이후 적용)
  → (해당 과세기간 중 2주택 이상 보유기간이 3개월을 초과하더라도 과세기간 종료일 현재 1주택이면 공제 가능)

[그밖의 소득공제(개인연금저축공제)]

항목	항목별 요약 및 공제요건
개인연금저축	근로자 본인 명의로 2000.12.31 이전에 가입하여 해당 과세기간에 불입한 금액 - 공제금액: 납입액 × 40% - 공제한도: 연 72만원

[그밖의 소득공제(주택마련저축)]

항목	항목별 요약 및 공제요건
청약저축	주택법에 따른 청약저축에 납입한 금액(연 납입액 120만원 이하에 한함)
근로자주택마련저축	법률 제7030호 한국주택금융공사법 부칙 제2조에 따라 폐지된 「근로자의 주거안정과 목돈마련지원에 관한 법률」에 따른 근로자 주택마련저축으로 한다.(월 납입액 15만원 이하에 한함)
주택청약종합저축	저축가입자가 금융회사 등에 무주택확인서를 제출한 과세연도 이후에 납입한 금액만 해당됨(연 납입액 120만원 이하에 한함)

* **주택마련저축 공제 요건**

- 과세연도 중 주택을 소유하지 아니한 세대의 세대주, 총급여액 7,000만원 이하(과거가입자는 초과하더라도 2017년까지 공제가능)
- 주택마련저축에 가입하여 납입한 금액의 40%에 해당하는 금액을 공제
- 청약저축의 경우 가입시기별 소유주택수에서 가입연도별로 무주택 및 국민주택규모, 기준시가 3억 이하 주택 등을 소유한 경우도 인정하므로 가입시기별 요건파악이 필요
- 공제한도
  - 공제금액은 연 300만원을 초과할 수 없으며, 주택임차차입금 원리금상환액에 대한 소득공제를 받는 경우 해당 공제금액과의 합계액이 연 300만원을 초과 불가

[그밖의 소득공제(신용카드 등 사용금액)]

항목	항목별 요약 및 공제요건
㉮신용카드 (전통시장·대중교통 제외)	신용카드를 사용하여 그 대가를 지급하는 금액
㉯현금영수증 (전통시장·대중교통 제외)	현금영수증(현금거래사실을 확인받는 것을 포함)
㉰직불카드 등 (전통시장·대중교통 제외)	직불카드, 실지명의가 확인되는 기명식선불카드, 기명식선불전자지급수단, 기명식 전자화폐를 사용하여 대가로 지급한 금액
㉱전통시장 사용분	전통시장에서 사용한 신용카드, 직불·선불카드, 현금영수증 사용금액
㉲대중교통 이용분	대중교통을 신용카드, 직불·선불카드, 현금영수증으로 사용한 금액

*** 신용카드 등 사용금액 공제 계산**

신용카드 등 사용금액(국외에서 사용금액 제외)에 대한 소득공제는 아래의 산식으로 계산

공제금액: ①+②+③+④-⑤+⑥에 해당하는 금액

① 전통시장사용분(신용카드·현금영수증·직불카드·선불카드) × 30%

② 대중교통이용분(신용카드·현금영수증·직불카드·선불카드) × 30%

③ 현금영수증, 직불·선불카드사용분(전통시장·대중교통이용분에 포함된 금액 제외) × 30%

④ 신용카드사용분(= 신용카드등사용금액 합계액 - 전통시장사용분 - 대중교통이용분 - 현금영수증, 직불·선불카드사용분) × 15%

⑤ 다음의 어느 하나에 해당하는 금액

- 최저사용금액(총급여액의 25%) ≤ 신용카드사용분: 최저사용금액 × 15%
- 최저사용금액(총급여액의 25%) > 신용카드사용분: 신용카드사용분 × 15% + (최저사용금액 - 신용카드사용분) × 30%

⑥ 전년도 신용카드 등 사용액이 당연도보다 많은 경우 전통시장사용분, 대중교통이용분 및 직불카드등사용분('추가공제율사용분'이라함)의 10%를 추가공제금액에 포함.

공제한도

연간 300만원과 총급여액의 20% 중 적은 금액을 한도로 합니다. 다만, 한도초과금액이 있는 경우 '한도초과금액'과 '①과②의 합계액' 중 적은 금액(①과② 각각 연간 100만원 한도)을 신용카드 등 소득공제금액에 추가함(최대 500만원 한도)

공제금액 계산시 포함 가능한 부양가족의 신용카드 등 사용금액

- 거주자의 배우자로서 연간소득금액의 합계액이 100만원 이하인 경우
- 거주자와 생계를 같이하는 직계존비속(배우자의 직계존속과 소득세법 시행령 제106조제7항의 규정에 의한 동거입양자를 포함하되, 다른 거주자의 기본공제를 적용받는 경우 제외)으로서 연간소득금액의 합계액이 100만원 이하인 경우

공제 제외대상 금액

- 사업소득과 관련된 비용 또는 법인의 비용에 해당하는 경우
- 물건의 판매 또는 용역을 가장하는 등 비정상적 사용행위에 의한 금액
- 신규로 출고되는 자동차를 구입하는 경우
- 각종 공제대상으로 신용카드로 결제한 경우 등이 이에 해당한다.

[그밖의 소득공제(기타)]

항목	항목별 요약 및 공제요건
소기업·소상공인 공제부금 소득공제	거주자가 중소기업협동조합법 제 115조에 따른 소기업·소상공인 공제에 가입하여 해당 과세기간에 납부하는 공제부금 - 공제금액: 납입액 전액 - 공제한도: 연 300만원
투자조합 출자공제 (2012년부터 10~50%)	거주자가 중소기업창업투자조합 등에 2014년 12월 31일까지 출자 또는 투자한 금액의 100분의 10(개인이 직접 또는 개인 투자조합을 통해 벤처기업에 투자하는 경우 2012년분: 100분의 20, 2013년분: 100분의 30, 2014년분: 5천만원 이하분 100분의 50; 5천만원 초과분 100분의 30)에 상당하는 금액을 그 출자일 또는 투자일이 속하는 과세연도부터 2년이 되는 날이 속하는 과세연도까지 거주자가 선택하는 1과세연도의 종합소득금액에서 공제 - 공제한도: 근로소득금액의 50%(2013년 이전 40%) * 농어촌특별세 과세대상
우리사주출연금 소득공제	우리사주조합원이 자사주를 취득하기 위하여 우리사주조합에 출자하는 경우 해당 연도의 출자금액과 400만원 중 적은 금액을 공제
우리사주조합 기부금 소득공제	우리사주조합원이 아닌 근로자가 우리사주조합에 기부하는 기부금을 공제 - 공제한도: (근로소득금액 - 정치자금기부금 10만원 초과 세액공제 대상금액 - 법정기부금 세액공제 대상 금액 - 50%공제한도 특례기부금) × 30%
고용유지 중소기업 근로자 소득공제 (임금감소액)	고용유지중소기업에 근로를 제공하는 상시근로자에 대하여 2015년 12월 31일이 속하는 과세연도까지 다음 산식에 따라 계산한 금액을 해당 과세연도의 근로소득금액에서 공제 - 공제금액계산 (직전과세연도의 해당근로자연간임금총액 - 해당과세연도의 해당근로자연간임금총액) × 50% - 공제한도: 1천만원

항목	항목별 요약 및 공제요건
목돈 안드는 전세 이자상환액공제	2015.12.31.까지 임대인이 목돈 안드는 전세보증금을 금융회사로부터 차입하고 임차인이 해당 차입금의 이자를 상환하는 경우 임대인의 해당 과세기간의 종합소득금액에서 공제 - 공제금액: 임차인의 이자상환액 × 40% - 공제한도: 연 300만원
장기집합 투자증권저축	○ 가입대상: 총급여액 5,000만원 이하 근로자 ○ 펀드요건 - 자산총액 40% 이상을 국내주식에 투자하는 장기 적립식 펀드 - 연 납입한도 600만원 - 계약기간 10년 이상 - 공제금액: 연 납입액 × 40% - 공제한도: 연 240만원 - 적용기한: '15.12.31까지 가입분

[세액감면 및 세액 공제_중요항목]

항목		항목별 요약 및 공제요건
세액 감면	소득세법	○ 정부간 협약으로 우리나라에 파견된 외국인이 당사국의 정부로부터 받는 급여 - 감면세액 계산: 산출세액 × (감면대상 근로소득금액/근로소득금액)
	중소기업 취업청년	○ 근로계약 체결일 현재 연령이 15세 이상 29세 이하(병역근무기간 제외: 한도 6년)인 사람, 60세 이상인 사람, 장애인이 중소기업에 '12.1.1(60세 이상인 사람, 장애인은 '14.1.1.) ~ '15.12.31. 까지 취업하는 경우 중소기업체에서 받는 근로소득세를 취업일부터 3년간 50% 감면(2013.12.31. 이전 취업자는 100% 감면) - 감면세액의 계산 산출세액 × (감면대상 총급여액/해당 근로자 총급여액) × 감면비율 (100%, 50%)
	조세조약	○ 조세조약의 교직자 조항으로 소득세를 면제받는 교사 및 교수로서 초·중·고교와 같은 인가된 교육기관 또는 대학에서 강의 또는 연구를 목적으로 근무하는 자에 한하여 적용 - 감면세액의 계산: 산출세액 × (감면대상 근로소득금액/근로소득금액)
세액 공제	근로소득 세액공제	○ 근로소득자에 종합소득산출세액에서 다음에 해당하는 금액을 공제 <table><tr><td>근로소득에 대한 종합소득산출세액</td><td>공제액</td></tr><tr><td>130만원 이하</td><td>산출세액의 55%</td></tr><tr><td>130만원 초과</td><td>71만 5천원 + (130만원을 초과하는 금액의 30%)</td></tr></table>

<table>
<tr><th colspan="3">항목</th><th colspan="2">항목별 요약 및 공제요건</th></tr>
<tr><td rowspan="5"></td><td colspan="2"></td><td colspan="2">* 근로소득세액공제 한도
<table><tr><th>총급여액</th><th>세액공제 한도</th></tr><tr><td>3,300만원 이하</td><td>74만원</td></tr><tr><td>3,300만원 초과
7,000만원 이하</td><td>74만원 - [(총급여 - 3,300만원) × 0.008]
→ 계산된 금액이 66만원보다 적은 경우 66만원</td></tr><tr><td>7,000만원 초과</td><td>66만원 - [(총급여 - 7,000만원) × 0.5]
→ 계산된 금액이 50만원보다 적은 경우 50만원</td></tr></table>○ 다만, 중소기업취업청년 소득세 감면이 있는 경우 근로소득 세액공제 계산방법
- 근로소득세액공제 × (1 - 감면급여비율*)
* 감면급여비율 = 중소기업체로부터 받은 감면대상(100%, 50%) 총급여액 / 해당 근로자의 총 급여액</td></tr>
<tr><td rowspan="3">자녀
세액공제</td><td>자녀</td><td colspan="2">○ 공제대상자에 대해서 다음에 해당하는 금액을 종합소득산출세액에서 공제
* 공제대상자: 기본공제대상자에 해당하는 자녀(입양자 및 위탁아동 포함)
- 1명: 연 15만원
- 2명: 연 30만원
- 3명 이상인 경우: 연 30만원과 2명을 초과한 1명당 연 30만원을 합한 금액</td></tr>
<tr><td>6세
이하</td><td colspan="2">○ 6세 이하의 공제대상자에 대하여 다음에 해당하는 금액을 종합소득산출세액에서 공제
- 1명: 0원
- 2명 이상: (인원 - 1) * 15만원</td></tr>
<tr><td>출생·
입양</td><td colspan="2">해당 과세기간에 출생·입양신고한 경우 1명당
연 30만원을 종합소득산출세액에서 공제</td></tr>
<tr><td colspan="2">연금계좌
(연금저축)</td><td>근로자 본인 명의로
2001.1.1 이후에 연금저축에 가입하여 해당 과세기간에 납입한 금액)</td><td>* 공제대상금액 한도: 연 400만원 한도
근로자가 연금계좌에 납입한 금액의 합계액(공제대상금액)의 12%를 근로소득에 대한 종합소득산출세액에서 공제
(총급여가 5,500만원 이하자의 경우 15%)</td></tr>
<tr><td rowspan="2">보험료
세액
공제</td><td colspan="2">보장성
보험료</td><td colspan="2">근로자가 지급한 기본공제대상자를 피보험자로 하는 보장성 보험(장애인전용보장성보험 제외)의 보험료 납입액(공제대상금액*)의 12%를 근로소득에 대한 종합소득산출세액에서 공제
* 세액공제 대상금액 한도: 연 100만원 한도</td></tr>
<tr><td colspan="2">장애인 보장성
보험료</td><td colspan="2">근로자가 지급한 기본공제대상자 중 장애인을 피보험자 또는 수익자로 하는 장애인전용보험의 보험료(이 경우 장애인전용보험으로 표시된 것을 말함) 납입액 (공제대상금액*)의 15%를 근로소득에 대한 종합소득산출세액에서 공제
* 세액공제 대상금액 한도: 연 100만원 한도</td></tr>
</table>

<table>
<tr><th colspan="2">항목</th><th>항목별 요약 및 공제요건</th></tr>
<tr><td rowspan="5">의료비
세액
공제</td><td>①본인의료비</td><td rowspan="3">기본공제대상자(나이 및 소득의 제한을 받지 아니함)를 위하여 해당 근로소득자가 부담한 의료비 중 본인·장애인·65세 이상인 자를 위하여 지출한 금액(미용·성형수술비용 및 건강증진 의약품 구입비용은 공제대상 제외됨)</td></tr>
<tr><td>②65세 이상
부양가족의료비</td></tr>
<tr><td>③장애인의료비</td></tr>
<tr><td>④그 밖의 공제
대상자의료비</td><td>기본공제대상자(나이 및 소득의 제한을 받지 아니함)를 위하여 해당 근로소득자가 부담한 의료비 중 본인·장애인·65세 이상인 자를 위하여 지출한 의료비를 제외한 금액(미용·성형수술비용 및 건강증진 의약품 구입비용은 공제대상 제외됨)</td></tr>
<tr><td colspan="2">* 의료비 세액공제 대상금액 계산
의료비 최저사용액: 총급여액 × 3%
⇒ 의료비 지출액 합계금액(①+②+③+④)이 의료비 최저사용액(총급여액 × 3%)보다 적은 경우 의료비 세액공제 대상금액은 “0”
⇒ 의료비 지출액 합계금액(①+②+③+④)이 의료비 최저사용액(총급여액 × 3%)보다 큰 경우 ④ 그 밖의 공제대상자 의료비와 의료비 최저사용액 비교
<table>
<tr><th>구분</th><th>④ 그 밖의 공제대상자 의료비 ≥ 의료비 최저사용액</th><th>④ 그 밖의 공제대상자 의료비 < 의료비 최저사용액</th></tr>
<tr><td>세액공제 대상금액</td><td>(①+②+③)+(④-의료비 최저사용액)</td><td>(①+②+③)-(의료비 최저사용액-④)</td></tr>
<tr><td>세액공제 대상금액 한도</td><td>- (①+②+③): 한도 적용 받지 아니함
- (④-의료비 최저사용액): 700만원</td><td>- (①+②+③)-(의료비 최저사용액-④): 한도 적용 받지 아니함</td></tr>
</table>
* 의료비 세액공제
의료비 세액공제 대상금액의 15%를 근로소득에 대한 종합소득산출세액에서 공제</td></tr>
<tr><td rowspan="2">교육비
세액
공제</td><td>근로소득자
본인</td><td rowspan="2">○ 근로소득자가 기본공제대상자(나이의 제한을 받지 아니함)를 위하여 지급하는 교육비

○ 교육비 공제한도
<table>
<tr><th rowspan="2">구 분</th><th rowspan="2">본 인</th><th colspan="2">부양가족</th></tr>
<tr><th>취학전아동, 초·중·고생</th><th>대학생</th></tr>
<tr><td>1명당 세액공제 대상금액 한도</td><td>전 액</td><td>연 300만원</td><td>연 900만원</td></tr>
</table></td></tr>
<tr><td>기본공제대상자인 배우자·직계비속·형제자매·입양자 및 위탁아동</td></tr>
</table>

<table>
<tr><th colspan="3">항목</th><th>항목별 요약 및 공제요건</th></tr>
<tr><td rowspan="2">교육비
세액
공제</td><td colspan="2">장애인
특수교육비</td><td>○ 근로소득자가 기본공제대상자인 장애인(소득의 제한을 받지 아니함)의 재활교육을 위하여 다음에 해당하는 시설 등에 지급하는 교육비(특수교육비) → 전액 세액공제대상
① 사회복지사업법에 따른 사회복지시설
② 민법에 따라 설립된 비영리법인으로서 보건복지가족부장관이 장애인재활교육을 실시하는 기관으로 인정한 법인
③ 장애인기능 향상과 행동 발달을 위한 발달재활서비스를 제공하는 장애 아동복지 지원법 제21조 제3항에 따라 지방자치단체가 지정한 발달 재활 서비스 제공기관
④ 위 ①의 시설 또는 ②의 법인과 유사한 것으로서 외국에 있는 시설 또는 법인</td></tr>
<tr><td colspan="2">교육비 세액공제</td><td>* 교육비 세액공제 대상금액의 15%를 근로소득에 대한 종합소득산출세액에서 공제</td></tr>
<tr><td rowspan="7">기부금
세액
공제</td><td>정치자금
기부금</td><td>기부
금액</td><td>○ 근로소득자가 정치자금법에 따라 정당(후원회 및 선거관리위원회 포함)에 기부한 정치자금
○ 정치자금기부금 10만원 이하분
: 기부금액의 110분의 100 세액공제(최대 90,909원 한도)
○ 정치자금기부금 10만원 초과분
- 세액공제 대상금액 한도: 근로소득금액
- 세액공제 (①+②)
① 10만원 초과~3천만원 이하: 해당금액의 100분의 15
② 3천만원 초과: 해당금액의 100분의 25</td></tr>
<tr><td rowspan="2">법정
기부금</td><td>전년도
이월액</td><td rowspan="2">○ 해당 과세기간에 지급한 한도 내 법정기부금과 지정기부금을 합한 금액의 100분의 15(해당금액이 3천만원을 초과하는 경우 그 초과분은 100분의 25)에 해당하는 금액을 근로소득에 대한 종합소득산출세액에서 공제
○ 세액공제 대상금액 한도
: 근로소득금액 - 정치자금기부금(10만원 초과금액)</td></tr>
<tr><td>기부
금액</td></tr>
<tr><td rowspan="2">지정
기부금
(종교
단체외)</td><td>전년도
이월액</td><td rowspan="4">○ 해당 과세기간에 지급한 한도 내 법정기부금과 지정기부금을 합한 금액의 100분의 15(해당금액이 3천만원을 초과하는 경우 그 초과분은 100분의 25)에 해당하는 금액을 근로소득에 대한 종합소득산출세액에서 공제
○ 세액공제 대상금액 한도
- 종교단체 기부금이 없는 경우
[근로소득금액 - 정치자금기부금(10만원 초과금액) - 법정기부금 - 특례기부금 - 우리사주조합기부금] * × 30%
* 이하 "지정기부금 세액공제 대상금액"이라 함
- 종교단체 기부금이 있는 경우(이월액만 있는 경우 포함)
("지정기부금 세액공제 대상금액" × 10%) + min["지정기부금 세액공제 대상금액" × 20%, 종교단체 외 지정기부금*]
* 종교단체 외 지정기부금은 전년도 이월액과 해당 과세 기간 지출 기부금의 합계액을 의미</td></tr>
<tr><td>기부
금액</td></tr>
<tr><td rowspan="2">지정
기부금
(종교
단체)</td><td>전년도
이월액</td></tr>
<tr><td>기부
금액</td></tr>
</table>

<table>
<tr><th colspan="3">항목</th><th>항목별 요약 및 공제요건</th></tr>
<tr><td colspan="3">기부금
세액
공제</td><td>* 기부금 세액공제대상
거주자 본인 지출 기부금, 본인의 기본공제대상자인 직계존속, 직계비속, 형제자매, 동거입양자(나이 및 소득금액 제한 있으며 다른 거주자의 기본공제를 적용받은 사람은 제외) 지출 기부금
* 법정기부금
- 국가나 지방자치단체에 무상으로 기증하는 금품의 가액
- 국방헌금과 위문금품의 가액
- 천재지변 등의 사유로 생긴 이재민을 위한 구호금품의 가액
- 공공 교육기관에 시설비·교육비·장학금·연구비로 지출하는 기부금
* 지정기부금
지정기부금 대상 단체 참고 법령
- 소득세법 시행령 제80조 제1항
- 법인세법 시행령 제36조 제1항</td></tr>
<tr><td colspan="3">표준세액공제</td><td>○ 근로자가 소득세법 상 특별소득공제와 특별세액공제, 조세특례제한법 상 월세액 세액공제를 받지 않은 경우에 연 13만원을 근로소득에 대한 종합소득산출세액에서 공제
※ 조세특례제한법 상 정치자금기부금 세액공제와 우리사주조합기부금 소득공제는 표준세액공제와 중복적용 가능</td></tr>
<tr><td rowspan="5">기타
세액
공제</td><td>납세조합
공제</td><td>공제
세액</td><td>○ 납세조합에 의하여 원천징수된 근로소득에 대한 종합소득 산출세액의 10%</td></tr>
<tr><td>주택차
입금</td><td>이자
상환액</td><td>○ 95.11.1.~97.12.31.기간 중에 미분양주택의 취득과 관련하여 국민주택기금으로부터 차입한 대출금의 이자 상환액 중 30%
※ 주택차입금 이자세액공제를 받는 차입금의 이자는 장기주택저당차입금 이자상환액공제를 적용받을 수 없음</td></tr>
<tr><td rowspan="2">외국납부</td><td>소득
금액</td><td rowspan="2">○ 거주자의 근로소득금액에 국외원천소득이 합산되어 있는 경우 그 국외원천소득에 대하여 외국에서 외국납부세액을 납부하였거나 납부할 것이 있을 때
- 근로소득자는 해당 과세기간의 종합소득 산출세액에 국외원천소득 이 그 과세기간의 종합소득금액에서 차지하는 비율을 곱하여 금액을 한도로 외국소득세액을 해당 과세기간의 종합소득 산출세액에서 공제</td></tr>
<tr><td>납부
세액</td></tr>
<tr><td>월세액</td><td>지급액</td><td>○ 공제대상: 해당 과세기간 총급여액이 7천만원 이하(종합소득금액이 6천만원 이하)인 근로소득자인 무주택 세대의 세대주 (세대주가 주택관련 공제를 받지 않은 경우 세대원도 가능)가 국민주택규모의 주택을 임차하기 위해 지급하는 월세액
○ 세액공제금액: 월세 지급액(750만원 한도) × 10%</td></tr>
</table>

세무회계

초판1쇄 인쇄 2016년 6월 21일
초판1쇄 발행 2016년 6월 29일

지 은 이 윤종철
펴 낸 이 신일희
펴 낸 곳 계명대학교 출판부
출판등록 제347-1998-1호(1970. 9. 1.)
주　　소 대구광역시 달서구 달구벌대로 1095
대표전화 053-580-6233
팩　　스 053-580-6235
홈페이지 www.kmupress.com

ISBN 978-89-7585-749-2 93320 정가 18,000원

이 도서의 국립중앙도서관 출판예정도서목록(CIP)은 서지정보유통지원시스템 홈페이지(http://seoji.nl.go.kr)와 국가자료공동목록시스템(http://www.nl.go.kr/kolisnet)에서 이용하실 수 있습니다.(CIP제어번호: CIP2016015002)